2026 국가직·지방직 공무원 시험 대비

실전동형 봉투모의고사

행정학

❙ 제1회 ~ 제12회 ❙

2026 공무원 시험 대비 실전동형 모의고사
행정학
▌제1회 ▌

응시번호	
성 명	

문제책형

가

제1과목	국어	제2과목	영어	제3과목	한국사
제4과목	행정학	제5과목			

응시자 주의사항

1. **시험시작 전 시험문제를 열람하는 행위나 시험종료 후 답안을 작성하는 행위를 한 사람**은 「공무원임용시험령」 제51조에 의거 **부정행위자**로 처리됩니다.
2. **답안지 책형 표기는 시험시작 전** 감독관의 지시에 따라 **문제책 앞면에 인쇄된 문제책형을 확인** 한 후, **답안지 책형란에 해당 책형(1개)**을 '●'로 **표기**하여야 합니다.
3. **답안은 문제책 표지의 과목 순서에 따라 답안지에 인쇄된 순서(제1 · 2 · 3 · 4 · 5과목)에 맞추어 표기**해야 하며, 과목 순서를 바꾸어 표기한 경우에도 **문제책 표지의 과목 순서대로 채점**되므로 유의하시기 바랍니다.
4. 시험이 시작되면 문제를 주의 깊게 읽은 후, **문항의 취지에 가장 적합한 하나의 정답만을 고르며,** 문제내용에 관한 질문은 할 수 없습니다.
5. 답안지의 모든 기재 및 표기 사항은 **컴퓨터용 흑색 싸인펜을 사용**하며, 반드시 <보기>의 **올바른 표기 방식**으로 답안을 작성해야 합니다.

   <보기> 올바른 표기: ● 잘못된 표기: ⓥ ⊗ ◑ ⊙ ⦶ ◌ ③

6. **답안을 잘못 표기하였을 경우**에는 **답안지를 교체하여 작성**하거나 **수정할 수 있으며,** 표기한 답안을 수정할 때는 **응시자 본인이 가져온 수정테이프만을 사용**하여 해당 부분을 완전히 지우고 부착된 수정테이프가 떨어지지 않도록 손으로 눌러주어야 합니다. **(수정액 또는 수정스티커 등은 사용 불가)**
   - **불량한 수정테이프의 사용과 불완전한 수정처리**로 발생하는 **모든 문제는 응시자 본인에게 책임이 있습니다.**
7. 법령, 고시, 판례 등에 관한 문제는 **2026년 2월 28일 현재 유효한 법령, 고시, 판례 등을 기준**으로 정답을 구해야 합니다. 다만, 개별 과목 또는 문항에서 별도의 기준을 적용하도록 명시한 경우에는 그 기준을 적용하여 정답을 구해야 합니다.
8. **시험시간 관리의 책임은 응시자 본인에게 있습니다.**

   ※ 문제책은 시험종료 후 가지고 갈 수 있습니다.

정답공개 및 가산점 등록 안내

1. 정답공개: 정답가안 4.4.(토) 13:30 / 최종정답 4.13.(월) 18:00 / 사이버국가고시센터
2. 이의제기: 4.4.(토) 18:00 ~ 4.7.(화) 18:00 / 사이버국가고시센터
   - 구체적인 이의제기 방법은 정답가안 공개 시 공지 예정
3. 가산점 등록기간: 4.4.(토) 13:30 ~ 4.6.(월) 21:00
4. 가산점 등록방법: 사이버국가고시센터 ➜ [원서접수 → 가산점 등록/확인]

행 정 학

1. 공유지의 비극(tragedy of the commons)에 대한 설명으로 가장 옳은 것은?
   ① 순수공공재가 시장에서 공급되지 않음을 설명하는 것이다.
   ② 사적 이익의 극대화가 공적 이익의 극대화를 파괴해 구성원 모두가 공멸하는 비극을 말한다.
   ③ 정부실패를 설명하기 위한 것이다.
   ④ 인간은 모두 공동의 이익을 극대화하기 위해 활동한다고 전제하고 있다.

2. 정부실패의 요인에 대한 설명으로 옳지 않은 것은?
   ① ‘X－비효율성’은 정부가 가진 권력을 통해 불평등한 분배가 이루어지는 현상이다.
   ② ‘지대추구’는 정부개입에 따라 발생하는 인위적 지대를 획득하기 위해 자원을 낭비하는 활동이다.
   ③ ‘파생적 외부효과’는 시장실패를 해결하기 위해 정부가 개입하지만 의도하지 않은 부작용을 초래하는 것이다.
   ④ ‘내부성(internalities)’은 공공조직이 공익적 목표보다는 관료 개인이나 소속기관의 이익을 우선적으로 고려하는 것이다.

3. 슈나이더와 잉그램의 사회구성주의에서 정책대상집단에 대한 설명으로 옳은 것을 모두 고르면?

> ㉠ 수혜집단(Advantaged) － 과학자, 퇴역한 군인, 중산층이 대표적이다.
> ㉡ 경쟁집단(Contender) － 권력은 상대적으로 많지만 이미지는 부정적이다.
> ㉢ 의존집단(Dependents) － 권력은 상대적으로 적지만 이미지는 긍정적이다.
> ㉣ 이탈집단(Deviants) － 강력한 제재가 허용되지만 제재에 대하여 강력히 저항한다.

   ① ㉠, ㉡　　② ㉡, ㉢
   ③ ㉠, ㉡, ㉢　　④ ㉡, ㉢, ㉣

4. 다음의 정책분석기법 중 주관적 예측기법을 옳게 연결한 것은?

> ㉠ 델파이 기법　　㉡ T－검정
> ㉢ 교차영향분석　　㉣ 정책델파이 기법
> ㉤ 회귀분석　　㉥ 시계열분석
> ㉦ 상관관계분석　　㉧ 구간추정

   ① ㉠, ㉥, ㉦　　② ㉡, ㉢, ㉦
   ③ ㉡, ㉣, ㉧　　④ ㉠, ㉢, ㉣

5. 정책평가의 유형에 대한 설명으로 옳지 않은 것은?
   ① 평가성 사정(evaluability assessment)은 평가의 실행가능성을 검토하는 일종의 예비평가이다.
   ② 정책영향평가는 사후평가이며 동시에 효과성 평가로 볼 수 있다.
   ③ 모니터링은 과정평가에 속하지만 집행의 능률성과 효과성을 확보하기 위한 평가이다.
   ④ 형성평가는 집행이 종료된 후 정책이 의도했던 목적을 달성했는지에 초점을 맞춘다.

6. 톰슨의 기술분류에서 “집약적 기술”이 근거를 두는 상호의존관계는 다음 중 어느 것인가?
   ① 중앙집중적 상호의존(pooled interdependence)
   ② 호혜적 상호의존(reciprocal interdependence)
   ③ 상대적 상호의존(relative interdependence)
   ④ 순차적 상호의존(sequential interdependence)

7. 기능구조(functional structure)와 비교한 사업구조(divisional structure)의 특징에 해당되는 것을 모두 고르면?

> ㄱ. 중복과 낭비를 예방하고 기능 내에서 규모의 경제 구현에 유리하다.
> ㄴ. 특정 산출물별로 운영되므로 고객만족도를 제고하고 성과에 대한 책임소재를 분명하게 하여 성과관리에 유리하다.
> ㄷ. 사업부서 내의 기능 간 조정이 용이하고 변화하는 환경에 신속하게 대응할 수 있다.
> ㄹ. 유사 기능을 수행하는 조직구성원 간에 분업을 통해 전문기술을 발전시킬 수 있다.

   ① ㄱ, ㄷ　　② ㄴ, ㄹ
   ③ ㄱ, ㄹ　　④ ㄴ, ㄷ

8. 엽관주의(spoils system)에 대한 설명으로 틀린 것은?
   ① 복수정당제와 긴밀한 관계가 있으며, 교체임용주의를 바탕으로 한다.
   ② 정부관료제라는 특권집단을 일반 대중에게 공개함으로써 정당정치의 발달은 물론 행정의 민주화에 공헌한다는 장점이 있다.
   ③ 집권당이 공무원들을 보다 효과적으로 통제할 수 있으며, 높은 충성심을 확보할 수 있다.
   ④ 영국에서는 1870년의 추밀원령을 통해 엽관주의를 확립하였다.

9. 직무의 종류가 유사하고 그 책임과 곤란성의 정도가 서로 다른 직급의 군을 무엇이라고 하는가?

① 직군 ② 직렬
③ 직급 ④ 직류

10. 예비타당성조사에 대한 설명으로 옳지 않은 것은?

① 총사업비가 500억 이상이고 국가의 재정지원 규모가 300억 이상인 사업을 대상으로 한다.
② 신규사업의 무분별한 착수를 막기 위한 것으로 경제성과 정책성 등을 분석한다.
③ 건설공사가 포함된 사업, 지능정보화 사업, 국가연구개발사업뿐만 아니라 사회복지, 보건, 교육, 노동, 문화분야의 사업에도 적용된다.
④ 중앙행정기관의 장 등은 예비타당성 조사를 실시하고 그 결과를 국회 소관 상임위원회와 예산결산특별위원회에 제출해야 한다.

11. 국회의 예·결산 심사과정에 대한 설명으로 옳지 않은 것은?

① 국회는 정부가 제출한 지출예산 각 항의 금액을 증가하거나 새 비목을 설치하는 경우 정부의 동의를 얻어야 한다.
② 예산결산특별위원회는 소관 상임위원회에서 삭감한 세출예산 각 항의 금액을 증액하거나 새 비목을 설치할 경우에는 소관 상임위원회의 동의를 받아야 한다.
③ 국회는 정부가 제출한 예산안과 결산에 대해 시정연설을 들어야 한다.
④ 각 중앙관서의 장은 회계연도마다 소관 기금의 결산보고서를 중앙관서결산보고서에 통합하여 작성하여야 한다.

12. 서구의 옴부즈만과 우리나라의 국민권익위원회의 기능에 관한 다음 설명 중 서로 공통적으로 운영되는 것으로만 연결된 것은?

> ㉠ 결정을 취소하거나 변경할 수 없다.
> ㉡ 입법부 소속으로 직권조사권이 있다.
> ㉢ 사법기관보다 조사·처리 과정이 신속하다.
> ㉣ 위법한 사항만 취급하지, 부당한 행위에 대한 심사는 불가하다.

① ㉠, ㉡ ② ㉠, ㉢
③ ㉡, ㉣ ④ ㉢, ㉣

13. 밑줄 친 내용 중 틀린 것을 모두 고르시오.

> **지방자치법 제176조 【지방자치단체조합의 설립】** ① 2개 이상의 지방자치단체가 하나 또는 둘 이상의 사무를 공동으로 처리할 필요가 있을 때에는 규약을 정하여 지방의회의 의결을 ㉠ 거치기 전에 시·도는 행정안전부장관의 승인, 시·군 및 자치구는 시·도지사의 승인을 받아 지방자치단체조합을 설립할 수 있다. 다만, 지방자치단체조합의 구성원인 시·군 및 자치구가 2개 이상의 시·도에 걸쳐 있는 지방자치단체조합은 ㉡ 시·도지사의 승인을 받아야 한다.
> ② 지방자치단체조합은 ㉢ 법인으로 한다.
>
> **지방자치법 제181조 【지방자치단체조합의 규약 변경 및 해산】** ① 지방자치단체조합의 규약을 변경하거나 지방자치단체조합을 해산하려는 경우에는 제176조 제1항을 준용한다.
> ㉣ ② 지방자치단체조합을 해산한 경우에 그 재산의 처분은 관계 지방자치단체의 협의에 따른다.

① 1개 ② 2개
③ 3개 ④ 4개

14. 주민감사청구에 대한 설명으로 옳은 것은?

① 지방자치단체의 19세 이상의 주민은 시도는 500명, 인구 50만 이상 대도시는 300명, 그 밖의 시·군 및 자치구는 200명 이내에서 그 자치단체의 조례로 정하는 수 이상의 주민이 연대서명하여 감사를 청구할 수 있다.
② 주민감사청구는 해당 지방자치단체와 그 장의 권한에 속하는 사무의 처리가 법령에 위반되거나 공익을 현저히 해한다고 인정되는 경우에만 청구할 수 있다.
③ 수사나 재판에 관여하게 되는 사항이나 개인의 사생활 침해의 우려가 있는 사항이라도 사무의 처리가 법령에 위반된다면 주민감사청구의 대상이 된다.
④ 주민감사청구는 사무처리가 있었던 날이나 끝난 날부터 2년이 지나면 제기할 수 없다.

15. 책임운영기관에 대한 설명으로 옳지 않은 것은?
① 조직 일원화 전략의 산물이다.
② 신공공관리론 조직원리에 따라 등장한 정부조직 형태이다.
③ 책임운영기관의 설치·운영에 관한 법률상 소속책임운영기관장은 임기제 공무원이다.
④ 기관장에게 행정 및 재정상의 자율성을 부여하고, 그 운영 성과에 대해 책임을 지도록 한다.

16. 넛지(Nudge) 이론에 대한 설명으로 옳은 것은?
① 자유주의적 개입주의 원리에 따라 시장기반의 경제적 인센티브 수단을 선호한다.
② 행동경제학에 기반하여 실험을 통한 귀납적 분석보다는 가정에 기초한 연역적 분석을 지향한다.
③ 정부의 역할 및 정책수단으로서 선택설계의 개념을 도입한다.
④ 인간의 휴리스틱은 인지적 오류와 행동편향을 방지한다.

17. 추가경정예산에 대한 다음 설명 중 옳은 것은?
① 전쟁이나 대규모 재해가 발생한 경우에 편성할 수 있다.
② 본예산과 별도로 성립되며 일단 성립되면 본예산과 별도로 운용한다.
③ 예산팽창의 원인이 될 수 있어 「국가재정법」에 편성횟수를 제한하고 있다.
④ 정부는 국회에서 추가경정예산이 확정되기 전에 이를 미리 배정하거나 집행할 수 있다.

18. 다음 중 현행 국가공무원법상 공무원의 의무에 대한 내용으로 옳지 않은 것은?
① 공무원은 직무와 관련하여 직접적이든 간접적이든 사례·증여 또는 향응을 주거나 받을 수 없다.
② 공무원은 재직 중은 물론 퇴직 후에도 직무상 비밀을 엄수하여야 한다.
③ 공무원은 직무상의 관계가 있든 없든 그 소속 상관에게 증여하거나 소속 공무원으로부터 증여를 받아서는 아니 된다.
④ 수사기관이 공무원을 구속하려면 그 소속 기관의 장에게 미리 통보하여야 한다. 다만, 현행범은 그러하지 아니하다.

19. 조직구조의 기본변수에 대한 설명으로 가장 적절하지 않은 것은?
① 조직규모가 커질수록 집권성 정도가 높은 조직구조가 적절하다.
② 신설조직의 경우 조직을 안정적으로 운영하기 위해 집권화되는 경향이 강하다.
③ 공식화의 정도가 높을수록 환경변화에 대한 조직적응력은 떨어진다.
④ 교통·통신기술의 발전은 집권화를 강화하는 데 유리하다.

20. 비용편익분석에 대한 설명으로 옳지 않은 것은?
① 비용은 금전적 가치로, 효과는 측정가능한 산출물단위로 산정하여 분석하는 방식이다.
② 동종 사업뿐만 아니라 이종 사업 간에도 정책 우선 순위를 비교할 수 있다.
③ 비용편익비가 1보다 큰 사업은 경제적으로 타당성이 있다고 볼 수 있다.
④ 높은 할인율을 적용하면 장기간에 걸쳐 편익이 발생하는 장기 투자에 불리하다.

2026 공무원 시험 대비 실전동형 모의고사
행정학
▌제2회▐

응시번호	
성 명	

문제책형
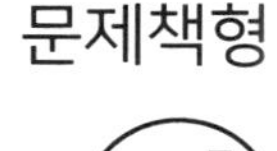
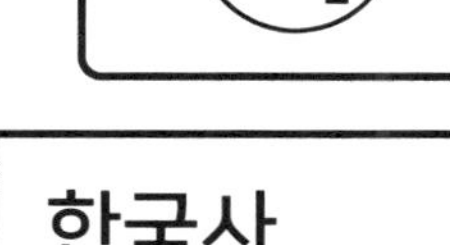

제1과목	국어	제2과목	영어	제3과목	한국사
제4과목	행정학	제5과목			

응시자 주의사항

1. **시험시작 전 시험문제를 열람하는 행위나 시험종료 후 답안을 작성하는 행위를 한 사람**은 「공무원임용시험령」 제51조에 의거 **부정행위자**로 처리됩니다.
2. **답안지 책형 표기는 시험시작 전** 감독관의 지시에 따라 **문제책 앞면에 인쇄된 문제책형을 확인** 한 후, **답안지 책형란에 해당 책형(1개)**을 '●'로 **표기**하여야 합니다.
3. **답안은 문제책 표지의 과목 순서에 따라 답안지에 인쇄된 순서(제1 · 2 · 3 · 4 · 5과목)에 맞추어 표기**해야 하며, 과목 순서를 바꾸어 표기한 경우에도 **문제책 표지의 과목 순서대로 채점**되므로 유의하시기 바랍니다.
4. 시험이 시작되면 문제를 주의 깊게 읽은 후, **문항의 취지에 가장 적합한 하나의 정답만을 고르며**, 문제내용에 관한 질문은 할 수 없습니다.
5. 답안지의 모든 기재 및 표기 사항은 **컴퓨터용 흑색 싸인펜을 사용**하며, 반드시 <보기>의 **올바른 표기 방식**으로 답안을 작성해야 합니다.

   <보기> 올바른 표기: ● 잘못된 표기: ⓥ ⊗ ◑ ⊙ ◍ ◌ ③

6. **답안을 잘못 표기하였을 경우**에는 **답안지를 교체하여 작성**하거나 **수정할 수 있으며**, 표기한 답안을 수정할 때는 **응시자 본인이 가져온 수정테이프만을 사용**하여 해당 부분을 완전히 지우고 부착된 수정테이프가 떨어지지 않도록 손으로 눌러주어야 합니다. **(수정액 또는 수정스티커 등은 사용 불가)**
   - **불량한 수정테이프의 사용과 불완전한 수정처리**로 발생하는 **모든 문제는 응시자 본인에게 책임이 있습니다.**
7. 법령, 고시, 판례 등에 관한 문제는 **2026년 2월 28일 현재 유효한 법령, 고시, 판례 등을 기준**으로 정답을 구해야 합니다. 다만, 개별 과목 또는 문항에서 별도의 기준을 적용하도록 명시한 경우에는 그 기준을 적용하여 정답을 구해야 합니다.
8. **시험시간 관리의 책임은 응시자 본인에게 있습니다.**
   ※ 문제책은 시험종료 후 가지고 갈 수 있습니다.

정답공개 및 가산점 등록 안내

1. 정답공개: 정답가안 4.4.(토) 13:30 / 최종정답 4.13.(월) 18:00 / 사이버국가고시센터
2. 이의제기: 4.4.(토) 18:00 ~ 4.7.(화) 18:00 / 사이버국가고시센터
   - 구체적인 이의제기 방법은 정답가안 공개 시 공지 예정
3. 가산점 등록기간: 4.4.(토) 13:30 ~ 4.6.(월) 21:00
4. 가산점 등록방법: 사이버국가고시센터 ➜ [원서접수 → 가산점 등록/확인]

행 정 학

1. 행정이론에 대한 설명으로 옳은 것은?
   ① 과학적관리론은 최고관리자의 운영원리로 POSDCoRB를 제시하였다.
   ② 행정행태론은 가치와 사실을 구분하고 가치에 기반한 행정의 과학화를 시도하였다.
   ③ 신행정론은 실증주의적 방법론을 비판하고 사회적 형평성과 적실성을 강조하였다.
   ④ 인간관계론은 인간을 경제인으로 간주한다.

2. 딜레마 상황이 갖는 논리적 구성 요건의 내용 연결이 옳은 것은?

A. 분절성	B. 상충성
C. 균등성	D. 선택불가피성

ㄱ. 대안의 상충으로 인해 하나의 대안만 선택해야 한다.
ㄴ. 대안이 가져올 결과가치가 균등해야 한다.
ㄷ. 대안 간 절충이 불가능하다.
ㄹ. 최소한 하나의 대안을 반드시 선택해야 한다.

	A	B	C	D
①	ㄱ	ㄴ	ㄷ	ㄹ
②	ㄷ	ㄱ	ㄴ	ㄹ
③	ㄱ	ㄹ	ㄷ	ㄴ
④	ㄷ	ㄴ	ㄹ	ㄱ

3. 다음은 윌슨의 규제정치 유형에 대한 설명이다. 각 유형별 사례를 옳게 짝지은 것은?

㉠ 정부규제로 인해 발생하게 될 비용은 상대적으로 적지만 이질적인 불특정 다수인에게 부담되고, 편익은 대단히 크지만 동질적인 소수인에게 귀속되는 상황
㉡ 정부규제에 대한 감지된 비용과 편익이 모두 이질적인 불특정 다수에게 미치나, 개개인으로 보면 그 크기가 작은 상황
㉢ 규제로부터 예상되는 비용과 편익이 모두 소수의 동질적인 집단에 국한되고, 쌍방이 모두 조직적인 힘을 바탕으로 이익 확보를 위해 첨예하게 대립하는 상황
㉣ 피규제집단에게는 비용이 좁게 집중되지만, 일반 시민들에게는 편익이 넓게 분포되는 상황

구분	㉠	㉡	㉢	㉣
①	환경오염규제	수입규제	한·약 규제	음란물 규제
②	수입규제	음란물 규제	한·약 규제	환경오염규제
③	한·약 규제	환경오염규제	수입규제	음란물 규제
④	수입규제	한·약 규제	음란물 규제	환경오염 규제

4. 정책의제가 어떻게 형성되는지를 설명하는 것으로 관점이 다른 하나는?
   ① 바흐라흐와 바라츠(Bachrach & Baratz)의 무의사결정이론
   ② 벤틀리와 트루먼(Bentley & Truman)의 이익집단론
   ③ 밀스(Mills)의 지위접근법
   ④ 미헬스(Michels)의 과두제의 철칙

5. 옹호연합모형(Advocacy Coalition Framework)에 대한 설명으로 옳은 것은 모두 몇 개인가?

ㄱ. 정책하위체제에 초점을 두어 정책변화를 이해한다.
ㄴ. 정책지향학습은 옹호연합 내부만 아니라 옹호연합 사이에서도 발생한다.
ㄷ. 행정규칙, 예산배분, 규정의 해석에 대한 결정은 정책 핵심 신념과 관련된다.
ㄹ. 신념 체계 구조에서 규범적 핵심 신념은 관심 있는 특정 정책 규범에 적용되며, 이차적 측면(secondary aspects)보다 변화 가능성이 작다.
ㅁ. 정책지지연합모형은 5년 이상의 장기간에 걸친 정책변동을 설명하고 있다.

① 1개 ② 2개
③ 3개 ④ 4개

6. 내적 타당성을 저하시킬 수 있는 요인에 해당하는 것은?
   ① 다수적 처리에 의한 간섭
   ② 표본의 대표성 문제
   ③ 실험조작의 반응효과
   ④ 처치와 상실의 상호작용

7. 동기부여이론에 대한 설명으로 옳은 것은?
① 내용이론은 인간 행동의 동기가 어떻게 유발되는지에 중점을 둔다.
② 과정이론은 동기를 유발하는 내용이 무엇인지 설명하는 이론이다.
③ 아담스(Adams)의 공정성 이론은 성과만족이론에서 활용된 모형이다.
④ 머슬로(Maslow)의 욕구계층이론은 두 가지 이상의 욕구가 동시에 작용해 복합적으로 하나의 행동을 유발한다고 주장한다.

8. 조직이론에 대한 설명으로 옳지 않은 것은?
① 주인－대리인이론에서는 대리손실의 유형으로 역선택과 도덕적 해이를 제시한다.
② 거래비용이론은 생산보다는 비용에 관심을 갖고 조직을 거래비용을 감소시키기 위한 장치로 본다.
③ 상황론은 모든 상황에 적용할 수 있는 유일 · 최선의 조직화 방법은 없다고 본다.
④ 자원의존이론에 따르면 조직은 환경으로부터 필요한 자원을 획득하기 위하여 환경에 피동적으로 순응하여야 한다.

9. MBO에 관한 설명으로 옳지 않은 것은?
① MBO는 인간관이나 인간의 해석에 있어서 맥그리거(McGregor)의 X이론에 입각해 있다.
② MBO를 구현하는 과정에서 많은 시간과 노력이 필요하다.
③ MBO는 조직구성원의 사기와 만족감을 높인다.
④ PPBS가 장기적인 목표지향적 성격을 가진 반면 MBO는 단기적인 결과지향적인 성격을 갖는다.

10. 계급제와 직위분류제의 비교 중 옳지 않은 것은?
① 공무원의 보직(배치)을 관리하는 데 직위분류제는 보다 정확한 또는 제약적인 기준을 제시해준다.
② 조직설계와 관련하여 직위분류제의 효용은 단기적이며, 계급제의 효용은 장기적이다.
③ 직위분류제는 계급제에 비해 외부환경의 변화에 대한 대응력이 강하다.
④ 공무원의 신분을 안정시키고 높은 자리로 발전해 나갈 수 있게 하는 면에서는 직위분류제가 유리하다.

11. 공무원 근무성적평정상 오류에 대한 다음 설명 중 틀린 것은?
① 근면하면 작업실적이 높다고 평정하는 것은 논리적 오류이고, 근면하면 청렴할 것이라고 평정하는 것은 연쇄효과이다.
② 근접오류란 최근의 사건이나 실적이 평정에 영향을 주는 것으로 중요사건기록법은 이를 방지하는 방법이 된다.
③ 언제나 좋거나 나쁜 점수를 주는 것은 체계적 오류이고, 불규칙적인 오류는 총계적 오류에 해당한다.
④ 다른 평정요소의 평정결과가 영향을 미치는 연쇄효과를 방지하기 위해서는 강제배분법을 사용하는 것이 효과적이다.

12. 공무원의 징계에 대한 설명으로 옳지 않은 것은 모두 몇 개인가?

㉠ 감봉이란 1개월 이상 3개월 이하의 기간 동안 보수 2/3를 감하고 12개월 간 승급이 제한된다.
㉡ 정직이란 1개월 이상 3개월 이하의 기간 동안 공무원 신분은 보유하나 직무에 종사하지 못하며, 그 기간 중 보수의 2/3를 감한다.
㉢ 강임이란 1계급 아래로 직급을 내리고 공무원의 신분은 유지하나 3개월간 직무에 종사하지 못하며, 그 기간 중 보수의 전액을 감한다.
㉣ 징계의결 등의 요구는 징계 등의 사유가 발생한 날부터 5년이 지나면 하지 못한다.
㉤ 직권면직은 징계의 종류 중 하나로 임용권자가 처분에 의해 직권으로 공무원의 신분을 박탈하는 임용행위를 말한다.

① 5개 ② 4개
③ 3개 ④ 2개

13. 품목별 예산제도에 대한 설명으로 옳지 않은 것은?
① 공무원들로 하여금 회계 책임에 민감하도록 엄격한 회계감사를 지원한다.
② 공공부문의 재량적 지출행위를 감소시키는 데 크게 기여했다.
③ 사업의 비용보다는 예산 운영방식에 대한 통제에 초점을 맞춘다.
④ 관리자들이 사업의 방식에 대한 관심이 낮아 예산 변경의 폭이 적은 편이다.

14. 자원의 희소성과 예산의 행태에 대한 설명 중 옳은 것은?
① 완화된 희소성 – 사업개발 및 ZBB를 고려한다.
② 만성적 희소성 – 지출통제보다 관리개선에 역점을 둔다.
③ 급성 희소성 – 허위적 회계처리 및 회피형 예산 편성을 한다.
④ 총체적 희소성 – 단기적·임기응변적 예산편성에 몰두한다.

15. 다음은 예산제도에 관한 설명이다. 옳지 않은 것은?
① 우리나라 예산은 장, 관, 항, 세항, 목 등의 예산으로 분류되는데 이 중에서 관 이상을 입법과목이라 한다.
② 계속비는 공사나 제조 및 연구개발사업과 같이 장기간에 걸쳐 사업이 지속되어야 효과가 나타나는 경우 회계연도를 탄력적으로 적용할 필요가 있을 때 허용된다.
③ 범죄수사 등 특수활동에 소요되는 경비, 여비, 경제정책상 조기 집행을 필요로 하는 공공사업비 등은 회계연도가 개시되기 이전에 예산을 배정할 수 있도록 허용하는 경우도 있다.
④ 국고채무부담행위는 외국인 고용이나 건물 임차 또는 국공채발행과 같이 다년도에 걸쳐 국고부담을 야기하는 채무를 체결할 수 있는 권한을 국회로부터 부여받는 것이다.

16. 길버트(Gilbert)는 행정통제를 통제자의 위치와 제도화 여부에 따라 다음과 같이 네 가지 유형으로 구분하였다. 각 유형에 해당되는 우리나라의 행정통제 방법으로 가장 적절하지 않은 것은?

통제자의 위치 / 제도화 여부	외부	내부
공식적	㉠	㉡
비공식적	㉢	㉣

① ㉠ – 감사원에 의한 통제
② ㉡ – 교차기능조직에 의한 통제
③ ㉢ – 정당에 의한 통제
④ ㉣ – 행정윤리에 의한 통제

17. 우리나라 지방자치제도에 관한 설명으로 옳은 것은?
① 자치구가 아닌 행정구 읍·면·동의 명칭과 폐치·분합은 법률로 결정한다.
② 시·도를 달리하는 시·군·구간의 자치단체 조합의 설치는 지방의회 의결을 거쳐 시·도지사의 승인을 받아야 한다.
③ 지방자치단체의 사무 중 단체위임사무는 지방자치단체의 장에게 위임하여 처리하는 사무이다.
④ 주민발안제에 있어 사용료의 부과, 행정기구 변경 및 공공시설 설치 반대 등의 사항은 주민에 의한 청구대상이 되지 않는다.

18. 주민참여 제도에 대한 설명으로 옳지 않은 것은?
① 주민투표에 부쳐진 사항은 주민투표권자 총수의 4분의 1 이상의 투표와 유효투표수 과반수의 득표로 확정된다.
② 시·도지사의 소환청구 요건은 주민투표권자 총수의 100분의 10 이상이다.
③ 특별시 및 인구 800만 이상의 광역시·도는 청구권자 총수의 150분의 1 이상의 연서로 주민조례를 청구할 수 있다.
④ 주민은 시·도는 300명, 인구 50만명 이상 대도시는 200명, 그 밖의 시·군 및 자치구는 150명을 넘지 아니하는 범위에서 그 지방자치단체의 조례로 정하는 18세 이상의 주민 수 이상의 연서로 감사를 청구할 수 있다.

19. 우리나라의 책임운영기관 제도에 대한 설명으로 옳지 않은 것은?
① 행정안전부장관은 기획예산처장관 및 해당 중앙행정기관의 장과 협의하여 책임운영기관을 설치하거나 해제할 수 있다.
② 기관의 지위에 따라 중앙책임운영기관과 소속책임운영기관으로 구분된다.
③ 소속책임운영기관의 장은 공개모집 절차에 따라 「국가공무원법」상 임기제 공무원으로 임용된다.
④ 책임운영기관은 「공공기관의 운영에 관한 법률」상 종합평가의 대상이다.

20. 공공기관과 지방공기업에 대한 설명으로 옳은 것은?
① 「공공기관의 운영에 관한 법률」상 재정경제부장관은 경영실적 평가 결과 경영실적이 부진한 공기업·준정부기관에 대하여 공공기관운영위원회의 심의·의결을 거쳐 기관장·상임이사의 임명권자에게 그 해임을 건의하거나 요구할 수 있다.
② 지방자치단체는 다른 지방자치단체와 공동으로 「지방공기업법」상 지방공사를 설립할 수 없다.
③ 공공기관의 운영에 관한 법령상 시장형 공기업은 자산규모가 2조원 이상이거나 총수입액 중 자체수입액이 차지하는 비중이 50% 이상인 공기업이다.
④ 「지방공기업법」상 지방공사의 자본금은 그 전액을 지방자치단체가 출자하며, 민간출자를 허용하지 않는다.

2026 공무원 시험 대비 실전동형 모의고사

행정학

▌제3회 ▌

응시번호	
성 명	

문제책형

제1과목	국어	제2과목	영어	제3과목	한국사
제4과목	행정학	제5과목			

1. **시험시작 전 시험문제를 열람하는 행위나 시험종료 후 답안을 작성하는 행위를 한 사람**은 「공무원임용시험령」 제51조에 의거 **부정행위자**로 처리됩니다.
2. **답안지 책형 표기는 시험시작 전** 감독관의 지시에 따라 **문제책 앞면에 인쇄된 문제책형을 확인** 한 후, **답안지 책형란에 해당 책형(1개)**을 '●'로 **표기**하여야 합니다.
3. **답안은 문제책 표지의 과목 순서에 따라 답안지에 인쇄된 순서(제1 · 2 · 3 · 4 · 5과목)에 맞추어 표기**해야 하며, 과목 순서를 바꾸어 표기한 경우에도 **문제책 표지의 과목 순서대로 채점**되므로 유의하시기 바랍니다.
4. 시험이 시작되면 문제를 주의 깊게 읽은 후, **문항의 취지에 가장 적합한 하나의 정답만을 고르며,** 문제내용에 관한 질문은 할 수 없습니다.
5. 답안지의 모든 기재 및 표기 사항은 **컴퓨터용 흑색 싸인펜을 사용**하며, 반드시 <보기>의 **올바른 표기 방식**으로 답안을 작성해야 합니다.

   <보기> 올바른 표기: ● 잘못된 표기: ⓥ ⊗ ◑ ⊙ ⏀ ◌ ③

6. **답안을 잘못 표기하였을 경우**에는 **답안지를 교체하여 작성**하거나 **수정할 수 있으며,** 표기한 답안을 수정할 때는 **응시자 본인이 가져온 수정테이프만을 사용**하여 해당 부분을 완전히 지우고 부착된 수정테이프가 떨어지지 않도록 손으로 눌러주어야 합니다. **(수정액 또는 수정스티커 등은 사용 불가)**
   - **불량한 수정테이프의 사용과 불완전한 수정처리**로 발생하는 **모든 문제는 응시자 본인에게 책임이 있습니다.**
7. 법령, 고시, 판례 등에 관한 문제는 **2026년 2월 28일 현재 유효한 법령, 고시, 판례 등을 기준**으로 정답을 구해야 합니다. 다만, 개별 과목 또는 문항에서 별도의 기준을 적용하도록 명시한 경우에는 그 기준을 적용하여 정답을 구해야 합니다.
8. **시험시간 관리의 책임은 응시자 본인에게 있습니다.**

   ※ 문제책은 시험종료 후 가지고 갈 수 있습니다.

정답공개 및 가산점 등록 안내

1. 정답공개: 정답가안 4.4.(토) 13:30 / 최종정답 4.13.(월) 18:00 / 사이버국가고시센터
2. 이의제기: 4.4.(토) 18:00 ~ 4.7.(화) 18:00 / 사이버국가고시센터
   - 구체적인 이의제기 방법은 정답가안 공개 시 공지 예정
3. 가산점 등록기간: 4.4.(토) 13:30 ~ 4.6.(월) 21:00
4. 가산점 등록방법: 사이버국가고시센터 ➜ [원서접수 → 가산점 등록/확인]

행 정 학

1. 다음의 분류에 해당하는 공공서비스의 유형에 대한 설명으로 가장 적절하지 않은 것은?

특성		경합성 여부	
		경합성	비경합성
배제성 여부	배제성	㉠	㉡
	비배제성	㉢	㉣

① ㉠ – 일반적으로 시장에 의한 서비스 공급이 활성화될 수 있어 공공부문의 개입이 최소화되는 영역이다.
② ㉡ – 서비스의 상당 부분이 정부에서 공급되는 이유는 자연독점으로 인한 시장실패에 대응해야 하기 때문이다.
③ ㉢ – 계층 간 수직적 형평성이 강조되면서 기본적인 수요조차도 충족하기 어려운 저소득층이나 영세민 배려를 위한 부분적인 정부개입이 발생한다.
④ ㉣ – 항상 과소 또는 과다공급의 쟁점을 야기시키는 만큼 원칙적으로 공공부문에서 공급해야 할 서비스이다.

2. 신공공관리론에 대한 설명으로 옳은 것은 모두 몇 개인가?

ㄱ. 기업경영의 논리와 기법을 정부에 도입·접목하려는 노력이다.
ㄴ. 정부 내의 관리적 효율성에 초점을 맞추고, 규칙 중심의 관리를 강조한다.
ㄷ. 거래비용이론, 공공선택론, 주인대리인이론 등을 이론적 기반으로 한다.
ㄹ. 중앙정부의 감독과 통제의 강화를 통해 일선공무원의 책임성을 강화시킨다.
ㅁ. 효율성을 지나치게 강조하는 과정에서 민주성이 결여될 수 있는 한계가 있다.

① 1개 ② 2개
③ 3개 ④ 없음

3. 롤즈(J. Rawls)의 정의론(Justice Theory)에 대한 설명으로 옳은 것은?
① 정의는 개인의 사회경제적 상태를 인지한 원초적 상태에서 합의를 통해 도출된다.
② 정의의 제 1원리는 불평등의 기원이 되는 직위와 직무는 모든 사람에게 균등하게 개방되어야 한다는 것이다.
③ 롤즈의 정의론은 사회적 형평성(Equity)을 추구하기 위하여 자유보다 평등을 우선시하여야 한다고 보았다.
④ 기본적 자유의 평등원리가 차등조정의 원리에 우선하고, 차등조정의 원리 내에서는 기회균등의 원리가 차등의 원리에 우선한다.

4. 정부규제에 관한 설명으로 가장 적절하지 않은 것은?
① 규제피라미드는 피규제자의 규제 불응에 대해 정부가 새로운 규제를 도입해 피규제자의 규제 부담이 증가하는 현상을 말한다.
② 포지티브(positive)규제가 네거티브(negative)규제보다 피규제자에 더 많은 자율성을 보장해준다.
③ 사회적 규제는 개인 및 기업의 사회적 행동에 대한 규제로서, 사회적 규제의 역사는 경제적 규제의 역사보다 짧다.
④ 규제의 역설이란 규제가 의도하지 않은 부작용을 초래하여 규제가 가진 본래 목적과 상반된 결과를 초래하는 현상을 말한다.

5. 메이가 분류한 정책의제설정과정의 유형에 대한 설명으로 옳지 않은 것은?

주도자 \ 대중적 지지	높음	낮음
민간	㉠	㉡
정부	㉢	㉣

① ㉠의 경우 정책과정 전반을 외부집단이 주도하며, 올림픽이나 월드컵 유치 등이 그 예라 할 수 있다.
② ㉡의 경우 국방이나 외교 등 비밀 유지가 필요한 정책이나 시간이 급박할 때 주로 활용된다.
③ ㉢의 경우 이미 민간집단의 광범위한 지지가 형성된 이슈에 대하여 정책결정자가 지지의 공고화를 추진한다.
④ ㉣의 경우 행정 PR이 중시되며, 전문가의 영향력이 커 정책의 내용이 합리적이고 분석적이다.

6. 미래예측의 기법을 연장적 예측, 이론적 예측, 직관적 예측으로 분류하였다. 다음 중에서 이론적 예측 기법은 모두 몇 개인가?

㉠ 시계열분석 ㉡ 선형경향추정
㉢ 구간추정 ㉣ 회귀분석
㉤ 상관분석 ㉥ 정책델파이
㉦ 교차영향분석 ㉧ 브레인스토밍

① 2개 ② 3개
③ 4개 ④ 5개

7. 피들러(Fiedler)의 상황적합적 리더십 이론에 대한 설명으로 옳지 않은 것은?
① '가장 좋아하지 않는 동료(LPC : least preferred coworker) 척도'를 사용하여 리더 유형을 LPC 점수가 낮은 과업 지향적 리더와 LPC 점수가 높은 관계 지향적 리더로 분류했다.
② 리더십 효과성은 리더와 부하의 관계, 부하의 성숙도, 과업구조의 조합에 따른 상황적 유리성에 따라 달라질 수 있다.
③ 리더에게 매우 유리하거나 매우 불리한 상황인 경우 과업 지향적 리더십이 효과적이다.
④ 리더의 특성을 상황에 맞게 변화시키기 어려우므로 상황 특성에 맞는 리더를 선발하여 배치하거나, 리더의 특성에 맞게 상황을 변화시키는 방법을 활용해야 한다.

8. 다음의 조직의 원리 중 성격이 다른 하나는?
① 계층제의 원리 ② 참모조직의 원리
③ 전문화의 원리 ④ 부성화의 원리

9. 애드호크라시에 속하는 조직유형에 대한 설명으로 가장 적절하지 않은 것은?
① 테스크포스는 특수한 과업 완수를 목표로 기존의 서로 다른 부서에서 선발하여 구성한 팀으로, 목적을 달성하면 해체되는 임시조직이다.
② 프로젝트 팀은 테스크포스와 마찬가지로 한시적이고 횡적으로 연결된 조직유형이지만 테스크포스에 비해 참여자의 전문성과 팀에 대한 소속감이 강하다는 특성을 가지고 있다.
③ 매트릭스 조직은 기능 중심의 수직적 분화가 되어있는 기존의 지시 라인에 횡적으로 연결된 또 하나의 지시 라인을 인정하는 이원적 권위계통을 가진다.
④ 네트워크조직은 전체 기능을 포괄하는 조직을 중심에 놓고 다수의 협력체를 묶어 일을 수행하는 조직형태이다.

10. 중앙인사기관의 조직형태 중 비독립단독형에 대한 설명으로 옳은 것만을 모두 고르면?

ㄱ. 기관장의 독선적·자의적 결정을 견제하기 어렵고, 기관장이 바뀔 때마다 의사결정이 달라질 수 있어 인사행정의 일관성과 계속성이 결여되기 쉽다.
ㄴ. 엽관주의의 영향을 배제함으로써 인사행정의 정치적 중립을 보장해 실적주의를 발전시키는 데 유리하다.
ㄷ. 중요한 인사정책을 신속하게 결정할 수 있기 때문에 변화에 신축적으로 대응할 수 있다.
ㄹ. 행정수반은 자신의 정책을 강력하게 추진하기 어렵다.

① 1개 ② 2개
③ 3개 ④ 4개

11. 역량평가에 대한 설명으로 옳지 않은 것은?
① 다수의 평가자가 참여하며 합의에 의하여 평가결과를 도출한다.
② 구조화된 모의 상황을 설정하고 피평가자의 행동을 직접 관찰하여 평가하는 방식이다.
③ 피평가자의 과거 성과를 기반으로 평가하기 때문에 개인의 역량에 대한 객관적 평가가 가능하다.
④ 역할수행 등과 같은 다양한 실행과제를 활용하여 평가한다.

12. 페리(Perry)의 공공서비스동기(public service motivation)에 대한 설명으로 옳지 않은 것은?
① 공공서비스동기는 공공기관이나 공공조직에서 특별히 나타나는 특성을 지닌다.
② 합리적(rational) 동기는 공공부문 종사자가 정책과정에 참여하기를 원하는 것과 관련 있다.
③ 규범적(normative) 동기의 예로 공익에 대한 봉사 및 사회적 형평의 추구가 있다.
④ 정서적(affective) 동기의 예로 특정 집단의 이익을 옹호하는 정책에 대한 헌신이 있다.

13. 예산과 재정운영제도에 대한 설명으로 옳지 않은 것은?
① 국회는 국가재정운용계획과 예산안을 함께 심의하여 확정한다.
② 총액배분자율편성제도는 정부가 사전에 설정한 지출한도에 맞추어 각 중앙부처가 예산을 편성하는 것을 의미한다.
③ 프로그램예산제도는 유사 정책을 시행하는 사업의 묶음인 프로그램별로 예산을 편성하는 제도로 우리나라의 경우 중앙정부와 지방정부 모두 도입하고 있다.
④ 정부는 국가재정운용계획을 회계연도 개시 120일 전까지 국회에 제출하여야 한다.

14. 예산의 형식에 관한 설명으로 옳지 않은 것은?
① 예산법률주의는 예산을 '법률의 형식'으로 국회의결을 얻는 것으로 미국에서 활용된다.
② 예산의결주의는 예산을 '예산의 형식'으로 국회의결을 얻는 것으로 우리나라에 활용된다.
③ 예산법률주의에 의하면 예산서의 세입과 세출 모두 구속력을 지니지만, 예산의결주의에 의하면 예산서의 세입만 구속력을 지니며 세출은 참고자료에 불과하다.
④ 조세와 관련하여 예산법률주의는 1년세 주의에 의하지만, 예산의결주의는 영구세주의에 의한다.

15. 다음은 기금에 대한 설명이다. 옳은 것끼리 잘 연결된 것은?

㉠ 특정한 목적을 위하여 특정한 자금을 운영할 필요가 있을 때 정부예산의 일부로 설치한다.
㉡ 신축성을 확보하기 위한 장치이지만 설치 시 법적 근거가 필요하며, 국회의 심의 및 결산의 대상이 된다.
㉢ 국회는 정부가 제출한 기금운용계획안의 주요 항목 지출 금액을 증액하거나 새로운 과목을 설치하고자 할 때에는 미리 정부의 동의를 얻어야 한다.
㉣ 주한 미군 기지 이전, 행정 중심 복합도시 건설 등 기존의 일반회계에서 처리하기 곤란한 대규모 국책사업을 실행하기 위해 운영된다.
㉤ 통일성의 원칙, 완전성의 원칙, 단일성의 원칙의 예외이다.

① ㉠, ㉡, ㉢ ② ㉡, ㉢, ㉣
③ ㉡, ㉣, ㉤ ④ ㉡, ㉢, ㉤

16. 조직의 변화에 따르는 저항 극복전략에 대한 설명으로 옳은 것만을 모두 고르면?

ㄱ. 규범적 전략은 변화대상자의 참여기회 확대 등을 통해 변화의 정당성을 확보함으로써 저항을 극복하는 것이다.
ㄴ. 공리적 전략은 변화 관련자들의 이익침해를 방지하고 보상을 제공함으로써 저항을 극복하는 것이다.
ㄷ. 강제적 전략은 계서적 권한을 기반으로 강력한 지시나 명령을 통해 저항을 극복하는 것이다.

① ㄱ　② ㄱ, ㄴ
③ ㄴ, ㄷ　④ ㄱ, ㄴ, ㄷ

17. 지방자치법상 지방자치단체의 예산과 결산에 대한 설명으로 가장 옳지 않은 것은?
① 지방자치단체의 회계연도는 매년 1월 1일에 시작하여 그 해 12월 31일에 끝난다.
② 시・도, 시・군 및 자치구의 지방자치단체의 장은 회계연도마다 예산안을 편성하여 회계연도 시작 50일전까지 지방의회에 제출하여야 한다.
③ 지방의회는 지방자치단체의 장의 동의 없이 지출예산 각 항의 금액을 증가시키거나 새로운 비용항목을 설치할 수 없다.
④ 지방자치단체의 장은 예비비로 사용한 금액의 명세서를 「지방자치법」 제150조제1항에 따라 지방의회의 승인을 받아야 한다.

18. 국고보조금에 대한 다음 설명 중 옳지 않은 것은?
① 지방자치단체가 행정기능을 수행하는 데 소요되는 경비의 일부 또는 전액을 충당하기 위한 자금으로 교부금은 기관위임사무에, 부담금은 단체위임사무에 지급된다.
② 국고보조금의 경우 대부분 기준보조율 제도가 활용되고 있으며, 기획예산처장관은 필요하다고 인정되는 보조사업에 대하여 차등보조율을 적용할 수도 있다.
③ 기준보조율은 모든 사업에 대하여 50% 보조를 규정하고 있어 사업비의 절반은 지방자치단체가 부담해야 한다.
④ 보조사업자는 보조금을 다른 용도에 사용하면 안된다.

19. 공공가치론에 대한 설명으로 옳은 것만을 모두 고르면?

ㄱ. 무어(Moore)는 공공가치 실패를 진단하는 도구로 '공공가치 지도그리기(mapping)'를 제안한다.
ㄴ. 보즈만(Bozeman)은 공공기관에 의해 생산된 순(純) 공공가치를 추정하는 '공공가치 회계'를 제시했다.
ㄷ. '전략적 삼각형' 모델은 정당성과 지지, 운영 역량, 공공가치로 구성된다.
ㄹ. 시장과 공공부문이 공공가치 실현에 필수적으로 요구되는 재화와 서비스를 제공하지 못할 때 '공공가치 실패'가 일어난다.

① ㄱ, ㄴ　② ㄱ, ㄹ
③ ㄴ, ㄷ　④ ㄷ, ㄹ

20. 이해충돌방지법에 관한 내용으로 옳지 않은 것은?
① 공직자는 직무관련자가 사적이해관계자임을 안 날부터 30일 이내에 소속기관장에게 그 사실을 신고하면 회피신청이 면제된다.
② 공직자는 직무수행 중 알게 된 비밀 또는 소속 공공기관의 미공개정보를 사적 이익을 위하여 이용하거나 제3자로 하여금 이용하게 하여서는 아니 된다.
③ 공직자는 직무관련자에게 사적으로 노무 또는 조언・자문 등을 제공하고 대가를 받는 행위를 하여서는 아니 된다.
④ 공직자의 이해충돌 방지법의 위반행위는 감사원, 수사기관, 국민권익위원회 등에 신고할 수 있으며 위반행위가 발생한 기관도 포함된다.

2026 공무원 시험 대비 실전동형 모의고사

행정학

▌제4회 ▌

응시번호	
성 명	

문제책형

제1과목	국어	제2과목	영어	제3과목	한국사
제4과목	행정학	제5과목			

응시자 주의사항

1. **시험시작 전 시험문제를 열람하는 행위나 시험종료 후 답안을 작성하는 행위를 한 사람**은 「공무원임용시험령」 제51조에 의거 **부정행위자**로 처리됩니다.
2. **답안지 책형 표기는 시험시작 전** 감독관의 지시에 따라 **문제책 앞면에 인쇄된 문제책형을 확인**한 후, **답안지 책형란에 해당 책형(1개)**을 '●'로 **표기**하여야 합니다.
3. **답안은 문제책 표지의 과목 순서에 따라 답안지에 인쇄된 순서(제1 · 2 · 3 · 4 · 5과목)에 맞추어 표기**해야 하며, 과목 순서를 바꾸어 표기한 경우에도 **문제책 표지의 과목 순서대로 채점**되므로 유의하시기 바랍니다.
4. 시험이 시작되면 문제를 주의 깊게 읽은 후, **문항의 취지에 가장 적합한 하나의 정답만을 고르며,** 문제내용에 관한 질문은 할 수 없습니다.
5. 답안지의 모든 기재 및 표기 사항은 **컴퓨터용 흑색 싸인펜을 사용**하며, 반드시 <보기>의 **올바른 표기 방식**으로 답안을 작성해야 합니다.

   <보기> 올바른 표기: ● 잘못된 표기: ⓥ ⊗ ◑ ⊙ ⦶ ◌ ③

6. **답안을 잘못 표기하였을 경우**에는 **답안지를 교체하여 작성**하거나 **수정할 수 있으며,** 표기한 답안을 수정할 때는 **응시자 본인이 가져온 수정테이프만을 사용**하여 해당 부분을 완전히 지우고 부착된 수정테이프가 떨어지지 않도록 손으로 눌러주어야 합니다. **(수정액 또는 수정스티커 등은 사용 불가)**
   - **불량한 수정테이프의 사용과 불완전한 수정처리**로 발생하는 **모든 문제는 응시자 본인에게 책임이 있습니다.**
7. 법령, 고시, 판례 등에 관한 문제는 **2026년 2월 28일 현재 유효한 법령, 고시, 판례 등을 기준**으로 정답을 구해야 합니다. 다만, 개별 과목 또는 문항에서 별도의 기준을 적용하도록 명시한 경우에는 그 기준을 적용하여 정답을 구해야 합니다.
8. **시험시간 관리의 책임은 응시자 본인에게 있습니다.**

   ※ 문제책은 시험종료 후 가지고 갈 수 있습니다.

정답공개 및 가산점 등록 안내

1. 정답공개: 정답가안 4.4.(토) 13:30 / 최종정답 4.13.(월) 18:00 / 사이버국가고시센터
2. 이의제기: 4.4.(토) 18:00 ~ 4.7.(화) 18:00 / 사이버국가고시센터
   - 구체적인 이의제기 방법은 정답가안 공개 시 공지 예정
3. 가산점 등록기간: 4.4.(토) 13:30 ~ 4.6.(월) 21:00
4. 가산점 등록방법: 사이버국가고시센터 ➜ [원서접수 → 가산점 등록/확인]

행 정 학

1. 피터스(B. Guy Peters)가 제시한 시장모형의 구조개혁 방안으로 옳은 것은?
   ① 계층제 ② 분권화
   ③ 평면조직 ④ 가상조직

2. 정치와 행정의 관계에 대한 설명으로 옳은 것은?
   ① 윌슨(W. Wilson)은 '행정의 연구'에서 정치와 행정의 유사성에 초점을 두고 정부가 수행하는 업무들을 과학적으로 연구해야 한다고 주장하였다.
   ② 사이먼(H. Simon)은 '행정행태론'에서 정치적 요인과 가치문제를 중심으로 조직 내 개인들의 의사결정과정을 분석하였다.
   ③ 애플비(P. Appleby)는 '거대한 민주주의'에서 현실의 행정과 정치 간 관계는 연속적, 순환적, 정합적이기에 실제 정책형성 과정에서 정치와 행정을 구분하는 것은 적절하다고 주장하였다.
   ④ 굿노(F. Goodnow)는 '정치와 행정'에서 국가의 의지를 표명하고 정책을 구현하는 것이 정치이며, 이를 실행하는 것이 행정이라고 규정하였다.

3. 바흐라흐와 바라츠의 무의사결정론에 관한 설명으로 옳은 것은 모두 몇 개인가?

   ㄱ. 무의사결정은 엘리트의 가치나 이익에 대한 잠재적이거나 현재적인 도전을 억압하거나 방해하는 결과를 초래하는 결정을 의미한다.
   ㄴ. 무의사결정은 정책의제 채택과정에서 일어날 뿐 정책결정과 집행과정에서는 일어나지 않는다.
   ㄷ. 무의사결정을 추진하기 위하여 폭력이 동원되기도 한다.
   ㄹ. 엘리트론을 비판하면서 다원론을 계승 발전시킨 신다원론적 이론이다.

   ① 없음 ② 1개
   ③ 2개 ④ 3개

4. 다음 중 정책결정 모형에 대한 설명으로 옳은 것은?
   ① 점증주의 의사결정은 정치적 갈등을 높이기도 하지만 혁신적인 정책대안발굴에 도움이 된다.
   ② 드로어의 최적 모형에서 말하는 메타정책결정(metapolicy making)은 정책을 어떻게 평가할 것인가를 결정하는 '정책평가를 위한 정책결정'을 의미한다.
   ③ 혼합주사모형에서 거시적 맥락의 근본적 결정에 해당하는 부분에서는 합리모형의 의사결정방식을 따른다.
   ④ 회사모형의 특성 중 갈등의 준해결이란 시간과 능력의 제약 때문에 정책결정자들은 모든 상황을 고려하기보다 특별히 관심을 끄는 부분에 대해서만 고려한다는 것이다.

5. 목표관리(MBO)와 총체적 품질관리(TQM)에 관한 설명으로 가장 적절하지 않은 것은?
   ① MBO의 기본적 구성요소는 목표설정, 참여, 환류이다.
   ② TQM은 구성원의 참여를 인정한다는 점에서 MBO와 일치한다.
   ③ TQM은 고객지향적인 관리라는 점에서 MBO와 일치한다.
   ④ MBO는 인간의 자율 능력을 믿는 자기실현적 인간관의 영향을 많이 받았다.

6. 리더십에 관한 설명 중 옳지 않은 것은?
   ① 리더십연구의 접근방법은 특성론에서 행태론으로, 그리고 상황론으로 이행했다.
   ② 행태론의 대표적인 예로 피들러(F. Fiedler)의 상황조건론, 하우스(R. J. House)의 경로－목표 모형 등이 있다.
   ③ 변혁적(Transformational) 리더십의 요소로는 영감, 지적 자극, 개인적 배려, 카리스마가 있다.
   ④ 거래적 리더십은 보수적·현상유지적이라는 평가를 받는다.

7. 직위분류제의 용어에 대한 설명을 순서대로 바르게 연결한 것은?

   ㉠ 한 사람의 직원에게 부여할 수 있는 직무와 책임
   ㉡ 직무의 종류는 유사하지만 직무의 곤란도·책임도가 상이한 직급의 군
   ㉢ 직무의 종류뿐만 아니라 난이도와 책임도가 상당히 유사한 직위의 군
   ㉣ 직무의 종류는 상이하지만 직무의 곤란도·책임도나 자격요건이 유사하여 동일한 보수를 줄 수 있는 직위의 군
   ㉤ 직무의 성질이 유사한 직렬의 군

	㉠	㉡	㉢	㉣	㉤
①	직위	직렬	직급	등급	직류
②	직류	직급	직위	직렬	직군
③	직류	등급	직군	직렬	직위
④	직위	직렬	직급	등급	직군

8. 공무원 교육 훈련 방법에 대한 설명으로 옳지 않은 것은?
① 현장훈련의 방법으로는 인턴십(internship), 직무순환(job rotation), 실무지도(mentoring), 역할연기 등이 있다.
② 워크아웃 프로그램(work-out program)은 전 구성원의 자발적 참여 및 관리자의 신속한 의사결정을 통해 행정혁신을 이루려는 교육 훈련 방법이다.
③ 감수성 훈련(sensitivity training)은 T－집단훈련으로도 불리며 피훈련자의 태도와 가치관의 변화를 통해 대인관계기술을 향상시키는 것을 목적으로 한다.
④ 액션러닝(Action learning)은 교육참가자들이 소규모의 팀을 구성하여 실제 현안문제를 해결하면서 동시에 문제해결과정에 대한 성찰을 통해 학습하도록 지원하는 행동학습으로서, 주로 관리자 훈련에 사용되는 교육방식이다.

9. 우리나라의 현행 예산제도의 관한 설명으로 옳지 못한 것은?
① 국회에서 정부의 동의 없이 삭감할 수는 있으나, 새 비목을 설치할 수는 없다.
② 국회에서 심의·확정된 예산안은 대통령이 공포해야 효력이 있다.
③ 우리나라의 예산은 의결의 형식으로 성립되므로 법률과 같은 형식적 요건을 갖출 필요가 없다.
④ 우리나라의 예산심의는 위원회 중심으로 이루어지고 있다.

10. 특별회계에 대한 설명으로 옳은 것은?
① 특별회계에서 발생한 잉여금을 일반회계로 전입시킬 수 있다.
② 특별회계는 일반회계와는 달리 입법부의 심의를 받지 않는다.
③ 특별회계는 기금과는 달리 예산단일의 원칙에 부합한다.
④ 특별회계의 세입은 주로 조세수입으로 이루어진다.

11. 행정책임에 대한 다음 설명으로 옳지 않은 것은?
① 파이너(Finer)의 행정책임은 제도적 책임과 관련되며, 법률이나 규칙에 대한 책임, 의회에 대한 책임 등을 중시하였다.
② 프리드리히(Friedrich)에 의하면 도덕적 의무감, 전문성이나 윤리헌장 같은 내부통제 장치들을 통해 행정책임을 확보해야 한다.
③ 듑닉(Dubnick)과 롭젝(Romzek)에 의하면 현대사회에서 행정통제는 외부통제에서 내부통제로, 낮은 통제에서 높은 통제로 통제의 중점이 변화되어 오고 있다.
④ 정치행정이원론에서는 외재적 책임이 강조되며, 정치행정일원론에서는 내재적 책임이 강조된다.

12. 중앙집권과 지방분권을 비교하는 지표로 보기 어려운 것은?
① 특별지방행정기관의 수
② 국가공무원과 지방공무원의 수
③ 국세와 지방세의 대비
④ 중앙선거와 지방선거의 투표율

13. 우리나라 지방자치단체의 사무에 대한 설명으로 옳지 않은 것은?
① 자치사무와 단체위임사무의 처리를 위해 자치단체는 조례를 제정하는 것이 가능한데, 기관위임사무는 원칙적으로 조례제정대상이 아니다.
② 축산물·수산물 및 양곡의 수급 조절과 수출입 사무는 지방자치단체의 사무에 해당하지 않는다.
③ 기관위임사무의 처리에 필요한 경비는 수임한 지방자치단체가 전액 부담한다.
④ 기관위임사무는 전국적으로 획일적인 행정을 강조함으로써 지방적 특수성이 희생되기도 한다.

14. 다음 중 현행 「행정규제기본법」에서 규정하고 있는 내용으로 옳은 것은?
① 규제개혁위원회는 위원장 1명을 포함한 20명 이상 25명 이하의 위원으로 구성된다.
② 정부의 규제정책을 심의·조정하고 규제의 심사·정비 등에 관한 사항을 종합적으로 추진하기 위하여 대통령 소속으로 규제개혁위원회를 두고 있다.
③ 규제의 존속기한은 원칙적으로 10년을 초과할 수 없다.
④ 심사기간의 연장이 불가피한 경우 규제개혁위원회의 결정으로 10일을 넘지 않는 범위에서 한 차례만 연장할 수 있다.

15. 다음 중 「공공기관의 운영에 관한 법률」상 공공기관에 대한 설명으로 옳지 않은 것을 모두 고른 것은?

> 가. 우리나라의 공공기관 중 준정부기관은 기금관리형과 위탁집행형으로 구분할 수 있다.
> 나. 공공기관의 운영에 관한 법률의 적용을 받는 공기업의 상임이사에 대한 원칙적인 임명권자는 재정경제부장관이다.
> 다. 재정경제부장관은 매년 직원 정원 100인 이상, 총수입액 30억 원 이상, 자산규모 10억 원 이상의 공공기관 중에서 공기업과 준정부기관을 지정한다.
> 라. 한국방송공사는 「공공기관의 운영에 관한 법률」상 준시장형 공기업으로 분류할 수 있다.
> 마. 재정경제부장관은 지방자치단체가 설립하고 그 운영에 관여하는 기관을 공공기관으로 지정할 수 없다.

① 가, 나　　② 다, 라
③ 나, 다, 마　　④ 나, 다, 라

16. 행정학의 기술성과 과학성에 대한 설명으로 옳지 않은 것은?
① 왈도(D. Waldo)가 'practice'란 용어로 지칭한 기술성은 정해진 목표를 어떻게 효율적으로 달성하는가 하는 방법을 의미한다.
② 윌슨(W. Wilson) 등 초기 행정학자들은 관리기술이나 행정의 원리 등을 발견하려는 데 초점을 두고 행정학의 기술성을 강조하였다.
③ 행태주의 학자들은 행정학 연구에서 처방보다는 학문의 과학화에 역점을 두고 가설의 경험적 검증 등을 강조했다.
④ 현실 문제의 해결은 언제나 과학에만 의존할 수 없으므로 행정학은 기술성과 과학성을 동시에 고려하여야 한다.

17. 정책유형의 분류에 대한 설명으로 옳은 것을 모두 고르면?

> ㄱ. 분배정책에서는 이해당사자들 상호 간 이익이 되는 방향으로 협력하는 로그롤링(log rolling) 현상이 나타난다.
> ㄴ. 재분배정책의 비용부담자는 자신의 비용부담에 무관심한 반면, 수혜집단만 배분을 요구하기 때문에 갈등보다는 상호불간섭의 형태로 종결된다.
> ㄷ. 구성정책은 조세, 병역, 물자수용, 노력동원 등과 관련된 정책이다.
> ㄹ. 규제정책은 정책결정시에 정책으로부터 혜택을 보는 자와 피해를 보는 자를 선택한다.
> ㅁ. Ripley & Franklin의 분배정책, 보호적 규제정책, 경쟁적 규제정책, 재분배정책의 순서로 반발이 심하다고 하였다.

① 2개　　② 3개
③ 4개　　④ 없음

18. 조직구조의 유형에 대한 설명으로 옳지 않은 것은?
① 사업(부)구조는 조직의 산출물에 기반을 둔 구조화 방식으로 사업(부) 간 기능 조정이 용이하다.
② 매트릭스구조는 수직적 기능구조에 수평적 사업구조를 결합시켜 조직운영상의 신축성을 확보한다.
③ 네트워크구조는 응집력 있는 조직문화를 만드는 데 저해 요인으로 작용할 수 있다.
④ 수평구조는 핵심업무 과정 중심의 구조화 방식으로 부서 사이의 경계를 제거하여 의사소통을 원활하게 한다.

19. 우리나라의 공무원 복무와 징계에 대한 설명으로 옳은 것은?
① 공무원은 직무상의 관계가 있든 없든 그 소속 상관에게 증여하거나 소속 공무원으로부터 증여를 받아서는 아니 된다.
② 중징계의 일종인 파면의 경우 5년간 공무원으로 재임용될 수 없으나, 연금급여의 불이익은 없다.
③ 파면·해임·강등·정직 또는 감봉에 해당하는 징계 의결이 요구 중인 자에게 임용권자는 직위를 부여하지 아니할 수 있다.
④ 감봉은 경징계에 해당하며 1개월 이상 3개월 이하 기간 동안 직무에 종사하지 못하고, 보수의 1/3을 삭감하는 처분이다.

20. 다음 중 지방의회의 의결사항이 아닌 것을 모두 고르면?

> ㉠ 법령에 규정된 지방세 또는 사용료·수수료의 부과와 징수
> ㉡ 외국 지방자치단체와의 교류협력에 관한 사항
> ㉢ 기금의 설치·운용
> ㉣ 지방자치단체의 장의 불신임 의결

① 1개　　② 2개
③ 3개　　④ 4개

2026 공무원 시험 대비 실전동형 모의고사
행정학
▌제5회▐

응시번호	
성 명	

문제책형

제1과목	국어	제2과목	영어	제3과목	한국사
제4과목	행정학	제5과목			

1. **시험시작 전 시험문제를 열람하는 행위나 시험종료 후 답안을 작성하는 행위를 한 사람은**「공무원임용시험령」 제51조에 의거 **부정행위자**로 처리됩니다.
2. **답안지 책형 표기는 시험시작 전** 감독관의 지시에 따라 **문제책 앞면에 인쇄된 문제책형을 확인** 한 후, **답안지 책형란에 해당 책형(1개)**을 '●'로 **표기**하여야 합니다.
3. **답안은 문제책 표지의 과목 순서에 따라 답안지에 인쇄된 순서(제1 · 2 · 3 · 4 · 5과목)에 맞추어 표기**해야 하며, 과목 순서를 바꾸어 표기한 경우에도 **문제책 표지의 과목 순서대로 채점**되므로 유의하시기 바랍니다.
4. 시험이 시작되면 문제를 주의 깊게 읽은 후, **문항의 취지에 가장 적합한 하나의 정답만을 고르며,** 문제내용에 관한 질문은 할 수 없습니다.
5. 답안지의 모든 기재 및 표기 사항은 **컴퓨터용 흑색 싸인펜을 사용**하며, 반드시 <보기>의 **올바른 표기 방식**으로 답안을 작성해야 합니다.

   <보기> 올바른 표기: ● 잘못된 표기: ⓥ ⊗ ◑ ⊙ ⦶ ◌ ③

6. **답안을 잘못 표기하였을 경우**에는 **답안지를 교체하여 작성**하거나 **수정할 수 있으며**, 표기한 답안을 수정할 때는 **응시자 본인이 가져온 수정테이프만을 사용**하여 해당 부분을 완전히 지우고 부착된 수정테이프가 떨어지지 않도록 손으로 눌러주어야 합니다. **(수정액 또는 수정스티커 등은 사용 불가)**
   - **불량한 수정테이프의 사용과 불완전한 수정처리**로 발생하는 **모든 문제는 응시자 본인에게 책임이 있습니다.**
7. 법령, 고시, 판례 등에 관한 문제는 **2026년 2월 28일 현재 유효한 법령, 고시, 판례 등을 기준**으로 정답을 구하여야 합니다. 다만, 개별 과목 또는 문항에서 별도의 기준을 적용하도록 명시한 경우에는 그 기준을 적용하여 정답을 구해야 합니다.
8. **시험시간 관리의 책임은 응시자 본인에게 있습니다.**

   ※ 문제책은 시험종료 후 가지고 갈 수 있습니다.

정답공개 및 가산점 등록 안내

1. 정답공개: 정답가안 4.4.(토) 13:30 / 최종정답 4.13.(월) 18:00 / 사이버국가고시센터
2. 이의제기: 4.4.(토) 18:00 ~ 4.7.(화) 18:00 / 사이버국가고시센터
   - 구체적인 이의제기 방법은 정답가안 공개 시 공지 예정
3. 가산점 등록기간: 4.4.(토) 13:30 ~ 4.6.(월) 21:00
4. 가산점 등록방법: 사이버국가고시센터 ➜ [원서접수 → 가산점 등록/확인]

행 정 학

1. 관료제 조직의 폐단을 극복하기 위한 대안에 대한 설명으로 가장 적절하지 않은 것은?
   ① 업무의 명확한 구분에서 야기되는 문제점은 기계적 구조로 처방한다.
   ② 집권화의 문제점은 참여관리와 조직민주주의로 처방한다.
   ③ 공식화의 문제점은 태스크포스(taskforce) 구조로 처방한다.
   ④ 계층제 조직의 문제점을 극복하기 위해서는 위원회조직을 고려한다.

2. 테일러(F. W. Taylor)의 과학적 관리론에 대한 설명으로 옳지 않은 것은?
   ① 테일러는 과학적 관리의 핵심을 개인적 기술에 두고, 노동자가 발전된 과학적 방법에 따라 작업이 되도록 한다.
   ② 어림식 방법을 지양하고 작업의 기본 요소 발견과 수행방법에 대해 과학적 방법을 발전시킨다.
   ③ 테일러의 과학적관리론에서 관리자는 생산증진을 통해서 노・사 모두를 이롭게 해야 한다.
   ④ 노동자가 과업을 완수하는 경우 높은 보상, 실패하는 경우 손실을 받게 된다.

3. 다음 행정이론을 시대순으로 배열한 것은?

> ㉠ 경제학적 분석도구를 관료행태, 투표자 행태, 정당정치, 이익집단 등의 비시장적 분석에 적용한다.
> ㉡ 가치중립적인 연구보다는 가치평가적 연구를 강조한다.
> ㉢ 사회적 인간관을 바탕으로 하고 비공식집단을 중시한다.
> ㉣ 시민적 담론과 공익에 기반을 두고 시민에게 봉사하는 정부의 역할을 강조하는 이론이다.
> ㉤ 가치와 사실을 분리하여 사실중심적인 연구를 강조한다.

   ① ㉡ – ㉢ – ㉠ – ㉣ – ㉤
   ② ㉡ – ㉢ – ㉤ – ㉠ – ㉣
   ③ ㉢ – ㉤ – ㉠ – ㉣ – ㉡
   ④ ㉢ – ㉤ – ㉡ – ㉠ – ㉣

4. 리플리와 프랭클린(Ripley & Franklin)은 정책유형에 따라 집행과정의 특징이 다르다고 주장한다. 다음과 같은 특징이 있는 정책유형은?

> • 집행과정의 안정성과 정형화의 정도가 높다.
> • 집행에 대한 갈등의 정도가 낮다.
> • 집행을 둘러싼 이념적 논쟁의 정도가 낮다.
> • 참여자 간 관계의 안정성이 높다.
> • 작은 정부에 대한 요구와 압력의 정도가 낮다.

   ① 분배정책　　② 경쟁적 규제정책
   ③ 보호적 규제정책　　④ 재분배정책

5. 정책변수에 대한 설명으로 틀린 것은?
   ① 매개변수 – 독립변수의 결과인 동시에 종속변수의 원인이 되는 제3의 변수
   ② 조절변수 – 독립변수가 종속변수에 미치는 영향력을 조절하는 변수
   ③ 억제변수 – 독립변수와 종속변수 간에 상관 관계가 없는데도 있는 것으로 나타나게 하는 제3의 변수
   ④ 허위변수 – 독립변수와 종속변수 모두에게 영향을 미치며 이들 사이의 공동변화를 설명하는 제3의 변수

6. 정책평가의 일반적인 절차를 순서대로 바르게 나열하고 평가성 검토(evaluability assessment)가 이뤄지는 단계를 바르게 연결한 것은?

> ㄱ. 인과모형의 설정
> ㄴ. 자료 수집 및 분석
> ㄷ. 정책목표의 확인
> ㄹ. 정책평가 대상 및 기준 확정
> ㅁ. 평가 결과의 환류 및 활용

   ① ㄷ → ㄹ → ㄱ → ㄴ → ㅁ / 평가성 사정 : ㄹ
   ② ㄷ → ㄹ → ㄱ → ㄴ → ㅁ / 평가성 사정 : ㄷ
   ③ ㄷ → ㄱ → ㄹ → ㄴ → ㅁ / 평가성 사정 : ㄷ
   ④ ㄹ → ㄱ → ㄱ → ㄴ → ㅁ / 평가성 사정 : ㄹ

7. 목표관리(MBO)와 조직발전(OD)을 비교한 설명 중 틀린 것은?
   ① MBO의 과정이 상향적인 반면, OD의 과정은 하향적이다.
   ② 둘 다 Y이론적 관리 방식을 적용한다.
   ③ MBO의 경우 외부인사가 주도하는 반면, OD의 경우 내부인사가 주도한다.
   ④ MBO는 관리 기법상의 변화를 추구하고, OD는 구성원의 행동변화를 유도한다.

8. 홉스테드(Hofstede)의 문화 차원에 대한 설명으로 옳지 않은 것은?
① 불확실성 회피 정도가 강한 경우 공식적 규정을 많이 만들어 불확실한 요소를 최대한 통제하려 한다.
② 집단주의가 강한 문화는 개인주의가 강한 문화보다 상대적으로 느슨한 개인 간 관계를 더 중요시한다.
③ 권력거리가 큰 경우 제도나 조직 내에 내재되어 있는 상당한 권력의 차이를 자연스럽게 인정한다.
④ 남성성이 강한 문화는 여성성이 강한 문화보다 상대적으로 남성과 여성의 역할에 대한 분명한 차이를 인정하려고 한다.

9. 리더십 이론에 대한 설명으로 틀린 것은?
① 허시(Hersey)와 블랜차드(Blanchard)는 부하의 성숙도(Maturity)가 매우 높은 경우에는 참여형 리더십이 바람직하다고 주장하였다.
② 하우스(House) 등의 경로−목표이론에 따르면, 참여적 리더십은 부하들이 구조화되지 않은 과업을 수행할 때 적합하다.
③ 유클(Yukl)의 다중연결모형에 따르면, 부서의 효과성은 단기적으로는 리더가 매개변수에서 부족한 면을 얼마나 시정하느냐에 달려 있고, 장기적으로는 리더가 상황변수를 얼마나 유리하게 만드느냐에 달려 있다.
④ 거래적 리더십론에서 리더는 예외관리에 초점을 둔다.

10. 직무평가방법에 대한 설명으로 옳지 않은 것은?
① 서열법은 직무 전체의 중요도, 난이도 등을 종합적으로 살펴보고, 각 직무의 상대적 중요도를 비교하여 평가하는 방법이다.
② 분류법은 직무의 등급수와 등급에 따른 분류기준을 사전에 정해놓은 기준표에 따라 직무를 평가하는 방법이다.
③ 점수법은 직무평가기준표에 따라 직무의 구성요소별 점수를 부여하고, 이를 합계해 총점을 계산하여 직무를 평가하는 방법이다.
④ 요소비교법은 기준직무와 직무의 평가요소들을 조직 내 다른 직무와 상호 비교하여 상대적 가치를 질적으로 판단하는 방법이다.

11. 우리나라 경력직공무원에 해당하는 사람을 모두 고른 것은?

ㄱ. 경찰청장, 소방청장, 해양경찰청장
ㄴ. 국회수석전문위원
ㄷ. 감사원 사무차장, 국회전문위원
ㄹ. 선거로 취임하는 공무원
ㅁ. 국무조정실장, 국무총리비서실장
ㅂ. 실적과 자격에 따라 임용되고 그 신분이 보장되며 평생 동안(근무기간을 정하여 임용하는 공무원의 경우에는 그 기간 동안을 말한다) 공무원으로 근무할 것이 예정되는 공무원

① 1개 ② 2개
③ 3개 ④ 4개

12. 다면평가제에 대한 다음 설명 중 옳지 않은 것은?
① 다수의 평가자가 참여하여 합의를 통해 평가결과를 도출하는 평가체제이다.
② 평가결과의 환류를 통해 평가대상자의 자기역량을 강화할 수 있는 기회를 제공해 준다.
③ 계층제적 문화가 강한 사회에서는 적용하는 데 어려움이 있다.
④ 다면평가 결과는 인사고과(교육훈련, 승진, 전보, 성과급 지급 등)에 활용할 수 있다.

13. 예산제도에 대한 설명으로 옳은 것만을 모두 고르면?

ㄱ. 영기준예산제도에서는 사업을 원점에서 재검토하여 예산을 편성하기 때문에 사업담당자들이 자신의 사업평가 과정에서 위협을 느끼게 된다.
ㄴ. 성과주의예산제도는 업무단위 선정이 곤란하지만 단위원가 계산은 용이하다.
ㄷ. 계획예산제도는 의사결정 집권화를 완화할 수 있고, 목표설정의 계량화를 용이하게 할 수 있다.
ㄹ. 품목별예산제도는 행정부의 예산집행 과정에서 유용이나 남용을 방지할 수 있고, 예산심의가 용이하여 행정부에 대한 의회의 권한을 강화할 수 있다.

① ㄱ, ㄴ ② ㄱ, ㄹ
③ ㄴ, ㄷ ④ ㄷ, ㄹ

14. 다음은 전통적 예산의 원칙에 대한 설명이다. 괄호 안에 들어갈 내용으로 가장 적절하게 연결한 것은?

가. 이월, 추가경정예산, 이용, 예비비는 (㉠)의 예외이다.
나. 순계예산, 수입대체경비, 현물출자, 전대차관은 (㉡)의 예외이다.
다. 예비비, 사고이월, 준예산, 전용은 (㉢)의 예외이다.
라. 특별회계, 기금, 수입대체경비는 (㉣)의 예외이다.

	㉠	㉡	㉢	㉣
①	한정성의 원칙	예산총계주의 원칙	사전의결의 원칙	통일성의 원칙
②	통일성의 원칙	예산총계주의 원칙	한정성의 원칙	사전의결의 원칙
③	한정성의 원칙	사전의결의 원칙	예산총계주의 원칙	통일성의 원칙
④	사전의결의 원칙	예산총계주의 원칙	통일성의 원칙	한정성의 원칙

15. 예산의 유형에 대한 설명으로 옳지 않은 것은?
① 예산은 성립시기에 따라 본예산, 수정예산, 추가경정예산으로 구분된다.
② 예산은 불성립시 대처방안으로 준예산, 가예산, 잠정예산으로 구분된다.
③ 수정예산은 입법부에 제출된 예산이 의결로 확정되기 이전의 시점에 성립하는 반면, 추가경정예산은 입법부에 제출된 예산이 확정된 이후에 성립한다.
④ 준예산은 잠정예산과 달리 국회의 의결이 필요하며 기간의 제한이 없다.

16. 아래의 행정통제 유형 중 내부통제 방안에 해당하는 것은 모두 몇 개인가?

㉠ 입법부에 대한 통제 ㉡ 사법부에 의한 통제 ㉢ 감사원에 의한 통제 ㉣ 국민권익위원회에 의한 통제 ㉤ 중앙행정부처에 의한 통제 ㉥ 시민에 의한 통제 ㉦ 여론과 매스컴 ㉧ 옴부즈만 제도

① 3개 ② 4개
③ 5개 ④ 6개

17. 주민자치와 단체자치의 차이점으로 옳은 것은?
① 자치권의 인식에서 주민자치는 전래권으로, 단체자치는 고유권으로 본다.
② 자치의 중점에서 주민자치는 주민의 실질적 참여, 단체자치는 지방자치단체의 중앙정부로부터 독립여부이다.
③ 사무구분에서 주민자치에서는 자치사무와 위임사무로 구분하지만, 단체자치에서는 이를 엄격하게 구분하지 않는다.
④ 권한부여 방법에서 주민자치는 포괄적 위임주의이고, 단체자치는 개별적 지정주의이다.

18. 지방자치법상 특별지방자치단체에 대한 설명으로 가장 옳지 않은 것은?
① 2개 이상의 지방자치단체가 공동으로 특정한 목적을 위하여 광역적으로 사무를 처리할 필요가 있을 때 설치할 수 있다.
② 특별지방자치단체는 법인으로 한다.
③ 특별지방자치단체의 설치는 최종적으로 대통령령의 승인을 받아야 한다.
④ 지방의회의원은 특별지방자치단체의 의회의원을 겸할 수 있다.

19. 우리나라의 중앙행정기관 소속 책임운영기관에 대한 설명으로 옳은 것은?
① 「정부조직법」에 근거하여 설치 및 운영된다.
② 소속중앙행정기관의 장은 소속책임운영기관의 조직 및 운영에 관한 기본운영규정을 제정하여야 한다.
③ 기관장은 전 직원에 대한 임용권을 갖는다.
④ 기관장은 공개모집절차에 따라 5년 범위 내에서 임기제공무원으로 채용한다.

20. 현행 ‘정부업무평가기본법’에 대한 설명으로 옳지 않은 것은?
① 정부업무평가위원회는 위원장 2인을 포함한 15인 이내의 위원으로 구성한다.
② 행정안전부장관은 정부업무평가위원회의 심의·의결을 거쳐 정부업무의 성과관리 및 정부업무평가에 관한 정책목표와 방향을 설정한 정부업무평가기본계획을 수립하여야 한다.
③ 국무총리는 정부업무평가를 통합적으로 수행하기 위하여 전자통합평가체계를 구축하고, 각 기관 및 단체가 이를 활용하도록 할 수 있다.
④ 공공기관에 대한 평가는 공공기관의 특수성·전문성을 고려하고 평가의 객관성 및 공정성을 확보하기 위하여 공공기관 외부의 기관이 실시하여야 한다.

2026 공무원 시험 대비 실전동형 모의고사
행정학
▌제6회 ▌

응시번호	
성 명	

문제책형

제1과목	국어	제2과목	영어	제3과목	한국사
제4과목	행정학	제5과목			

1. **시험시작 전 시험문제를 열람하는 행위나 시험종료 후 답안을 작성하는 행위를 한 사람**은 「공무원임용시험령」 제51조에 의거 **부정행위자**로 처리됩니다.
2. **답안지 책형 표기는 시험시작 전** 감독관의 지시에 따라 **문제책 앞면에 인쇄된 문제책형을 확인** 한 후, **답안지 책형란에 해당 책형(1개)**을 '●'로 **표기**하여야 합니다.
3. **답안은 문제책 표지의 과목 순서에 따라 답안지에 인쇄된 순서(제1 · 2 · 3 · 4 · 5과목)에 맞추어 표기**해야 하며, 과목 순서를 바꾸어 표기한 경우에도 **문제책 표지의 과목 순서대로 채점**되므로 유의하시기 바랍니다.
4. 시험이 시작되면 문제를 주의 깊게 읽은 후, **문항의 취지에 가장 적합한 하나의 정답만을 고르며,** 문제내용에 관한 질문은 할 수 없습니다.
5. 답안지의 모든 기재 및 표기 사항은 **컴퓨터용 흑색 싸인펜을 사용**하며, 반드시 <보기>의 **올바른 표기 방식**으로 답안을 작성해야 합니다.

   <보기> 올바른 표기: ● 잘못된 표기: ⓥ ⊗ ◑ ⊙ ◍ ◌ ③
6. **답안을 잘못 표기하였을 경우**에는 **답안지를 교체하여 작성**하거나 **수정할 수 있으며,** 표기한 답안을 수정할 때는 **응시자 본인이 가져온 수정테이프만을 사용**하여 해당 부분을 완전히 지우고 부착된 수정테이프가 떨어지지 않도록 손으로 눌러주어야 합니다. **(수정액 또는 수정스티커 등은 사용 불가)**
   - **불량한 수정테이프의 사용과 불완전한 수정처리**로 발생하는 **모든 문제는 응시자 본인에게 책임이 있습니다.**
7. 법령, 고시, 판례 등에 관한 문제는 **2026년 2월 28일 현재 유효한 법령, 고시, 판례 등을 기준**으로 정답을 구해야 합니다. 다만, 개별 과목 또는 문항에서 별도의 기준을 적용하도록 명시한 경우에는 그 기준을 적용하여 정답을 구해야 합니다.
8. **시험시간 관리의 책임은 응시자 본인에게 있습니다.**

   ※ 문제책은 시험종료 후 가지고 갈 수 있습니다.

정답공개 및 가산점 등록 안내

1. 정답공개: 정답가안 4.4.(토) 13:30 / 최종정답 4.13.(월) 18:00 / 사이버국가고시센터
2. 이의제기: 4.4.(토) 18:00 ~ 4.7.(화) 18:00 / 사이버국가고시센터
   - 구체적인 이의제기 방법은 정답가안 공개 시 공지 예정
3. 가산점 등록기간: 4.4.(토) 13:30 ~ 4.6.(월) 21:00
4. 가산점 등록방법: 사이버국가고시센터 ➜ [원서접수 → 가산점 등록/확인]

행 정 학

1. 다음 중 재화와 서비스의 종류에 대한 사례의 연결이 가장 옳은 것은?
① 요금재 – 전기, 통신, 상하수도, 고속도로
② 시장재 – 음식점, 호텔, 택시, 지하수
③ 공공재 – 의료, 치안, 국방
④ 공유재 – 해저광물, 강, 호수, 등대

2. 정책수단의 한 형태인 바우처(voucher)제도에 대한 설명 중 옳지 않은 것은?
① 공공서비스의 민영화를 위한 방식의 하나로 사용되고 있다.
② 종이바우처의 경우 바우처 전매 등으로 정책효과가 제대로 발생하지 않을 수 있다.
③ 전자바우처의 경우 관료와 서비스 제공자 간의 유착이 발생할 수 있다.
④ 저소득층에게 식품, 교육 등의 복지제공을 위해 종종 사용된다.

3. 킹던의 정책창 모형과 관련된 내용으로 옳은 것은 <보기>에서 모두 몇 개인가?

<보기>
ㄱ. 방법론적 개인주의 ㄴ. 쓰레기통 모형
ㄷ. 정치의 흐름 ㄹ. 점화장치
ㅁ. 표준운영절차

① 1개 ② 2개
③ 3개 ④ 4개

4. 정책평가의 타당도 중 아래 보기 내용과 관련된 타당도를 저해하는 요인에 대한 것으로만 연결된 것은?

<보기>
• 특정 실험 상황 내에서 원인변수(정책수단)와 결과변수(정책효과) 간의 인과적 추론의 정확도
• 정책집행 후 결과변수상의 변화가 정책 때문인지, 다른 경쟁원인 때문인지 명백하게 알 수 있는 정도

① 표본의 대표성 미흡 – 측정요인
② 다수적 처리에 의한 간섭 – 성숙요인
③ 회귀인공요인 – 오염효과
④ 모방효과 – 실험조작의 반응효과

5. 페로(C. Perrow)의 기술유형 중 다수의 예외와 분석가능성이 높은 기술은?
① 장인 기술 ② 비일상적 기술
③ 공학적 기술 ④ 일상적 기술

6. 조직구조의 기본변수로 복잡성·공식성·집권성이 있다. 다음 중 복잡성과 관련된 내용으로 거리가 먼 것은?

ㄱ. 직무의 종류와 성질에 따라서 각 부처별 기능의 분화를 통해 정부기능을 전문화시킨다.
ㄴ. 상위계층과 하위계층간 업무분담을 통해 권한과 책임한계를 명확히 한다.
ㄷ. 조직활동에 대한 법령과 규칙을 확립하여 조직구성원의 행동기준을 마련한다.
ㄹ. 지방행정기관을 설치하여 지역별 행정수요를 충족시킨다.
ㅁ. 의사결정권·지휘감독권을 하급기관·하급자보다는 상급기관·상급자에게 집중시킨다.

① ㄷ, ㅁ ② ㄷ, ㄹ
③ ㄴ, ㄹ ④ ㄱ, ㅁ

7. 우리나라 공무원 분류에 대한 설명으로 옳지 않은 것은?
① 일반적으로 임용주체를 기준으로 국가공무원과 지방공무원으로 구분한다.
② 별정직공무원은 비서관·비서 등 보좌업무 등을 수행하거나 특정한 업무 수행을 위하여 법령에서 별정직으로 지정하는 공무원을 말한다.
③ 특정직공무원은 「국가공무원법」과 「지방공무원법」이 우선 적용되며, 해당 법률에 적용 조항이 없을 때는 개별법이 적용된다.
④ 경호공무원은 경력직공무원으로 분류된다.

8. 「국가공무원법」이 명문으로 규정하고 있는 공무원의 의무가 아닌 것은?
① 공무원은 직무의 내외를 불문하고 그 품위가 손상되는 행위를 하여서는 아니된다.
② 공무원은 직무를 수행할 때 소속 상관의 직무상 명령에 복종하여야 한다.
③ 공무원은 직무와 관련하여 직접적이든 간접적이든 사례·증여 또는 향응을 주거나 받을 수 없다.
④ 공직자는 사적 이해관계에 영향을 받지 아니하고 직무를 공정하고 청렴하게 수행하여야 한다.

9. 우리나라 예산에 대한 설명으로 옳은 것은?
① 세입세출예산은 일반회계와 특별회계 및 기금으로 구분한다.
② 세입예산은 관・항으로 구분한다.
③ 특별회계는 국가가 특정한 목적을 위해 특정한 자금을 신축적으로 운영하기 위해 법률로써 설치한다.
④ 국회에 예산안이 제출되면 상임위원회 회의에서 정부의 시정연설이 이루어진다.

10. 윌다브스키(A. Wildavsky)의 예산행태 유형 중 국가의 경제력과 재정 예측력이 모두 높은 경우에 나타나는 행태는?
① 점증적 예산(Incremental Budgeting)
② 반복적 예산(Repetitive Budgeting)
③ 세입 예산(Revenue Budgeting)
④ 보충적 예산(Supplemental Budgeting)

11. 우리나라의 예산과정에 대한 설명으로 옳은 것만을 <보기>에서 모두 고르면?

<보기>

ㄱ. 기획예산처장관은 국무회의 심의와 대통령 승인을 얻어 다음 연도의 예산안편성지침을 매년 1월 31일까지 중앙관서의 장에게 통보하여야 한다.
ㄴ. 중앙관서의 장은 소관부처의 세입세출예산, 계속비, 명시이월비 및 국고채무부담행위 요구서를 작성하여 매년 3월 31일까지 기획예산처장관에게 제출하여야 한다.
ㄷ. 헌법에 의하면 정부는 회계연도 개시 120일 전까지 정부 예산안을 국회에 제출하여야 한다.
ㄹ. 기획예산처장관은 국가결산보고서를 종합해 다음 연도 4월 20일까지 감사원에 제출하여야 한다.
ㅁ. 정부는 국가결산보고서를 다음 연도 6월 31일까지 국회에 제출하여야 한다.

① 없음 ② 2개
③ 3개 ④ 4개

12. 옴부즈만(Ombudsman)제도에 대한 설명으로 옳지 않은 것은?
① 스웨덴에서 처음 도입된 제도이다.
② 행정 내부통제의 한계를 보완하는 제도이다.
③ 시정을 촉구하거나 건의함으로써 국민의 권리를 구제하는 제도이다.
④ 대부분의 국가에서는 입법부에 소속되어 있다.

13. 조례와 규칙의 제정 및 공포 절차에 대한 설명으로 틀린 것은?
① 지방자치단체는 법령의 범위에서 그 사무에 관하여 조례를 제정할 수 있다. 다만, 주민의 권리 제한 또는 의무부과에 관한 사항이나 벌칙을 정할 때에는 법률의 위임이 있어야 한다.
② 지방자치단체의 장은 법령 또는 조례의 범위에서 그 권한에 속하는 사무에 관하여 규칙을 제정할 수 있다.
③ 지방자치단체는 조례를 위반한 행위에 대하여 조례로써 1천만 원 이하의 과태료를 정할 수 있다.
④ 조례안이 지방의회에서 의결되면 의장은 의결된 날부터 5일 이내에 그 지방자치단체의 장에게 이를 이송하여야 하고, 지방자치단체의 장은 지방의회가 의결한 조례안을 이송 받으면 15일 이내에 공포하여야 하며, 조례와 규칙은 특별한 규정이 없으면 공포한 날부터 20일이 지나면 효력을 발생한다.

14. 우리나라 「지방자치법」 제11조에서 정하는 사무배분의 원칙에 대한 설명으로 가장 옳지 않은 것은?
① 국가는 지방자치단체가 사무를 종합적・자율적으로 수행할 수 있도록 국가와 지방자치단체 간 또는 지방자치단체 상호 간의 사무를 주민의 편익증진, 집행의 효과 등을 고려하여 서로 중복되지 아니하도록 배분하여야 한다.
② 국가는 지역주민생활과 밀접한 관련이 있는 사무는 원칙적으로 시・군 및 자치구의 사무로, 시・군 및 자치구가 처리하기 어려운 사무는 시・도의 사무로, 시・도가 처리하기 어려운 사무는 국가의 사무로 각각 배분하여야 한다.
③ 국가가 지방자치단체에 사무를 배분하거나 지방자치단체가 사무를 다른 지방자치단체에 재배분할 때에는 사무를 배분받거나 재배분받는 지방자치단체가 그 사무를 자기의 책임하에 종합적으로 처리할 수 있도록 관련 사무를 포괄적으로 배분하여야 한다.
④ 국가 및 지방자치단체는 민간부문의 자율성을 존중하여 국가 또는 지방자치단체의 관여를 최소화하여야 하며, 민간의 행정참여기회를 확대하여야 한다.

15. 「지방자치법」상 주민참여 수단에 대한 설명으로 옳은 것은?
① 주민투표는 자치단체장에게, 주민감사청구는 감사원에, 주민소송은 관할 행정법원에, 주민소환은 관할 선거관리위원회에 청구한다.
② 18세 이상의 주민은 그 지방자치단체와 그 장의 권한에 속하는 사무의 처리가 법령에 위반되거나 공익을 현저히 해친다고 인정되면 감사를 청구할 수 있다.
③ 주민소환의 투표 청구권자・청구요건・절차 및 효력 등에 관하여는 따로 조례로 정한다.
④ 주민투표에 부쳐진 사항은 주민투표권자 총수의 3분의 1 이상의 투표와 유효투표수 3분의 2 이상의 득표로 확정된다.

16. 현재 우리나라의 정부조직 구성에 대한 설명 중 옳지 않은 것끼리 묶인 것은?

㉠ 부는 고유의 행정사무를 수행하기 위한 기능별・대상별 기관으로 행정안전부를 포함하여 16개의 부가 있다.
㉡ 재외동포청은 외교부의 외청이다.
㉢ 청은 행정각부의 소속으로 업무의 독자성이 높고 집행위주의 사무를 수행하며 기상청, 국가유산청 등이 이에 속한다.
㉣ 해양경찰청은 행정안전부의 외청이다.
㉤ 국가보훈처는 국무총리 소속으로 장관급 기구이다.

① ㉠㉡㉢ ② ㉠㉢㉣
③ ㉡㉢㉤ ④ ㉠㉣㉤

17. 모건(Morgan)이 제시한 조직의 8가지 이미지에 대한 내용 중 틀린 것은?
① 기계장치로서 조직 : 베버의 관료제처럼 조직을 정교한 기계로 간주한다.
② 정치적 존재로서 조직 : 조직을 상호 대립적인 이익을 추구하는 다양한 세력의 경쟁과 갈등의 장이자 타협을 이뤄가는 장이라고 이해한다.
③ 심리적 감옥으로서 조직 : 집단사고 등을 그 예시로 볼 수 있다.
④ 두뇌로서 조직 : 절대적 합리성에 기초한 조직의 의사결정을 설명할 수 있다.

18. 퀸과 로보그는 조직이 초점을 어디에 두는가와 조직구조의 성격에 따라 네 가지 효과성가치모형을 제시하였다. ㈀~㈃ 모형에 대한 설명으로 옳은 것은?

초점 \ 구조	안정성(통제)	유연성(융통성)
내부	(ㄱ)	(ㄴ)
외부	(ㄷ)	(ㄹ)

① ㈀ 모형은 조직의 생산성, 능률성, 수익성을 달성하는 것이 목표가치이며, 그 수단으로서 계획과 목표 설정이 강조된다.
② ㈁ 모형의 목표가치는 인적자원 개발이며, 그 수단으로서 조직구성원의 응집성, 사기 등이 강조된다.
③ ㈂ 모형의 목표가치는 성장과 자원 획득 등이며, 그 수단으로서 준비성과 외부평가 등이 강조된다.
④ ㈃ 모형은 조직의 균형을 확보하는 것이 목표가치이며, 그 수단으로서 정보관리와 의사소통 등이 강조된다.

19. 정책유형에 대한 설명으로 옳은 것은?
① 알몬드(Almond)와 파웰(Powell)은 정책을 구성정책, 추출정책, 재분배정책, 규제정책으로 유형화했다.
② 로위(Lowi)는 정책유형에 따라 정책을 둘러싼 이해당사자들 사이의 상호작용 양식이 달라진다고 주장한다.
③ 초기 로위(Lowi)의 정책유형론은 정책유형 간의 높은 상호배타성을 특징으로 한다.
④ 로위(Lowi)에 따르면 규제정책에서는 포크배럴(pork- barrel)이나 로그롤링(log-rolling) 현상이 빈번하게 발생한다.

20. 민츠버그(H. Mintzberg)의 조직성장 경로모형에 대한 설명으로 가장 적절한 것을 모두 고른 것은?

㉠ 단순구조(simple structure)는 한 사람이나 소수에게 집권화되며, 환경변화에 대응하기 위한 신속한 의사결정에 적합하다.
㉡ 전문적 관료제(professional bureaucracy)는 핵심운영 중심의 구조이며, 복잡하고 안정적인 환경에 적합하다.
㉢ 사업부 조직(divisionalized form)은 참모 중심의 구조이며, 신축적이고 혁신적인 조직구조이다.
㉣ 핵심운영 부문(operating core)은 조직의 제품이나 서비스를 생산해내는 기본적인 일들이 발생하는 곳이다.
㉤ 지원 스태프 부문(support staff)은 기본적인 과업흐름 내에서 발생하는 조직의 문제를 지원하는 모든 전문가로 구성되어 있다.

① ㉠, ㉡, ㉣ ② ㉠, ㉡, ㉤
③ ㉠, ㉢, ㉤ ④ ㉡, ㉢, ㉣

2026 공무원 시험 대비 실전동형 모의고사
행정학
▌제7회 ▌

응시번호	
성 명	

문제책형

제1과목	국어	제2과목	영어	제3과목	한국사
제4과목	행정학	제5과목			

응시자 주의사항

1. **시험시작 전 시험문제를 열람하는 행위나 시험종료 후 답안을 작성하는 행위를 한 사람**은 「공무원임용시험령」 제51조에 의거 **부정행위자**로 처리됩니다.
2. **답안지 책형 표기는 시험시작 전** 감독관의 지시에 따라 **문제책 앞면에 인쇄된 문제책형을 확인** 한 후, **답안지 책형란에 해당 책형(1개)**을 '●'로 **표기**하여야 합니다.
3. **답안은 문제책 표지의 과목 순서에 따라 답안지에 인쇄된 순서(제1 · 2 · 3 · 4 · 5과목)에 맞추어 표기**해야 하며, 과목 순서를 바꾸어 표기한 경우에도 **문제책 표지의 과목 순서대로 채점**되므로 유의하시기 바랍니다.
4. 시험이 시작되면 문제를 주의 깊게 읽은 후, **문항의 취지에 가장 적합한 하나의 정답만을 고르며**, 문제내용에 관한 질문은 할 수 없습니다.
5. 답안지의 모든 기재 및 표기 사항은 **컴퓨터용 흑색 싸인펜을 사용**하며, 반드시 <보기>의 **올바른 표기 방식**으로 답안을 작성해야 합니다.

   <보기> 올바른 표기: ● 잘못된 표기: ⓥ ⊗ ◑ ⊙ ◍ ◌ ③

6. **답안을 잘못 표기하였을 경우**에는 **답안지를 교체하여 작성**하거나 **수정할 수 있으며**, 표기한 답안을 수정할 때는 **응시자 본인이 가져온 수정테이프만을 사용**하여 해당 부분을 완전히 지우고 부착된 수정테이프가 떨어지지 않도록 손으로 눌러주어야 합니다. **(수정액 또는 수정스티커 등은 사용 불가)**
   - **불량한 수정테이프의 사용과 불완전한 수정처리**로 발생하는 **모든 문제는 응시자 본인에게 책임이 있습니다.**
7. 법령, 고시, 판례 등에 관한 문제는 **2026년 2월 28일 현재 유효한 법령, 고시, 판례 등을 기준**으로 정답을 구해야 합니다. 다만, 개별 과목 또는 문항에서 별도의 기준을 적용하도록 명시한 경우에는 그 기준을 적용하여 정답을 구해야 합니다.
8. **시험시간 관리의 책임은 응시자 본인에게 있습니다.**
   ※ 문제책은 시험종료 후 가지고 갈 수 있습니다.

정답공개 및 가산점 등록 안내

1. 정답공개: 정답가안 4.4.(토) 13:30 / 최종정답 4.13.(월) 18:00 / 사이버국가고시센터
2. 이의제기: 4.4.(토) 18:00 ~ 4.7.(화) 18:00 / 사이버국가고시센터
   - 구체적인 이의제기 방법은 정답가안 공개 시 공지 예정
3. 가산점 등록기간: 4.4.(토) 13:30 ~ 4.6.(월) 21:00
4. 가산점 등록방법: 사이버국가고시센터 ➜ [원서접수 → 가산점 등록/확인]

행 정 학

1. 민자유치의 사업방식에 대한 설명으로 올바른 것은 모두 몇 개인가?

> ㉠ BTO방식: 민간투자기관이 민간자본으로 공공시설을 건설하고 시설완공과 동시에 소유권을 정부에 이전하는 대신, 민간투자기관이 일정 기간 시설을 운영하여 투자비를 회수하는 방식
> ㉡ BOT방식: 민간투자기관이 민간자본으로 공공시설을 건설하고 시설완공 후 일정기간 동안 민간투자기관이 소유권을 가지고 직접 운영하여 투자비를 회수하는 방식
> ㉢ BOO방식: 민간투자기관이 민간자본으로 공공시설을 건설하고 시설완공 후 일정기간 동안 민간투자기관이 소유권을 가지고 직접 운영하여 투자비를 회수한 다음, 기간만료 시 소유권을 정부에 이전하는 방식

① 1개　② 2개
③ 3개　④ 없음

2. 시장실패에 따른 정부개입에 대한 설명으로 가장 적절하지 않은 것은?
① 외부효과 발생 시 정부는 규제와 보조금 등을 사용한다.
② 불완전경쟁에 대해서는 보조금 혹은 공적 공급으로 대응할 수 있다.
③ 순수공공재의 경우 정부가 직접 공급한다.
④ 정보의 불완전성을 해결하기 위해 정보 공개를 유도하거나 규제한다.

3. 외부효과를 교정하기 위해 사용하는 방법에 대한 설명으로 옳지 않은 것은?
① 교정적 조세(피구세: Pigouvian tax)는 부정적 외부효과를 유발하는 경우에 조세로써 비용을 부담하게 하는 것이다.
② 긍정적 외부효과를 유발하는 기업에 보조금을 지급하여 사회적으로 최적의 생산량을 유지하려 한다.
③ 코즈는 소유권을 명확하게 확립하는 것이 부정적 외부효과를 줄이는 방법이라고 주장했다.
④ 코즈의 정리에서는 부정적 외부효과의 해결을 위한 정부의 규제정책을 강조한다.

4. (ㄱ)에 가장 가까운 개념은 무엇인가?

> 실험의 대상자들이 연구자의 개입을 인지하게 되면 자신의 태도나 행동에 긍정적 노력을 하게 되고, 결과적으로 생산성 향상에 기여하게 된다는 것으로 연구자들은 이를 (ㄱ)이라(라고) 부른다.

① 호손효과　② 검사요인
③ 역사적 요인　④ 회귀인공요인

5. 엘리트론과 다원론에 대한 다음 설명 중 옳지 않은 것은?
① 밀스(Mills)는 지위접근법을 전개하면서 중요한 결정은 권력 엘리트에 의해 결정되며, 사소한 국내외 문제만이 의회에 의해 국민의 관심을 받으면서 결정된다고 보았다.
② 헌터(Hunter)는 지역 차원의 엘리트를 기업인 · 변호사 등 사회적으로 명성 있는 소수로 보고 이들의 의사에 의해 지역의 정책이 형성된다고 보았다.
③ 뉴헤븐(New Haven)를 연구한 달(Dahl)은 사회 내에 엘리트가 존재하며, 특정 엘리트가 모든 정책영역에서 지배적인 영향력을 행사한다고 보았다.
④ 신다원론은 다원주의와 달리 이익집단 간 대체적 동등성의 개념을 수정하여 특정집단이 다른 집단보다 더욱 강력할 수 있다는 점을 인정하였다.

6. 행정수단은 '강제성'의 정도에 따라 효과가 다를 수 있다. 다음 중 '강제성'의 정도가 가장 높은 것은?
① 사회적 규제　② 공기업
③ 정보제공　④ 조세지출

7. 유기적 조직과 기계적 조직의 차이점을 설명한 것 중 부적절한 것은?
① 유기적 구조는 동태적 환경에 적합하고, 안정적 환경에는 기계적 구조가 적합하다.
② 유기적 구조에서의 작업의 분업화는 높고, 기계적 구조에서는 상대적으로 낮다.
③ 유기적 구조의 의사결정권은 분산되나 기계적 구조에서는 최고층에 집중된다.
④ 유기적 구조는 상호작용을 통하여 갈등을 해결하나, 기계적 구조에서는 상급자에 의존한다.

8. 조직 내 의사전달에 대한 설명으로 옳지 않은 것을 <보기>에서 모두 고르면?

<보기>
> ㄱ. 공식적 의사전달은 책임소재가 명확하다는 장점이 있다.
> ㄴ. 바퀴형은 복잡하고 비일상적인 업무처리에 적합한 의사전달망이다.
> ㄷ. 비공식적 의사전달은 수직적 계층제에서 상관의 권위를 손상시킬 수 있다.
> ㄹ. 문서명령과 예규의 제정 등은 하의상달에 의한 의사전달 방식이다.
> ㅁ. 할거주의와 전문화로 인한 수평적 의사전달의 저해는 조직구조에서 기인하는 의사전달의 장애요인이다.

① ㄱ, ㄷ　② ㄱ, ㅁ
③ ㄴ, ㄹ　④ ㄷ, ㄹ

9. 허즈버그(Herzberg)의 욕구충족요인이원론에 대한 설명으로 가장 적절하지 않은 것은?
① 조직구성원에게 만족을 주는 요인(동기요인)과 불만족을 주는 요인(위생요인)은 별개 차원이다.
② 동기요인과 위생요인은 구성원에 따라 다를 수 있다는 인식 하에 개인차를 강조한다.
③ 욕구충족요인이원론은 연구자료가 중요사건기록법을 근거로 수집되어 동기요인이 과대평가되었을 수 있다는 한계를 갖는다.
④ 위생요인이 충족되지 않은 경우 구성원에게 불만족을 초래하지만, 이것이 잘 갖추어졌다고 직무수행동기를 유발하는 것은 아니다.

10. 직업공무원제에 관한 설명으로 옳지 않은 것은?
① 직업공무원제는 직위분류제, 개방형, 그리고 전문가주의에 임용체제를 바탕으로 하는 인사제도이다.
② 관료에게는 엄격한 복무규율이 요구되는 대신 관료로서의 특권과 신분이 보장되었다.
③ 직업공무원제는 절대군주국가 시대에 중앙집권적 통일국가를 유지하기 위해 발달하기 시작하였다.
④ 직업공무원제는 채용 당시의 직무수행능력보다 장기적인 발전가능성이나 잠재력이 더 중요시된다.

11. 중앙행정기관의 개방형 임용제도에 대한 설명으로 옳지 않은 것을 모두 고른 것은?

ㄱ. 경력개방형 직위제도는 공무원과 민간인이 경쟁하여 최적임자를 선발하는 개방형직위와 달리, 공직 외부에서만 적격자를 선발하는 직위를 말한다.
ㄴ. 단기적으로 직업공무원제도의 확립에 반하는 제도이나, 장기적으로는 직업공무원제도의 확립에 긍정적인 영향을 미친다.
ㄷ. 개방형직위는 소속장관별로 고위공무원단 직위총수의 20% 범위 안에서 지정하고, 과장급은 직위총수의 30% 범위 안에서 지정한다.
ㄹ. 개방형 직위는 임기제공무원으로 임용함을 원칙으로 하되, 임기제가 아닌 경력직으로도 임용할 수 있다.

① ㄱ, ㄴ ② ㄱ, ㄷ
③ ㄴ, ㄷ ④ ㄷ, ㄹ

12. 선발시험의 신뢰성을 검증하는 방법에 해당하지 않는 것은?
① 하나의 시험유형 내에서 각 문항 간의 상관관계를 종합하여 시험의 일관성을 검증한다.
② 시험을 본 수험자에게 일정한 시간이 지난 뒤, 다시 같은 문제로 시험을 보게 하여 두 점수 간의 일관성을 확인한다.
③ 시험성적과 본래 시험으로 예측하고자 했던 기준 사이에 얼마나 밀접한 상관관계가 있는가를 검증한다.
④ 문제 수준이 비슷한 두 개의 시험유형을 개발하여 동일 통제집단을 대상으로 시험을 보게 한 후 두 집단의 성적 간 상관관계를 분석한다.

13. 다음 중에서 영기준예산제도(ZBB)에 대한 설명 중에서 가장 거리가 먼 것은?
① 새로운 사업의 구상보다는 기존 사업의 감축관리에 목적을 둔다.
② 예산에 관한 의사결정이 하향적(top down)으로 진행된다.
③ 사업 검토가 조직의 경계 내에서 진행되는 폐쇄적인 의사결정의 일종이다.
④ 상급 관리계층에게 정보홍수와 업무과다를 초래한다.

14. 우리나라 국가재정법에서는 추가경정예산안 편성사유를 제한하고 있는데, 그 내용 중 잘못된 것은?
① 전쟁이나 대규모 자연재해가 발생한 경우
② 경기침체・대량실업 등 대내・외 여건의 중대한 변화가 발생하였거나 발생할 우려가 있는 경우
③ 법령에 따라 국가가 지급하여야 하는 지출이 발생하거나 증가하는 경우
④ 전쟁이나 대규모 자연재해가 발생할 우려가 있는 경우

15. 우리나라 중앙예산부서의 재정관리 혁신에 대한 설명으로 옳지 않은 것은?
① 총사업비가 500억원 이상이고 국가재정 지원 규모가 300억원 이상인 신규사업 중 지능정보화사업은 예비타당성조사의 대상사업이 될 수 있다.
② 사회간접자본(SOC)에 대한 대규모 민간투자사업은 기획예산처가 결정한다.
③ 예산 절감이나 국가 수입 증대에 기여한 자에게 제공하는 예산성과금은 공무원뿐만 아니라 일반국민에게도 지급될 수 있다.
④ 총사업비가 500억원 이상인 건설사업과 총사업비가 200억원 이상인 건축사업은 총사업비 관리제도의 대상사업이 될 수 있다.

16. 다음 중 우리나라 국민권익위원회에 대한 내용으로 옳은 것은?
① 고충민원의 처리와 이에 관련된 불합리한 행정제도를 개선하고, 부패의 발생을 예방하며 부패행위를 효율적으로 규제하도록 하기 위하여 대통령 소속으로 국민권익위원회를 둔다.
② 상임위원은 국무총리의 제청으로 대통령이 임명한다.
③ 위원장과 부위원장, 상임위원은 각각 정무직으로 보한다.
④ 위원장과 위원의 임기는 각각 3년으로 하되 1차에 한하여 연임할 수 있다.

17. 우리나라 자치재정권에 대한 설명으로 옳지 않은 것은?
① 지방자치단체는 법률로 정하는 바에 따라 지방세를 부과·징수할 수 있다.
② 지방자치단체는 공공시설의 이용 또는 재산의 사용에 대하여 사용료를 징수할 수 있다.
③ 지방자치단체는 행정목적을 달성하기 위하여 특정한 자금을 운용하기 위한 기금을 설치할 경우 행정안전부 장관의 승인을 얻어야 한다.
④ 지방자치단체의 장이나 지방자치단체조합은 따로 법률이 정하는 바에 따라 지방채를 발행할 수 있다.

18. 현행 우리나라 지방자치법상 지방의회의 권한에 관한 내용으로 옳지 않은 것은?
① 지방의회는 재적의원 3분의 2 이상의 출석과 출석의원 3분의 2 이상의 찬성으로 그 자치단체장을 불신임 할 수 있다.
② 지방의회는 조례의 제정·개정 및 폐지, 기금의 설치·운용, 청원의 수리와 처리 등에 관한 사항을 의결한다.
③ 지방의회는 매년 1회 그 지방자치단체의 사무에 대하여 시·도에서는 14일의 범위에서, 시·군 및 자치구에서는 9일의 범위에서 감사를 실시한다.
④ 지방의회의 의장은 의결에서 표결권을 가지며, 찬성과 반대가 같으면 부결된 것으로 본다.

19. 공공기관 기업지배구조의 이념형적 모델인 주주(shareholder) 자본주의 모델과 이해관계자(stakeholder) 자본주의 모델에 대한 설명으로 옳지 않은 것은?
① 주주 자본주의 모델은 주주가 기업의 주인이라고 보며, 주주의 이익 극대화가 경영목표이다.
② 주주 자본주의 모델의 기업규율방식에는 이사회의 경영감시 등이 있다.
③ 이해관계자 자본주의 모델은 기업을 하나의 공동체로 보며, 이해관계자의 이익 극대화가 경영목표이다.
④ 이해관계자 자본주의 모델에서 근로자의 경영 참여는 종업원 지주제도 등을 통해서 이루어지며 단기 업적주의를 추구한다.

20. 다음은 청탁금지법의 일부이다. 괄호 안에 들어갈 말로 옳게 짝지은 것은?

> 제8조【금품 등의 수수 금지】① 공직자 등은 직무 관련 여부 및 기부·후원·증여 등 그 명목에 관계없이 동일인으로부터 1회에 (ㄱ) 또는 매 회계연도에 (ㄴ)을 초과하는 금품 등을 받거나 요구 또는 약속해서는 아니 된다.

	ㄱ	ㄴ
①	100만원	200만원
②	100만원	300만원
③	200만원	400만원
④	200만원	500만원

2026 공무원 시험 대비 실전동형 모의고사
행정학
▌제8회 ▌

응시번호	
성 명	

문제책형

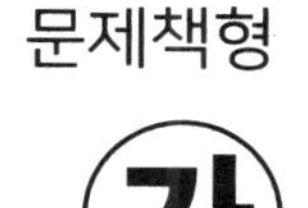

제1과목	국어	제2과목	영어	제3과목	한국사
제4과목	행정학	제5과목			

응시자 주의사항

1. **시험시작 전 시험문제를 열람하는 행위나 시험종료 후 답안을 작성하는 행위를 한 사람**은 「공무원임용시험령」 제51조에 의거 **부정행위자**로 처리됩니다.
2. **답안지 책형 표기는 시험시작 전** 감독관의 지시에 따라 **문제책 앞면에 인쇄된 문제책형을 확인** 한 후, **답안지 책형란에 해당 책형(1개)**을 '●'로 **표기**하여야 합니다.
3. **답안은 문제책 표지의 과목 순서에 따라 답안지에 인쇄된 순서(제1 · 2 · 3 · 4 · 5과목)에 맞추어 표기**해야 하며, 과목 순서를 바꾸어 표기한 경우에도 **문제책 표지의 과목 순서대로 채점**되므로 유의하시기 바랍니다.
4. 시험이 시작되면 문제를 주의 깊게 읽은 후, **문항의 취지에 가장 적합한 하나의 정답만을 고르며,** 문제내용에 관한 질문은 할 수 없습니다.
5. 답안지의 모든 기재 및 표기 사항은 **컴퓨터용 흑색 싸인펜을 사용**하며, 반드시 <보기>의 **올바른 표기 방식**으로 답안을 작성해야 합니다.

   <보기> 올바른 표기: ● 잘못된 표기: ⓥ ⊗ ◑ ⊙ ⓛ ◌ ③

6. **답안을 잘못 표기하였을 경우**에는 **답안지를 교체하여 작성**하거나 **수정할 수 있으며,** 표기한 답안을 수정할 때는 **응시자 본인이 가져온 수정테이프만을 사용**하여 해당 부분을 완전히 지우고 부착된 수정테이프가 떨어지지 않도록 손으로 눌러주어야 합니다. **(수정액 또는 수정스티커 등은 사용 불가)**
   - **불량한 수정테이프의 사용과 불완전한 수정처리**로 발생하는 **모든 문제는 응시자 본인에게 책임이 있습니다.**
7. 법령, 고시, 판례 등에 관한 문제는 **2026년 2월 28일 현재 유효한 법령, 고시, 판례 등을 기준**으로 정답을 구해야 합니다. 다만, 개별 과목 또는 문항에서 별도의 기준을 적용하도록 명시한 경우에는 그 기준을 적용하여 정답을 구해야 합니다.
8. **시험시간 관리의 책임은 응시자 본인에게 있습니다.**

   ※ 문제책은 시험종료 후 가지고 갈 수 있습니다.

정답공개 및 가산점 등록 안내

1. 정답공개: 정답가안 4.4.(토) 13:30 / 최종정답 4.13.(월) 18:00 / 사이버국가고시센터
2. 이의제기: 4.4.(토) 18:00 ~ 4.7.(화) 18:00 / 사이버국가고시센터
   - 구체적인 이의제기 방법은 정답가안 공개 시 공지 예정
3. 가산점 등록기간: 4.4.(토) 13:30 ~ 4.6.(월) 21:00
4. 가산점 등록방법: 사이버국가고시센터 ➜ [원서접수 → 가산점 등록/확인]

행 정 학

1. 행정이념에 관한 설명 중 적절하지 않은 것은?
① 민주화의 과정에서 발생하는 지나친 집단이기주의를 대응하기 위해 공익에 대한 과정설적인 입장을 반영하는 판례가 늘고 있는 특징이 있다.
② 미국의 경우 1960년대 신행정학이 등장하면서 사회적 형평성이 중요한 이념으로 제기되었다.
③ 체제 운영의 안정성과 신뢰성을 확보하려는 가외성은 능률성의 개념과 충돌될 우려가 있다.
④ 적합성(appropriateness)이 목표의 개념이라고 한다면 적정성(adequacy)은 수단의 개념에 해당한다.

2. 리그스의 프리즘적 모형(Prismatic Model)에 관한 설명으로 옳지 않은 것은?
① 개발도상국의 행정체제를 설명하기 위한 이론적 모형이다.
② 프리즘적 사회는 농업사회에서 산업사회로 넘어가는 과도기적 사회를 말한다.
③ 프리즘적 사회의 특징은 형식주의, 이질혼합성을 들 수 있다.
④ 농업사회에서 지배적인 행정 모형을 사랑방 모형(Sala Model)이라 한다.

3. 정책의제설정모형에 대한 다음 설명 중 옳은 것으로 잘 연결된 것은?

> ㉠ 동원형은 정책의제가 정책 환경 속으로 확산되는 과정을 중시하므로 행정PR활동을 강조한다.
> ㉡ 동원형은 주로 최고통치자가 정책의제 설정을 주도하며, 전문가의 분석보다는 통치자의 직관에 의존한다.
> ㉢ 외부주도형은 동원형이나 내부주도형보다 의사결정비용이 낮다.
> ㉣ 외부주도형은 환경으로부터 집단 간의 진흙탕 싸움이 발생하며, 집행비용이 많이 든다.

① ㉠　② ㉠, ㉡
③ ㉠, ㉡, ㉢　④ ㉠, ㉡, ㉢, ㉣

4. 슈나이더와 잉그램의 사회구성주의에서 정책대상집단에 대한 설명으로 옳은 것을 모두 고르면?

> ㉠ 수혜집단(Advantaged) – 과학자, 퇴역한 군인, 중산층이 대표적이다.
> ㉡ 경쟁집단(Contender) – 권력은 상대적으로 많지만 이미지는 부정적이다.
> ㉢ 의존집단(Dependents) – 권력은 상대적으로 적지만 이미지는 긍정적이다.
> ㉣ 이탈집단(Deviants) – 강력한 제재가 허용되지만 제재에 대하여 강력히 저항한다.

① ㉠, ㉡　② ㉡, ㉢
③ ㉠, ㉡, ㉢　④ ㉡, ㉢, ㉣

5. 페로우(Perrow)는 과제의 다양성과 문제의 분석 가능성이라는 두 가지 차원을 이용해서 조직의 기술을 네 가지로 구분하였다. 이와 관련된 설명 중 옳지 않은 것은?
① 과제의 다양성이란 예외적인 사건의 정도를 말하며, 일상적 기술은 과제의 다양성이 낮고 비일상적기술은 과제의 다양성이 높다.
② 분석가능성이란 목표를 달성할 수 있는 대안탐색 가능성을 뜻하며, 일상적 기술은 분석가능성이 높고 비일상적 기술은 분석가능성이 낮다.
③ 일상적 기술을 사용하는 부서의 경우 좁은 통솔범위, 높은 집권성, 높은 공식성 등의 특징을 지닌 기계적 구조가 적합하다.
④ 비일상적 기술을 사용하는 부서의 경우 하급관리층과 중간관리층의 재량과 권한이 모두 큰 유기적 구조의 성격을 지닌다.

6. 조직구조의 모형에 대한 설명으로 바르게 연결된 것은?

> ㉠ 수평적 조정의 필요성이 낮을 때 효과적인 조직구조로서 규모의 경제를 제고할 수 있다.
> ㉡ 자기완결적 기능을 단위로 기능 간 조정이 용이하여 환경변화에 대한 대응이 신축적이다.
> ㉢ 조직구성원을 핵심업무 과정 중심으로 조직화하는 방식이다.
> ㉣ 조직 자체 기능은 핵심역량 위주로 하고, 여타 기능은 외부계약 관계를 통해 수행한다.

① ㉠ – 사업구조　② ㉡ – 매트릭스구조
③ ㉢ – 수직구조　④ ㉣ – 네트워크구조

7. 직위분류제와 계급제를 비교하여 설명할 때 다음 중 계급제의 특성은 모두 몇 개인가?

> ㉠ 현직자의 조직몰입 제고
> ㉡ 장기적인 인력계획
> ㉢ 폐쇄형 임용
> ㉣ 현직자의 근무의욕 높음
> ㉤ 외부환경 변화에 대한 대응력 낮음
> ㉥ 인사권자의 리더십 수준 높음
> ㉦ 부처 간의 갈등 예방
> ㉧ 인사관리의 신축성과 융통성 높음

① 5개 ② 6개
③ 7개 ④ 8개

8. 우리나라 공무원의 내부임용에 대한 설명으로 옳지 않은 것은?
① 전직은 등급은 동일하나 직렬을 달리하는 직위로의 이동으로 원칙적으로 시험을 거쳐야 한다.
② 전보는 동일한 직급 내에서의 보직변경으로 전보의 오남용을 방지하기 위해 필수보직 기간제도를 두고 있다.
③ 강임은 예산감소 등으로 직위가 폐직되거나 과원이 된 경우 하위직급에 임명하는 것으로, 강임된 공무원에게는 강임된 봉급이 강임되기 전보다 많아지게 될 때까지는 강임되기 전의 봉급에 해당하는 금액을 지급한다.
④ 겸임은 한 사람에게 둘 이상의 직위를 부여하는 것으로 겸임 기간은 3년 이내로 하고 특히 필요한 경우 2년의 범위에서 연장할 수 있다.

9. 다음 중 '결과지향적' 혹은 '성과주의' 예산제도에 대한 설명으로 가장 적절하지 않은 것은?
① 신공공관리론의 영향으로 등장하였다.
② 중·장기적 계획성을 반영한다.
③ 지출총액에 대한 집권적 통제와 지출 관련 행정권의 남용의 최소화를 목표로 한다.
④ 내부관리의 효율성 제고와 서비스 공급비용의 감소를 추구한다.

10. 통합재정(1986년 기준)에 대한 설명으로 옳은 것은?
① 일반회계와 특별회계는 통합재정에 포함되나, 기금은 제외된다.
② 통합재정의 기관범위에 공공기관은 포함되지만, 지방자치단체는 포함되지 않는다.
③ 통합재정 산정시 금융성 기금이 포함된다.
④ 내부거래와 보전거래를 제외하여 순계 개념으로 파악한다.

11. 행정개혁의 구조적 접근방법에 관한 설명으로 옳지 않은 것은?
① 행정체계의 구조적 설계를 개선함으로써 행정개혁의 목표를 달성하려는 접근방법이다.
② 분권화 수준의 개선, 권한배분의 개편, 명령계통의 수정, 작업집단의 설계 등을 추진한다.
③ 주된 목표는 기능중복의 제거 및 표준적 절차의 간소화 등이다.
④ 공무원의 의식개혁, 업무자세 및 태도 개선 등에 초점을 맞춘다.

12. 우리나라 주민참여예산제도에 대한 설명으로 옳은 것은?
① 주민참여예산제도는 '지방자치법'에 근거를 두고 있으며 지방예산 편성 등 예산과정에 주민이 참여할 수 있는 제도를 시행하도록 의무화하고 있다.
② 주민참여예산 제도 운영 등 관련 사항을 심의하기 위해 지방자치단체장 소속으로 주민참여예산위원회 등 주민참여예산기구를 두어야 한다.
③ 지방자치단체장은 주민참여예산제도를 통해 수렴된 주민의견을 검토하고 그 결과를 예산과정에 반영하여야 한다.
④ 지방자치단체장은 예산편성과정에 참여한 주민의 의견을 스렴하여 그 의견서를 지방의회에 제출하는 예산안에 첨부하여야 한다.

13. 지방자치단체장의 권한에 대한 다음 설명 중 옳지 않은 것은?
① 단체장은 지방의회의 의결이 법령에 위반되거나 공익을 현저히 해한다고 인정되는 경우뿐만 아니라 이의가 있는 경우에도 재의결을 요구할 수 있다.
② 단체장은 지방의회에서 재의결된 사항이 법령에 위반되거나 공익을 현저히 해한다고 판단되면 재의결된 날로부터 20일 내에 대법원에 제소할 수 있다.
③ 단체장은 지방의회의 의결사항 가운데 주민의 생명과 재산의 보호를 위하여 긴급하게 필요한 사항에 대하여 일정한 경우 지방의회의 의결을 거치지 않고 선결처분할 수 있다.
④ 선결처분은 지방의회에 지체 없이 보고하여 승인을 얻어야 하며 승인을 얻지 못한 때에는 그 때부터 효력을 상실한다.

14. 신제도주의 접근법에 관한 설명으로 옳지 않은 것은?
① 신제도주의는 행태주의와는 달리 제도를 사람의 행태에 영향을 미치는 상위 독립변수로 본다.
② 합리적 선택 제도주의는 사례중심의 귀납적 연구방법을 주로 사용한다.
③ 역사적 제도주의는 제도가 일단 형성되면 방향성과 안정성을 유지하는 경로의존성을 주장한다.
④ 사회학적 제도주의는 인간의 표준화된 행동 코드가 제도 내에 배태되어(embedded) 있다고 본다.

15. 정책 수단이 효과가 없는데 채택하는 오류를 무엇이라고 하는가?
① 제1종 오류　② 제2종 오류
③ 제3종 오류　④ 메타오류(Meta-error)

16. 핵맨과 올드햄(Hackman & Oldham)의 직무특성이론에 대한 설명으로 옳은 것은?
① 직무특성을 결정하는 변수로 기술다양성, 직무정체성, 직무중요성, 자율성, 책임감을 들고 있다.
② 직무특성을 결정하는 변수 중 직무정체성과 직무중요성이 동기부여에 가장 중요한 역할을 한다.
③ 개인이 자신의 직무에 대해 개인적으로 느끼는 책임감의 정도를 자율성으로 정의하였다.
④ 성장 욕구 수준이 낮은 사람의 경우 더 높은 수준의 직무를 제공하는 것이 바람직하다.

17. 다음의 설명과 근무성적평정방법을 바르게 연결한 것은?

ㄱ. 피평정자들의 성적분포가 과도하게 집중되는 것을 방지하기 위해 등급별로 비율을 정하여 준수하도록 하는 방법
ㄴ. 시간 당 수행한 공무원의 업무량을 전체 평정기간동안 계속적으로 조사해 평균치를 측정하거나, 일정한 업무량을 달성하는데 소요된 시간을 계산해 그 성적을 평정하는 방법
ㄷ. 선정된 중요 과업 분야에 대해서 가장 이상적인 과업수행 행태에서부터 가장 바람직하지 못한 과업수행 행태까지를 몇 개의 등급으로 구분하고, 등급마다 중요행태를 명확하게 기술하고 점수를 할당하는 방법

	ㄱ	ㄴ	ㄷ
①	강제배분법	산출기록법	행태기준평정척도법
②	강제선택법	주기적 검사법	행태기준평정척도법
③	강제선택법	산출기록법	행태관찰척도법
④	강제배분법	주기적 검사법	행태관찰척도법

18. 우리나라 예산제도에 대한 설명으로 옳지 않은 것은?
① 국회법에 따르면 예산결산특별위원회는 소관 상임위원회의 예비심사 내용을 존중하여야 하며, 소관 상임위원회에서 삭감한 세출예산 각 항의 금액을 증가하게 하거나 새 비목을 설치할 경우에는 소관 상임위원회의 동의를 받아야 한다.
② 국가재정법에 따르면 기획예산처장관은 예산배정요구서에 따라 분기별 예산배정계획을 작성하여 국무회의의 심의를 거친 후 대통령의 승인을 얻어야 한다.
③ 우리나라의 예산주기는 1년이다.
④ 우리나라의 회계연도는 1년이다.

19. 다양성 관리(Diversity Management)에 대한 설명으로 옳지 않은 것은?
① 조직 내 다양성에 보다 적극적이고 전략적으로 대응하는 관리적 차원의 노력이다.
② 다양성의 유형 중 출신 지역, 학교, 성적(性的) 지향, 종교는 가시성(visibility)이 높다.
③ 협의로는 균형인사정책에 한정되지만, 광의로는 일・삶의 균형정책까지 확대된다.
④ 이질적인 조직구성원 간의 소통과 교류를 통해 조직의 효과성과 만족도를 높이려고 노력한다.

20. 지방공무원법 상 인사위원회에 대한 설명으로 가장 옳은 것은?
① 인사위원회의 위원장은 부단체장 등이 되고 부위원장은 위원회에서 호선한다.
② 인사위원회는 광역지방자치단체의 장의 지휘 감독을 받는 의결 집행기관이다.
③ 지방의회의 현직 의원은 인사위원이 될 수 없으나 정당의 당원은 인사위원이 될 수 있다.
④ 위촉위원의 임기는 3년이며 연임할 수 없다.

2026 공무원 시험 대비 실전동형 모의고사

행정학

▌제9회 ▌

응시번호	
성 명	

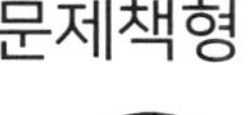

제1과목	국어	제2과목	영어	제3과목	한국사
제4과목	행정학	제5과목			

응시자 주의사항

1. **시험시작 전 시험문제를 열람하는 행위나 시험종료 후 답안을 작성하는 행위를 한 사람**은 「공무원임용시험령」 제51조에 의거 **부정행위자**로 처리됩니다.
2. **답안지 책형 표기는 시험시작 전** 감독관의 지시에 따라 **문제책 앞면에 인쇄된 문제책형을 확인** 한 후, **답안지 책형란에 해당 책형(1개)**을 '●'로 **표기**하여야 합니다.
3. **답안은 문제책 표지의 과목 순서에 따라 답안지에 인쇄된 순서(제1 · 2 · 3 · 4 · 5과목)에 맞추어 표기**해야 하며, 과목 순서를 바꾸어 표기한 경우에도 **문제책 표지의 과목 순서대로 채점**되므로 유의하시기 바랍니다.
4. 시험이 시작되면 문제를 주의 깊게 읽은 후, **문항의 취지에 가장 적합한 하나의 정답만을 고르며,** 문제내용에 관한 질문은 할 수 없습니다.
5. 답안지의 모든 기재 및 표기 사항은 **컴퓨터용 흑색 싸인펜을 사용**하며, 반드시 <보기>의 **올바른 표기 방식**으로 답안을 작성해야 합니다.

   <보기> 올바른 표기: ● 잘못된 표기: ⓥ ⊗ ◑ ⊙ ◍ ◌ ③

6. **답안을 잘못 표기하였을 경우**에는 **답안지를 교체하여 작성**하거나 **수정할 수 있으며,** 표기한 답안을 수정할 때는 **응시자 본인이 가져온 수정테이프만을 사용**하여 해당 부분을 완전히 지우고 부착된 수정테이프가 떨어지지 않도록 손으로 눌러주어야 합니다. **(수정액 또는 수정스티커 등은 사용 불가)**
   - **불량한 수정테이프의 사용과 불완전한 수정처리**로 발생하는 **모든 문제는 응시자 본인에게 책임이 있습니다.**
7. 법령, 고시, 판례 등에 관한 문제는 **2026년 2월 28일 현재 유효한 법령, 고시, 판례 등을 기준**으로 정답을 구해야 합니다. 다만, 개별 과목 또는 문항에서 별도의 기준을 적용하도록 명시한 경우에는 그 기준을 적용하여 정답을 구해야 합니다.
8. **시험시간 관리의 책임은 응시자 본인에게 있습니다.**

   ※ 문제책은 시험종료 후 가지고 갈 수 있습니다.

정답공개 및 가산점 등록 안내

1. 정답공개: 정답가안 4.4.(토) 13:30 / 최종정답 4.13.(월) 18:00 / 사이버국가고시센터
2. 이의제기: 4.4.(토) 18:00 ~ 4.7.(화) 18:00 / 사이버국가고시센터
   - 구체적인 이의제기 방법은 정답가안 공개 시 공지 예정
3. 가산점 등록기간: 4.4.(토) 13:30 ~ 4.6.(월) 21:00
4. 가산점 등록방법: 사이버국가고시센터 ➜ [원서접수 → 가산점 등록/확인]

행 정 학

1. 행정이론에 대한 설명으로 옳은 것은?
   ① 신공공관리론과 달리 뉴거버넌스론은 신자유주의를 사상적 기초로 삼는다.
   ② 신공공관리론의 수정과 보완을 주장하는 탈신공공관리론에서는 시장 활성화를 위해 정부의 적극적인 규제 완화를 주장한다.
   ③ 공공선택이론에서는 시민을 공공재의 생산자로, 관료를 공공재의 소비자로 간주한다.
   ④ 합리적 선택 제도주의의 연장선상에서 오스트롬(E. Ostrom)은 '공유재의 비극'의 해결방안으로 공동체 중심의 자치제도를 제시한다.

2. 버먼(Berman)의 '적응적 집행'에 대한 설명으로 옳은 것은?
   ① '채택'은 지방정부가 채택한 사업을 실행사업으로 변화시키는 것을 의미한다.
   ② '행정'은 행정을 통해 구체화된 정부 프로그램이 집행을 담당하는 지방 정부의 사업으로 받아들여지는 것을 의미한다.
   ③ 거시적 집행구조는 동원, 전달자의 집행, 제도화의 세 단계로 구분된다.
   ④ 미시집행 국면에서 발생하는 정책과 집행조직 사이의 상호적응이 이루어질 때 성공적으로 집행된다.

3. 다음 글의 (㉠)에 해당하는 것은?

> • 톰슨(Thompson)의 이론에 따르면, (㉠)의 경우 단위부서들 사이의 과업은 관련성이 거의 없으며 각 부서는 조직의 공동목표에 독립적으로 공헌하게 된다. 이러한 (㉠)은 주로 중개형 기술을 활용하는 조직에서 나타나는데 부서들이 과업을 독자적으로 수행하면서 서비스를 제공하므로 단위작업간의 조정 필요성이 크지 않다.
> • (㉠)이 있는 경우 부서간 의사소통의 빈도가 상대적으로 낮아 관리자들은 부서간 조정을 위해 표준화된 절차와 규칙 등을 많이 사용하게 된다.

   ① 교호적 상호의존성(reciprocal interdependence)
   ② 연속적 상호의존성(sequential interdependence)
   ③ 집합적 상호의존성(pooled interdependence)
   ④ 과업의 상호의존성(task interdependence)

4. 대표관료제에 대한 설명으로 옳지 않은 것은?
   ① 대표관료제는 정부관료들이 출신집단의 가치나 이익을 정책과정에 반영시키기 위해 노력한다고 전제한다.
   ② 실질적 기회 균등 원칙을 보장함으로써 관료제의 국민대표성과 사회적 형평성 제고라는 민주적 이념을 실현한다.
   ③ 사회 각 주요 집단의 다양한 인재를 충원하여 행정의 전문성과 능률성을 제고한다.
   ④ 역차별과 같은 갈등을 유발할 수 있다.

5. 예산집행의 신축성을 보장하기 위한 제도에 대한 설명으로 가장 적절한 것은?
   ① 예산의 전용이란 정부조직 등에 관한 법령의 제정 또는 폐지로 인하여 그 직무권한에 변동이 있을 때에 예산도 이에 따라서 책임소관이 변경되는 것을 말한다.
   ② 예비비란 예측할 수 없는 예산 외의 지출 및 초과지출에 충당하기 위한 경비로서, 기획예산처장관은 예비비의 사용이 필요한 때에는 그 이유 및 금액과 추산의 기초를 명백히 한 명세서를 작성하여 국회에 제출하여야 한다.
   ③ 국고채무부담행위란 법률, 세출예산금액, 계속비 범위 안에서 정부가 채무를 부담하는 행위로서, 미리 예산으로서 국회의 의결을 얻어야 한다.
   ④ 계속비란 완성에 수년도를 요하는 공사나 제조 및 연구개발사업을 위하여 지출하는 경비로서, 원칙상 5년 이내로 국한하지만 기획예산처장관이 필요하다고 인정하는 때에는 국회의 의결을 거쳐 연장할 수 있다.

6. 지방자치단체의 기관구성 형태 중 기관통합형에 관한 설명으로 옳지 않은 것은?
   ① 영국의 의회형이 대표적이다.
   ② 기관 간의 마찰 없이 안정적으로 지방자치행정을 수행할 수 있다.
   ③ 견제와 균형 관계에서 기대되는 민주정치의 이익을 극대화할 수 있다.
   ④ 기관대립형에 비해 행정책임의 소재가 불분명하다.

7. 행정통제에 관한 다음 설명 중 옳지 않은 것은?
   ① 행정책임을 확보하기 위한 외재적이고 공식적인 통제수단으로는 감사원의 회계검사, 직무감찰 등이 있다.
   ② 예비승인권 등은 입법통제로서 공식적 통제 중 하나이다.
   ③ 예산심의, 예산결정권은 입법통제 수단으로 행정의 외부통제에 해당한다.
   ④ 우리나라에서 행정통제를 수행하는 내부통제기관으로는 국무조정실, 국민권익위원회, 행정안전부 등이 있다.

8. 다음 중 책임운영기관이 갖는 의의와 거리가 먼 것을 모두 고르면?

㉠ 시장경제원리의 도입을 통해 행정서비스의 질 개선 및 결과에 대한 책임 강화 ㉡ 성과측정 기준의 개발과 측정이 가능한 사무에 적용 ㉢ 정책기획 기능과 정책집행 및 서비스 기능을 통합하여 정부기능의 효율성 강화 ㉣ 행정의 과정중심에서 결과중심으로 전환함으로써 조직의 생산성 증대 도모 ㉤ 집행기관이 추구하는 장기적 실적이 단기적 실적보다 상승

① ㉠, ㉡
② ㉠, ㉡, ㉣
③ ㉡, ㉣, ㉤
④ ㉢, ㉤

9. 전문경력관제도에 대한 설명으로 옳지 않은 것은?
① 계급 구분과 직군 및 직렬의 분류를 적용하지 않는다.
② 직무의 특성, 난이도 및 직무에 요구되는 숙련도 등에 따라 가군, 나군, 다군으로 구분한다.
③ 소속 장관은 해당 기관의 일반직공무원 직위 중 순환보직이 곤란하거나 장기 재직 등이 필요한 특수 업무 분야의 직위를 전문경력관직위로 지정할 수 있다.
④ 전직시험을 거쳐 다른 일반직공무원을 전문경력관으로 전직시킬 수 있으나, 전문경력관을 다른 일반직공무원으로 전직시킬 수는 없다.

10. 행정가치에 대한 설명으로 옳은 것만을 <보기>에서 모두 고르면?

<보기>

ㄱ. 공익의 과정설은 집단이기주의의 폐단이 발생할 수 있다는 한계가 있다. ㄴ. 롤스의 사회정의 원칙에 따르면, 기회균등의 원리와 차등의 원리가 충돌할 때 기회균등의 원리가 차등의 원리에 우선한다. ㄷ. 공익의 실체설은 현실주의 혹은 개인주의적으로 공익 개념을 주장한다. ㄹ. 롤스의 정의관은 자유방임주의에 의거한 전통적 자유주의와 생산수단의 사회적 소유를 주장하는 사회주의의 양극단을 지향한다.

① ㄱ, ㄴ
② ㄱ, ㄷ
③ ㄴ, ㄷ
④ ㄱ, ㄴ, ㄹ

11. 비용편익분석에 대한 다음 설명 중 옳은 것은?
① 비용편익분석시 미래가치를 계산할 때 단리법을 사용한다.
② 순현재가치(NPV)가 1보다 크거나 비용편익비(B/C ratio)가 0보다 크면 사업의 타당성이 있다.
③ 내부수익률(IRR)이 기준할인율보다 크다면 일단 사업의 타당성이 있다고 판단할 수 있다.
④ 순현재가치(NPV)와 내부수익률(IRR) 값이 상이할 경우 내부수익률(IRR)을 우선적으로 적용하는 것이 바람직하다.

12. 네트워크 조직의 특징에 관한 설명으로 옳지 않은 것은?
① 조직의 유연성과 자율성 강화를 통해 환경 변화에 신속히 대응할 수 있다.
② 대리인의 기회주의 행위 방지를 위한 조정과 감시비용을 줄일 수 있다.
③ 조직경계가 모호해 정체성이 약하고 응집력 있는 조직문화의 형성이 어렵다.
④ 통합과 학습을 통해 경쟁력을 제고할 수 있다.

13. 다음 중 직권면직 사유에 해당하지 않는 것은?
① 전직시험에서 세 번 이상 불합격한 자로서 직무수행 능력이 부족하다고 인정된 때
② 파면・해임・강등 또는 정직에 해당하는 징계의결이 요구 중일 때
③ 고위공무원단에 속하는 공무원이 적격심사 결과 부적격 결정을 받은 때
④ 대기 명령을 받은 자가 그 기간에 능력 또는 근무성적의 향상을 기대하기 어렵다고 인정된 때

14. 중앙정부의 예산집행에 관한 설명으로 옳은 것은 모두 몇 개인가?

<보기>

ㄱ. 기획예산처장관은 예산배정요구서에 따라 반기별 예산배정계획을 작성하여 국무회의 심의를 거친 후 대통령의 승인을 얻어야 한다. ㄴ. 기획예산처장관은 필요한 때에는 대통령령으로 정하는 바에 따라 회계연도 개시 전에 예산을 배정할 수 있다. ㄷ. 세출예산의 재배정이란 기획예산처장관이 각 중앙관서의 장에게 배정한 예산을 각 중앙관서의 장이 산하기관에 다시 배정하는 것을 말한다.

① 1개
② 2개
③ 3개
④ 없음

15. 부산광역시의 해운대구와 금정구의 관할 구역 경계를 변경하기 위하여 필요한 조치로 가장 옳은 것은?
① 부산광역시의 규칙 개정
② 부산광역시의 조례 개정
③ 대통령령 개정
④ 지방자치법 개정

16. 다음 중 정부실패 원인인 행정조직의 내부성과 관련된 것은 몇 개인가?

ㄱ. 관료는 경쟁적 자기확대와 공공사업 편익의 과대포장, 핵심조직원의 소득과 영향력 극대화, 조직이기주의, 할거주의 등의 성향을 지니므로 자기조직의 예산을 필요이상으로 확대하려는 경향이 있고, 이로 인해 불필요한 예산증가와 재정낭비를 초래한다.
ㄴ. 시장실패를 시정하려는 정부개입이 정책결정자의 장기적 사고방식 없이 이루어질 경우 예기치 않은 비의도적 잠재적 효과나 부작용을 초래할 수 있다.
ㄷ. 정부산출물에는 시장산출물에서 적용되는 손익계산서와 같은 업적평가를 위한 분기점이 없다. 따라서, 정부활동이 성공적이지 못할 때 그것을 종결시킬 수 있는 신뢰할 만한 종결 메커니즘도 존재할 수 없게 되어, 그 정책적 목적이 지났음에도 계속 그대로 유지되는 경우가 많다.
ㄹ. 관료는 정부산출물의 질에 대한 평가가 곤란하므로 인해 '새롭고 복잡한 것'에 집착하는 경향이 있다. 정부기관들은 높은 기술수준의 유지를 자신들이 추구해야 할 목표로 설정하고, 필요이상으로 복잡한 최신 첨단기술을 선호하게 된다. 원가의식이 결여되고, 첨단기술 확보를 위한 추가적 경비의 지불여부를 검토할 유인을 갖지 못해 실제로 활용되지 못하고 사장되는 첨단장비가 구입되는 사례가 많다.
ㅁ. 소득분배의 불공평을 시정하기 위한 정부개입이 공공서비스 제공과정에서 권력과 특혜에 따른 분배적 불공평을 초래할 수 있다.

① 1개 ② 2개
③ 3개 ④ 4개

17. 다음 중 정책네크워크의 유형에 대한 설명으로 가장 적절하지 않은 것은?
① 정책공동체는 대체로 제로섬게임(zero-sum game)의 성격을 띠지만, 정책문제망은 상대적으로 공동의 이익을 추구하는 포지티브섬게임(positive-sum game)이다.
② 정책문제망은 주로 특정한 정책 문제별로 형성되며 그 경계는 모호하고 개방성이 높은 편이다.
③ 정책공동체는 주로 정책 분야별로 형성되며 그 참여자의 범위가 하위정부의 경우보다 비교적 넓은 편이다.
④ 하위정부 모형에서 '철의 3각 동맹관계'는 주로 정책 분야별로 형성되며 그들 간에 상호 활발한 교류를 한다.

18. 다음 중 거시조직이론에 대한 설명으로 잘못된 것은?
① 조직군생태학이론, 전략적 선택이론, 공동체생태학이론은 조직군 수준의 분석이다.
② 구조적 상황이론과 조직경제학이론, 조직군생태학이론은 결정론이다.
③ 대리인이론은 조직경제학이론으로 주인과 대리인 간의 상충적인 이해관계로 대리손실이 발생한다.
④ 구조적 상황이론에서는 조직이 처해있는 상황이 다르면 효과적인 조직설계 및 관리방법도 달라져야 한다고 주장한다.

19. 우리나라 시보제도에 관한 설명으로 옳은 것은?
① 시보기간이 종료되고 정규공무원으로 임용되기 위해서는 보직을 부여받아야 한다.
② 시보 공무원은 공무원법상 공무원에 해당하기 때문에 시보기간 동안에도 직위를 맡을 수 있다.
③ 시보기간 중에 직권면직이 되면, 향후 3년간 다시 공무원으로 임용될 수 없는 결격사유에 해당한다.
④ 시보기간 동안은 신분이 보장되지 않기 때문에 공무원의 경력에도 포함되지 아니한다.

20. 다음 중 현행지방 공기업법에 규정된 지방 공기업 대상 사업이 아닌 것은?
① 공업용수도사업
② 궤도사업(도시철도사업 포함)
③ 지방도로사업(무료도로사업 포함)
④ 주택사업

2026 공무원 시험 대비 실전동형 모의고사
행정학
▌제10회▐

응시번호	
성 명	

문제책형

제1과목	국어	제2과목	영어	제3과목	한국사
제4과목	행정학	제5과목			

응시자 주의사항

1. **시험시작 전 시험문제를 열람하는 행위나 시험종료 후 답안을 작성하는 행위를 한 사람**은 「공무원임용시험령」 제51조에 의거 **부정행위자**로 처리됩니다.
2. **답안지 책형 표기는 시험시작 전** 감독관의 지시에 따라 **문제책 앞면에 인쇄된 문제책형을 확인** 한 후, **답안지 책형란에 해당 책형(1개)**을 '●'로 **표기**하여야 합니다.
3. **답안은 문제책 표지의 과목 순서에 따라 답안지에 인쇄된 순서(제1 · 2 · 3 · 4 · 5과목)에 맞추어 표기**해야 하며, 과목 순서를 바꾸어 표기한 경우에도 **문제책 표지의 과목 순서대로 채점**되므로 유의하시기 바랍니다.
4. 시험이 시작되면 문제를 주의 깊게 읽은 후, **문항의 취지에 가장 적합한 하나의 정답만을 고르며**, 문제내용에 관한 질문은 할 수 없습니다.
5. 답안지의 모든 기재 및 표기 사항은 **컴퓨터용 흑색 싸인펜을 사용**하며, 반드시 <보기>의 **올바른 표기 방식**으로 답안을 작성해야 합니다.

   <보기> 올바른 표기: ● 잘못된 표기: ⓥ ⊗ ◑ ⊙ ◍ ◌ ③

6. **답안을 잘못 표기하였을 경우**에는 **답안지를 교체하여 작성**하거나 **수정할 수 있으며**, 표기한 답안을 수정할 때는 **응시자 본인이 가져온 수정테이프만을 사용**하여 해당 부분을 완전히 지우고 부착된 수정테이프가 떨어지지 않도록 손으로 눌러주어야 합니다. **(수정액 또는 수정스티커 등은 사용 불가)**
   ■ **불량한 수정테이프의 사용과 불완전한 수정처리**로 발생하는 **모든 문제는 응시자 본인에게 책임이 있습니다.**
7. 법령, 고시, 판례 등에 관한 문제는 **2026년 2월 28일 현재 유효한 법령, 고시, 판례 등을 기준**으로 정답을 구해야 합니다. 다만, 개별 과목 또는 문항에서 별도의 기준을 적용하도록 명시한 경우에는 그 기준을 적용하여 정답을 구해야 합니다.
8. **시험시간 관리의 책임은 응시자 본인에게 있습니다.**
   ※ 문제책은 시험종료 후 가지고 갈 수 있습니다.

정답공개 및 가산점 등록 안내

1. 정답공개: 정답가안 4.4.(토) 13:30 / 최종정답 4.13.(월) 18:00 / 사이버국가고시센터
2. 이의제기: 4.4.(토) 18:00 ~ 4.7.(화) 18:00 / 사이버국가고시센터
   ■ 구체적인 이의제기 방법은 정답가안 공개 시 공지 예정
3. 가산점 등록기간: 4.4.(토) 13:30 ~ 4.6.(월) 21:00
4. 가산점 등록방법: 사이버국가고시센터 ➜ [원서접수 → 가산점 등록/확인]

행 정 학

1. 정책유형별 사례의 연결이 옳지 않은 것은?
   ① 구성정책 : 국경일의 제정, 정부기관 개편
   ② 규제정책 : 최저임금제, 환경오염규제
   ③ 재분배정책 : 최저생계비, 임대주택건설
   ④ 분배정책 : 사회간접자본, 국유지 불하 정책

2. 행태주의(behavioralism)의 특성에 대한 설명으로 가장 적절하지 않은 것은?
   ① 인간의 행태를 중심으로 한 사회현상 속에서 일정한 규칙성을 찾고자 한다.
   ② 모든 연구가 실천적 수준에서 즉각적으로 정책에 응용되거나 반영되어야 한다.
   ③ 과학적 탐구는 객관성을 유지하기 위해 가치의 개입을 철저하게 배제한다.
   ④ 복잡한 사회현상으로부터 분명하고 정확한 지식을 얻기 위해, 때로는 모호한 질적 정보를 양적 정보로 전환할 필요가 있다.

3. 전자정부 구현사례에 대한 설명으로 옳지 않은 것은?
   ① 'G2B'의 대표적 사례는 '나라장터'이다.
   ② 'G2C'는 조달 관련 온라인 서비스를 통합적으로 제공하는 것이다.
   ③ UN이 제시한 전자정부의 단계는 전자정보화, 전자자문, 전자결정의 순서이다.
   ④ 'G2G'는 정부 내 업무처리의 전자화를 내용으로 하고 있으며 대표적 사례로는 '온-나라시스템'이 있다.

4. 정책과정의 권력관계 이론에 대한 설명으로 옳지 않은 것은?
   ① 바흐라흐(P. Bachrach) 등이 제시한 무의사결정론은 달(R. Dahl)의 다원주의를 비판하며 등장한 신엘리트론에 해당한다.
   ② 헌터(F. Hunter)는 미국의 주요 정책에 군산복합체(Military-Industry Complex)라는 권력엘리트(Power Elite)가 강력한 영향력을 행사했다고 보았다.
   ③ 조합주의에 따르면 국가는 중립적 · 수동적이 아니라 자신의 이익을 위해 행동하는 주도적 · 능동적 실체이며 이익집단의 활동을 규정하고 포섭 또는 억압하는 권위주의적이고 독립적 실체로서 의사결정에 참여한다고 본다.
   ④ 달(R. Dahl)은 미국사회에서 공식적으로는 소수가 정책과정을 좌우하고 있지만, 실질적으로는 다수에 의한 정치(polyarchy)가 이루어지고 있다고 보았다.

5. 미래예측기법 중 브레인스토밍에 대한 설명으로 가장 적절하지 않은 것은?
   ① 누구나 자유롭게 발언할 수 있으며, 다른 아이디어에 편승한 창안을 적극 유도하는 주관적 · 질적 분석기법이다.
   ② 각각의 제안되는 아이디어에 대한 평가가 현장감 있게 진행되어야 한다.
   ③ 광범위하고 복잡한 문제보다는 주제가 한정된 경우에 적합한 회의 방식이다.
   ④ 우스꽝스럽거나 비현실적인 아이디어의 제안도 허용해야 한다.

6. 상향적 정책집행에 대한 설명 중 옳지 않은 것은?
   ① 실제적인 집행과정을 상세히 기술하여 정책집행과정의 인과관계를 보다 잘 설명할 수 있다.
   ② 집행현장을 있는 그대로 파악하기 때문에 정부 및 민간 프로그램에서의 의도하지 않은 효과까지도 분석할 수 있다.
   ③ 참여자들의 문제인식에서 논의를 출발하기 때문에 민간조직 및 시장의 역할과 정부 프로그램의 상대적 중요도를 평가할 수 있다.
   ④ 정책결정자가 사전에 집행과정에서 발생할 수 있는 변수들을 미리 예견할 수 있도록 해 주는 유용한 체크리스트로서의 기능을 제시해 준다.

7. 최근 정부관리에 도입이 시도되고 있는 TQM의 핵심요소가 아닌 것은?
   ① 참여주의 ② 무결점주의
   ③ 고객중심주의 ④ 성과주의

8. 다음은 동기부여이론에 관한 욕구이론을 설명한 것이다. 틀린 것은?
   ① Maslow의 욕구단계설에 따르면 인간은 어느 한 욕구가 어느 정도 충족되면 다음 단계 욕구로 나아간다고 하였다.
   ② 허즈버그에 따르면 직무 그 자체, 승진, 책임감, 직무확장은 동기요인이다.
   ③ 맥클랜드는 세 가지 욕구 중 성취 동기가 높을수록 생산성이 높아진다고 했다.
   ④ 아지리스(Argyris)는 관리자의 역할은 구성원을 최대한 성숙상태로 나아가게 하는 것이라고 했다.

9. 조직의 유형구분에 대한 설명으로 가장 옳지 않은 것은?
① 블라우(Blau)와 스콧(Scott)은 기능을 중심으로 조직의 유형을 분류하였다.
② 블라우와 스콧은 병원, 학교 등을 봉사조직으로 분류한다.
③ 파슨스(Parsons)는 경찰조직을 사회통합기능을 수행하는 통합조직으로 분류한다.
④ 에치오니(Etzioni)는 민간기업체를 공리적 조직으로 분류한다.

10. 우리나라 공직분류체계와 이에 따른 예시로 옳게 연결된 것은?
① 일반직 공무원 — 전문경력관, 기술·연구 업무를 담당하는 공무원 등
② 특정직 공무원 — 법관·검사, 우정직 공무원, 교육공무원 등
③ 정무직 공무원 — 헌법재판소 연구관, 중앙선거관리위원회 상임위원 등
④ 별정직 공무원 — 국회수석전문위원, 국무총리 비서실장 등

11. 근무성적평정 방법에 관한 설명으로 가장 적절한 것은?
① 피평정자들의 성적분포가 과도하게 집중되는 것을 방지하기 위해 등급별로 비율을 정하여 준수하도록 하는 강제선택법을 활용할 수 있다.
② 중요사건기록법은 피평정자로 하여금 자신의 근무실적을 스스로 보고하도록 하는 방법이다.
③ 행태관찰척도법은 성과와 관련된 직무행태를 관찰하여 활동의 발생빈도를 측정하는 것으로 도표식 평정척도법에 중요사건기록법을 가미한 방법이다.
④ 도표식평정척도법은 평정자의 직관과 선험에 근거하여 평가요소를 결정하기 때문에 작성이 빠르고 쉬우며, 경제적이라는 장점이 있다.

12. 인사혁신처에 설치된 소청심사위원회에 대한 설명으로 옳지 않은 것은?
① 정당법에 따른 정당의 당원, 공직선거법에 따라 실시하는 선거에 후보로 등록한 자는 소청심사위원회의 위원이 될 수 없다.
② 다른 법률로 정하는 바에 따라 특정직공무원의 소청을 심사·결정할 수 있다.
③ 인사혁신처에 설치된 소청심사위에는 위원장 1명을 포함한 5명 이상 9명 이내의 상임위원으로 구성하고, 상임위원 수의 2분의 1 이상인 비상임위원으로 구성하되, 위원장은 정무직으로 보한다.
④ 행정기관 소속 공무원의 징계처분, 그 밖에 그 의사에 반하는 불리한 처분이나 부작위에 대한 소청을 심사·결정한다.

13. 우리나라에서 현재 시행되고 있는 재정제도는?

ㄱ. 국가예산의 편성과정에 국민의 참여를 허용하는 참여예산제도
ㄴ. 지방예산의 편성시 세부내용을 미리 확정하기 곤란한 사업의 경우 총액규모만 반영하고 세부지출은 집행부서에 위임하는 총액계상예산제도
ㄷ. 국가재정지출에 있어서 낭비를 감시하고 그에 대한 책임을 추궁하는 납세자소송제도
ㄹ. 지방예산이 절약되거나 수입이 증대된 경우 그 일부를 기여자에게 보상으로 지급하는 예산성과금제도

① 1개 ② 2개
③ 3개 ④ 4개

14. 회계연도 개시 전에 예산을 배정할 수 있는 경비가 아닌 것은?
① 선박 운영에 소요되는 경비
② 관서에서 필요한 부식물의 매입경비
③ 공공기관의 공공요금
④ 조기 집행을 필요로 하는 공공사업비

15. 다음 내용은 전통적 예산 원칙에 대한 것이다 ㉠과 ㉡에 공통적으로 들어갈 수 있는 것으로만 나열한 것은?

• 이 원칙은 예산의 각 항목이 상호 명확한 한계를 지녀야 한다는 원칙이다. 즉, 정해진 목적을 위해, 정해진 금액을, 정해진 기간 내에 사용해야 한다는 것이다. 이 원칙의 예외로 (ㄱ)을(를) 들 수 있다.
• 이 원칙은 행정부의 예산집행 전에 입법부의 심의·의결을 얻어야 한다는 원칙이다. 이 원칙의 예외로 (ㄴ)을(를) 들 수 있다.

① 추가경정예산, 사고이월
② 전용, 준예산
③ 예비비, 전용
④ 예비비, 계속비

16. 국민권익위원회의 기능에 대한 설명으로 옳은 것은?
① 반부패총괄기구로서 부패방지 업무와 고충민원 처리만을 담당한다.
② 「부패방지 및 국민권익위원회 설치와 운영에 관한 법률」에 따라 설치된 대통령 소속기구이다.
③ 「부정청탁 및 금품등 수수의 금지에 관한 법률」 위반행위 발견 시 국민권익위원회에 신고할 수 있다.
④ 부위원장은 위원장의 제청으로 대통령이 임명한다.

17. 우리나라 지방자치단체의 유형과 특징에 관한 설명으로 옳지 않은 것은?
① 지방자치단체에는 특별시, 광역시, 도, 특별자치도, 특별자치시와 시·군·구(자치구)가 포함된다.
② 두 개 이상의 지방자치단체가 특정한 목적을 위하여 법인으로서의 특별지방자치단체를 설치할 수 있다.
③ 특별시, 광역시 및 특별자치시가 아닌 인구 100만 이상의 시는 특례시 명칭을 부여받고 광역시의 법적지위를 지닌다.
④ 특별시·광역시 또는 특별자치시가 아닌 인구 50만 이상의 시는 자치구가 아닌 구를 둘 수 있다.

18. 지방자치에 관한 설명으로 옳지 않은 것은?
① 지방의회의 사무직원은 지방의회의 의장의 추천에 따라 그 지방자치단체의 장이 임명한다.
② 인구 50만 명 이상의 기초자치단체인 시에 대하여는 광역자치단체인 도가 처리하는 사무의 일부를 직접 처리하게 할 수 있다.
③ 지방자치단체의 장은 지방의회에 재의를 요구한 사항이 재의결된 경우, 재의결된 사항이 법령에 위반된다고 인정되면 재의결된 날부터 20일 이내에 대법원에 소를 제기할 수 있다.
④ 지방의회 의원에 대한 징계의 종류로는 '공개회의에서의 경고, 공개회의에서의 사과, 30일 이내의 출석정지, 제명'이 있으며, 제명의 경우 재적의원 3분의 2 이상의 찬성이 있어야 한다.

19. 우리나라의 정부업무평가에 관한 설명으로 틀린 것은?
① 평가대상기관은 중앙행정기관, 지방자치단체, 중앙행정기관 또는 지방자치단체의 소속기관, 공공기관 등이다.
② 국무총리는 정부업무평가기본계획을 수립하고 최소한 3년마다 계획을 수정·보완해야 한다.
③ 국무총리는 중앙행정기관의 자체평가결과를 확인·검토 후 평가의 객관성·신뢰성에 문제가 있다고 판단되면 직권으로 재평가를 실시할 수 있다.
④ 중앙행정기관 및 그 소속기관에 대한 평가는 이 법의 규정에 의하여 통합하여 실시되어야 한다.

20. 주민자치위원회와 주민자치회에 대한 설명으로 가장 옳지 않은 것은?
① 주민자치위원회 위원은 시군구청장이 위촉하고, 주민자치회위원은 읍면동장이 위촉한다.
② 주민자치회가 주민자치위원회보다 더 주민대표성이 강하다.
③ 주민자치위원회는 읍면동의 자문기구이고, 주민자치회는 주민자치의 협의·실행기구이다.
④ 지방자치단체와의 관계는 주민자치회가 주민자치위원회보다 더 대등한 협력적 관계이다.

2026 공무원 시험 대비 실전동형 모의고사
행정학
▌제11회 ▌

응시번호	
성 명	

문제책형

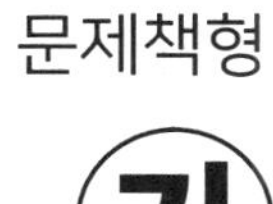

제1과목	국어	제2과목	영어	제3과목	한국사
제4과목	행정학	제5과목			

응시자 주의사항

1. **시험시작 전 시험문제를 열람하는 행위나 시험종료 후 답안을 작성하는 행위를 한 사람**은 「공무원임용시험령」 제51조에 의거 **부정행위자**로 처리됩니다.
2. **답안지 책형 표기는 시험시작 전** 감독관의 지시에 따라 **문제책 앞면에 인쇄된 문제책형을 확인** 한 후, **답안지 책형란에 해당 책형(1개)**을 '●'로 **표기**하여야 합니다.
3. **답안은 문제책 표지의 과목 순서에 따라 답안지에 인쇄된 순서(제1 · 2 · 3 · 4 · 5과목)에 맞추어 표기**해야 하며, 과목 순서를 바꾸어 표기한 경우에도 **문제책 표지의 과목 순서대로 채점**되므로 유의하시기 바랍니다.
4. 시험이 시작되면 문제를 주의 깊게 읽은 후, **문항의 취지에 가장 적합한 하나의 정답만을 고르며**, 문제내용에 관한 질문은 할 수 없습니다.
5. 답안지의 모든 기재 및 표기 사항은 **컴퓨터용 흑색 싸인펜을 사용**하며, 반드시 <보기>의 **올바른 표기 방식**으로 답안을 작성해야 합니다.

   <보기> 올바른 표기: ● 잘못된 표기: ⓥ ⊗ ◑ ⊙ ⦶ ◌ ③

6. **답안을 잘못 표기하였을 경우**에는 **답안지를 교체하여 작성**하거나 **수정할 수 있으며**, 표기한 답안을 수정할 때는 **응시자 본인이 가져온 수정테이프만을 사용**하여 해당 부분을 완전히 지우고 부착된 수정테이프가 떨어지지 않도록 손으로 눌러주어야 합니다. **(수정액 또는 수정스티커 등은 사용 불가)**
   - **불량한 수정테이프의 사용과 불완전한 수정처리**로 발생하는 **모든 문제는 응시자 본인에게 책임이 있습니다.**
7. 법령, 고시, 판례 등에 관한 문제는 **2026년 2월 28일 현재 유효한 법령, 고시, 판례 등을 기준**으로 정답을 구해야 합니다. 다만, 개별 과목 또는 문항에서 별도의 기준을 적용하도록 명시한 경우에는 그 기준을 적용하여 정답을 구해야 합니다.
8. **시험시간 관리의 책임은 응시자 본인에게 있습니다.**

   ※ 문제책은 시험종료 후 가지고 갈 수 있습니다.

정답공개 및 가산점 등록 안내

1. 정답공개: 정답가안 4.4.(토) 13:30 / 최종정답 4.13.(월) 18:00 / 사이버국가고시센터
2. 이의제기: 4.4.(토) 18:00 ~ 4.7.(화) 18:00 / 사이버국가고시센터
   - 구체적인 이의제기 방법은 정답가안 공개 시 공지 예정
3. 가산점 등록기간: 4.4.(토) 13:30 ~ 4.6.(월) 21:00
4. 가산점 등록방법: 사이버국가고시센터 ➜ [원서접수 → 가산점 등록/확인]

행 정 학

1. 현상학에 대한 특징으로 옳지 않은 것을 모두 고르면?

ㄱ. 인간의 의도된 행위와 표출된 행위를 구별하고, 관심 분야는 의도된 행위에 두어야 한다.
ㄴ. 행위의 목적성과 의도성을 어떻게 찾아낼 것인가에 대한 방법과 기술이 명확하다는 평가를 받는다.
ㄷ. 객관적 존재의 서술을 위해서는 현상을 분해하여 분석할 필요가 있다.
ㄹ. 인간을 수동적 자아가 아닌 능동적 자아로 상정한다.
ㅁ. 현실을 이해하는 데 해석학적 방법보다는 과학적 방법을 선호한다.

① ㄱ, ㄴ, ㄷ ② ㄴ, ㄷ, ㄹ
③ ㄴ, ㄷ, ㅁ ④ ㄴ, ㄹ, ㅁ

2. 다음 중 조직관리에 대한 설명으로 가장 거리가 먼 것은?

① 조직은 구성원 간의 목표일치를 전제로 하여 관리전략을 수립한다.
② 고전이론과 인간관계론은 관리자에 의한 타율적인 조직관리를 전제로 한다.
③ 관료제 모형에 의한 관리전략은 구성원의 소외를 초래한다.
④ 조직관리 전략이 전반적으로 단순한 인간관에서 복잡 인간관으로 변화하고 있다.

3. 예산분류방식이 잘못 설명된 것은?

① 우리나라에서 일반회계 세입예산은 수입원에 따라 조세수입과 세외수입으로 분류한다.
② 품목별 분류는 지출대상·구입물품의 종류 중심으로 분류한다.
③ 기능별 분류는 전문성이 높아 일반시민이 이해하기 힘들다.
④ 경제성질별 분류는 정부활동이 국민경제에 미치는 영향을 기준으로 하는 것이다.

4. 우리나라 공무원제도에 대한 설명으로 옳은 것만을 모두 고르면?

ㄱ. 중앙정부·지방자치단체 및 그 하부기관에 근무하는 공무원은 직장협의회를 설립할 수 있으며, 하나의 기관에 복수의 협의회 설립이 가능하다.
ㄴ. 금고 이상의 실형을 선고받고 그 집행이 종료되거나 집행을 받지 아니하기로 확정된 후 5년이 지나지 아니한 자는 임용결격사유에 해당한다.
ㄷ. 공무원은 소청심사위원회를 통해 부당하다고 여겨지는 징계에 대한 구제를 신청할 수 있으며, 소청심사위원회의 결정은 처분청과 소청인 모두를 기속한다.
ㄹ. 시보 임용기간 중에 있는 공무원이 근무성적·교육훈련성적이 나빠서 공무원으로서의 자질이 부족하다고 판단되는 경우에는 면직시킬 수 있다.

① 1개 ② 2개
③ 3개 ④ 4개

5. 다음은 정책결정모형 가운데 점증주의모형에 대한 설명이다. 가장 타당하지 않은 것은?

① 정책결정 과정이 소수 몇몇 집단에 의해 주도될 가능성이 있다.
② 사회가 불안정할 때에는 적용이 곤란하다.
③ 기존 정책이 잘못된 것이면 악순환이 초래된다.
④ 환경 변화에 대한 적응력은 강하나, 혁신이 저해될 가능성이 있다.

6. 사무배분 방식 중 개별적 수권주의에 대한 설명으로 틀린 것은?

① 각 지방자치단체에게 신축성 및 탄력성을 부여한다.
② 포괄적 수권주의에 비하여 자치권의 범위가 넓다.
③ 주로 주민자치 전통에서 활용하는 권한부여 방식이다.
④ 중앙통제는 주로 입법적·사법적 통제를 행한다.

7. 아래의 그림은 켈리의 팔로워십에 대한 내용이다. 켈리가 분류한 팔로워 유형 중 조직관리시 임파워 전략에 적합한 팔로워는 무엇인가?

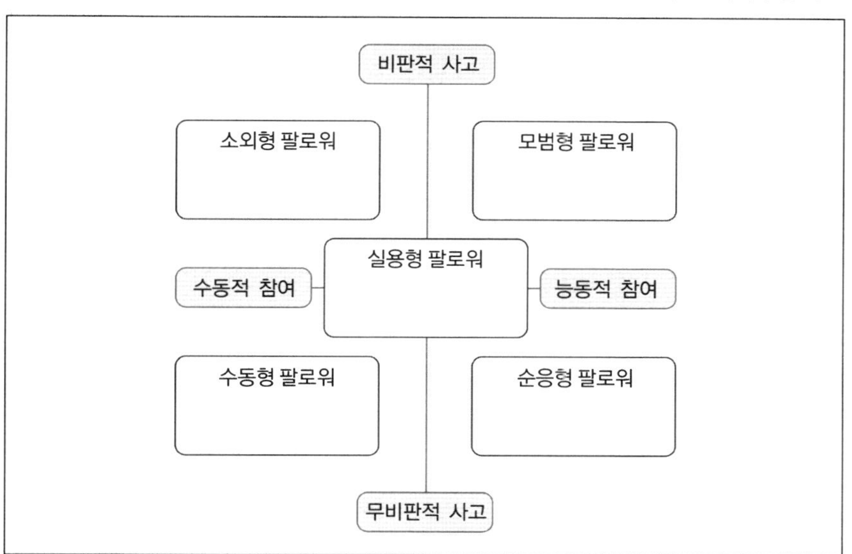

① 소외형 팔로워 ② 모범형 팔로워
③ 수동형 팔로워 ④ 순응형 팔로워

8. 책임성에 대한 설명으로 옳지 않은 것은?
① 파이너(H. Finer)는 관료의 내면적 기준에 의한 내재적 책임을 강조하고, 프리드리히(C. Friedrich)는 법률, 입법부, 사법부, 국민 등에 의한 통제 등 외부적 힘에 의한 통제로 확보되는 외재적 책임을 강조한다.
② 롬젝(Romzek)과 더브닉(Dubnick)에 따르던 강조되는 책임성의 유형은 조직의 특성에 따라 달라진다.
③ 신공공관리론은 책임을 확보하기 위하여 객관적 · 체계적 성과 측정을 중시한다.
④ 책임성은 수단적 가치이다.

9. 지방자치단체의 예산 변경과 승인권자의 연결이 틀린 것은?
① 예산의 이체 – 지방자치단체의 장
② 이용 – 지방의회
③ 전용 – 지방자치단체의 장
④ 명시이월 – 지방자치단체의 장

10. 교육훈련은 실시되는 장소가 직장 내인가, 외인가에 따라 직장훈련(On-the-Job Training)과 교육원훈련(Off-the-Job Training)으로 나뉜다. 다음 중 교육원훈련으로 볼 수 없는 것은?
① 시청각교육
② 인턴십
③ 역할연기
④ 감수성훈련

11. 다음 중 강화일정에 대한 설명으로 가장 옳지 않은 것은?
① 연속적 강화는 행동이 일어날 때마다 강화요인을 제공하는 것이다.
② 고정간격강화는 부하의 행동이 발생하는 빈도에 따라 일정한 간격으로 강화요인을 제공하는 것이다.
③ 변동간격강화는 일정한 간격을 두지 않고 변동적인 간격으로 강화요인을 제공하는 것이다.
④ 고정비율강화는 성과급제와 같이 행동의 일정 비율에 의해 강화요인을 제공하는 것이다.

12. 행정학의 접근방법 중 신제도주의에 대한 설명으로 옳지 않은 것은 모두 몇 개인가?

가. 신제도주의는 구제도주의에 비해 정태적인 연구를 지향한다. 나. 신제도주의는 제도를 내생변수로 간주한다. 다. 역사적 신제도주의에서 개인의 선호는 내생적으로, 즉 정치체제가 개인의 선호를 형성하고 제약한다. 라. 사회학적 신제도주의에서 제도는 개인의 합리적 선택에 기반한 제도적 동형화 과정의 결과물로 본다. 마. 사회학적 신제도주의에서의 접근법은 방법론적 전체주의와 연역적 접근법이 사용된다.

① 1개 ② 2개
③ 3개 ④ 4개

13. 국채 우선 상환 이후 세계잉여금의 사용 순서를 <보기>에서 옳게 연결한 것은?

<보기>

ㄱ. 교부세 및 지방교육재정교부금 정산 ㄴ. 공적자금상환기금에 출연 ㄷ. 추가경정예산안의 편성에 사용 ㄹ. 다음 연도 세입에 이입 ㅁ. 기타 채무 상환

① ㄱ → ㄴ → ㄹ → ㅁ → ㄷ
② ㄱ → ㄴ → ㅁ → ㄷ → ㄹ
③ ㄱ → ㄴ → ㅁ → ㄹ → ㄷ
④ ㄴ → ㄱ → ㄹ → ㅁ → ㄷ

14. 다음 중 공공선택론의 특징으로 가장 적절하지 않은 것은?
① 뷰캐넌과 털럭이 창시하였으며, 의사결정과정에 경제학적 논리를 적용한다.
② 시장실패와 정부실패를 모두 인정한다.
③ 이기적인 인간을 상정하는 이론이다.
④ 시장영역에서 발생하는 의사결정을 경제학적으로 연구한 이론으로서 분권화를 강조한다.

15. 다음 중 국가채무에 포함되지 않는 채무가 아닌 것은?
① 재정증권 또는 한국은행으로부터의 일시차입금
② 채권 중 국가의 회계 또는 기금이 인수 또는 매입하여 보유하고 있는 채권
③ 차입금 중 국가의 다른 회계 또는 기금으로부터의 차입금
④ 국가의 회계 또는 기금의 국고채무부담행위

16. 행정안전부장관의 승인이 필요한 것만을 모두 고르면?

ㄱ. 지방채 중 외채의 발행 ㄴ. 시ㆍ도의 지방공사 설립 ㄷ. 행정구의 명칭변경과 읍ㆍ면ㆍ동의 구역변경

① ㄱ ② ㄷ
③ ㄱ, ㄴ ④ ㄴ, ㄷ

17. 나카무라와 스몰우드의 정책 유형에 대한 다음 설명 중 옳지 않은 것은?
① 결정자가 명확한 목표를 설정하고 결정자가 목표달성을 지시하고 수단에 대한 권한을 집행자에게 위임하는 유형은 지시적 위임가형이다.
② 집행자가 정책목표달성에 필요한 능력을 보유하고 있으며, 목표성취에 필요한 수단들을 결정자와 협상을 통하여 확보하는 유형은 협상가형이다.
③ 여론으로부터 결정자가 환경문제에 대해 무엇을 해야 한다는 강한 압력을 받고 있지만 결정자가 무엇을 해야 할지 모르는 경우 재량적 실험가형이 적합하다.
④ 집행자가 대부분의 권한을 가지고 정책과정전반에 영향력을 행사해 실질적인 정책결정과 정책집행을 주도하는 유형은 관료적 기업가형이다.

18. 우리나라 공무원의 신분보장과 그 예외에 대한 다음 설명으로 옳은 것은?
① 모든 공무원은 형의 선고, 징계처분 또는 「국가공무원법」에서 정하는 사유에 따르지 아니하고는 본인의 의사에 반하여 휴직ㆍ강임 또는 면직을 당하지 아니한다.
② 임용권자는 직제와 정원의 개폐 또는 예산의 감소 등에 따라 폐직 또는 과원이 되었을 때 직위해제할 수 있다.
③ 임용권자는 직무수행능력이 부족하거나 근무성적이 극히 나쁜 공무원에 대하여 직권면직할 수 있다.
④ 징계의 경우 감사원에서 조사 중인 사건에 대하여는 조사개시 통보를 받은 날부터 징계 절차를 진행하지 못한다.

19. 실험적 정책평가의 방법에 대한 설명으로 가장 적절한 것은?
① 진실험적 방법은 외적 타당성은 높지만, 내적 타당성은 낮다.
② 진실험적 방법은 실험이라는 특수한 상황에 의한 호손효과(hawthorne effect) 등의 내적 타당성 저해요인이 발생할 수 있다.
③ 비동질적 통제집단설계, 회귀불연속 설계, 정책실시전후비교는 준실험적 방법의 대표적인 예이다.
④ 진실험적 방법은 실험집단과 통제집단을 서로 동질적인 것으로 구성하기 위해서 대상들을 이들 두 집단에 무작위적으로 배정한다.

20. 그레이너(Greiner)의 조직성장모형에서 제시한 성장단계와 해당 단계별 위기현상을 옳게 짝지은 것은?
① 권한 위임을 통한 성장단계 – 자율성의 위기
② 조정을 통한 성장단계 – 레드테이프의 위기
③ 창조성을 통한 성장단계 – 통제의 위기
④ 지시를 통한 성장단계 – 리더십의 위기

2026 공무원 시험 대비 실전동형 모의고사

행정학

▌제12회 ▌

응시번호	
성 명	

문제책형

제1과목	국어	제2과목	영어	제3과목	한국사
제4과목	행정학	제5과목			

응시자 주의사항

1. **시험시작 전 시험문제를 열람하는 행위나 시험종료 후 답안을 작성하는 행위를 한 사람**은 「공무원임용시험령」 제51조에 의거 **부정행위자**로 처리됩니다.
2. **답안지 책형 표기는 시험시작 전** 감독관의 지시에 따라 **문제책 앞면에 인쇄된 문제책형을 확인**한 후, **답안지 책형란에 해당 책형(1개)**을 '●'로 **표기**하여야 합니다.
3. **답안은 문제책 표지의 과목 순서에 따라 답안지에 인쇄된 순서(제1 · 2 · 3 · 4 · 5과목)에 맞추어 표기**해야 하며, 과목 순서를 바꾸어 표기한 경우에도 **문제책 표지의 과목 순서대로 채점**되므로 유의하시기 바랍니다.
4. 시험이 시작되면 문제를 주의 깊게 읽은 후, **문항의 취지에 가장 적합한 하나의 정답만을 고르며**, 문제내용에 관한 질문은 할 수 없습니다.
5. 답안지의 모든 기재 및 표기 사항은 **컴퓨터용 흑색 싸인펜을 사용**하며, 반드시 <보기>의 **올바른 표기 방식**으로 답안을 작성해야 합니다.

   <보기> 올바른 표기: ● 잘못된 표기: ⓥ ⊗ ◑ ⊙ ◍ ◌ ③

6. **답안을 잘못 표기하였을 경우**에는 **답안지를 교체하여 작성**하거나 **수정할 수 있으며**, 표기한 답안을 수정할 때는 **응시자 본인이 가져온 수정테이프만을 사용**하여 해당 부분을 완전히 지우고 부착된 수정테이프가 떨어지지 않도록 손으로 눌러주어야 합니다. **(수정액 또는 수정스티커 등은 사용 불가)**
   - **불량한 수정테이프의 사용과 불완전한 수정처리**로 발생하는 **모든 문제는 응시자 본인에게 책임이 있습니다.**
7. 법령, 고시, 판례 등에 관한 문제는 **2026년 2월 28일 현재 유효한 법령, 고시, 판례 등을 기준**으로 정답을 구해야 합니다. 다만, 개별 과목 또는 문항에서 별도의 기준을 적용하도록 명시한 경우에는 그 기준을 적용하여 정답을 구해야 합니다.
8. **시험시간 관리의 책임은 응시자 본인에게 있습니다.**

   ※ 문제책은 시험종료 후 가지고 갈 수 있습니다.

정답공개 및 가산점 등록 안내

1. 정답공개: 정답가안 4.4.(토) 13:30 / 최종정답 4.13.(월) 18:00 / 사이버국가고시센터
2. 이의제기: 4.4.(토) 18:00 ~ 4.7.(화) 18:00 / 사이버국가고시센터
   - 구체적인 이의제기 방법은 정답가안 공개 시 공지 예정
3. 가산점 등록기간: 4.4.(토) 13:30 ~ 4.6.(월) 21:00
4. 가산점 등록방법: 사이버국가고시센터 ➜ [원서접수 → 가산점 등록/확인]

행 정 학

1. 우리나라 각 부처의 소관업무의 연결이 옳지 않은 것은?
   ① 재정경제부 – 공공기관 관리
   ② 과학기술정보통신부 – 과학기술정책 및 우편에 관한 사무
   ③ 행정안전부 – 국정에 대한 홍보
   ④ 국가보훈부 – 국가유공자 및 그 유족에 대한 보훈

2. 공무원 시험과 임용에 대한 설명 중 적절하지 않은 것은?
   ① 시험은 공직 희망자들의 상대적 능력을 가리는 제도이다.
   ② 타당도는 측정하고자 하는 것을 얼마나 정확하게 측정하는가의 정도를 말한다.
   ③ 시보공무원은 일종의 교육훈련 과정으로 공무원 신분은 보장된다.
   ④ 경력경쟁채용은 기회 균등의 원칙을 훼손할 가능성이 있다.

3. 던컨의 조직환경 불확실성 유형과 이에 기초한 조직구조와의 관계에 대한 설명으로 옳은 것은?
   ① '낮은 불확실성'의 조직환경은 환경이 복잡하고 변화가 안정적인 경우이다.
   ② '다소 낮은 불확실성'의 조직환경은 유기적 조직구조가 적합하다.
   ③ '다소 높은 불확실성'의 조직환경은 유기적 조직구조가 적합하다.
   ④ '높은 불확실성'의 조직환경은 집권적 조직구조가 적합하다.

4. 정책변동 유형에 대한 설명으로 옳지 않은 것은?
   ① 정책혁신은 기존에 없던 정책을 형성하는 과정에서 기존의 조직과 예산을 활용하지 않는다.
   ② 저소득층 자녀에 대한 교육비 보조를 그 바로 상위계층의 자녀에게 확대하는 것은 정책유지에 해당한다.
   ③ 정책종결은 정책목표를 달성하기 위한 전반적인 정책수단을 소멸(기존의 정책 소멸)시키고 이를 대체할 다른 정책을 마련하는 현상이다.
   ④ 사이버 범죄에 대한 대응책으로 사이버 수사대를 창설하는 것은 정책혁신과 관련된다.

5. 다음 항목 중 맞는 것을 모두 고르면?

> ㉠ 린드블룸(Lindblom)은 "어떠한 근거로 X달러를 B사업 대신 A사업에 배분하도록 결정하는가?"라는 질문을 통해 예산결정이론의 필요성을 역설하였다.
> ㉡ 루이스(Lewis)는 예산배분결정에 경제학적 접근법을 적용하여, '상대적 가치', '증분분석', '상대적 효과성'이라는 세 가지 분석명제를 제시한다.
> ㉢ 단절균형 예산이론(Punctuated Equilibrium Theory)은 급격한 단절적 예산변화를 설명하는 것이다.
> ㉣ 윌로비와 서메이어(Wiloughby & Thurmaier)의 다중합리성모형은 의원들의 복수의 합리성 기준이 의회의 예산결정에 미치는 영향을 주로 분석한다.

   ① ㉠, ㉡, ㉢　　② ㉡, ㉢
   ③ ㉡, ㉢, ㉣　　④ ㉠, ㉣

6. 지방재정자립도에 대한 다음 설명 중 옳지 않은 것은?
   ① 일반회계만을 고려하고 특별회계와 기금을 반영하지 못해 총재정규모를 파악하기 곤란하다.
   ② 지방재정의 세입을 중심으로 산정되므로 세출구조를 파악하기 곤란하다.
   ③ 지방재정력과 상충할 가능성이 있으며, 의존재원의 성격을 파악하기 곤란하다.
   ④ 지방채 수입을 자주재원에 산입하여 평가하여 재정건전성에 대한 고려가 미흡하다.

7. 다음 중 (가) ~ (다)에 들어갈 내용을 바르게 연결한 것은?

구분	계급제	직위분류제
인사행정의 형평성	(가)	(나)
관리자의 리더십	(다)	(라)

	(가)	(나)	(다)	(라)
①	낮음	낮음	높음	높음
②	낮음	높음	높음	낮음
③	높음	낮음	높음	낮음
④	높음	높음	낮음	낮음

8. 다음 중 정책평가의 내적 타당도 저해요인은 모두 몇 개인가?

가. 상실요소(experimental mortality)
나. 역사적 요소(history)
다. 성숙효과(maturation)
라. 호손효과(Hawthorne effect)
마. 오염효과(pollution)
바. 실험조작과 측정의 상호작용
사. 회귀인공요소(regression artifact)
아. 측정도구의 변화(instrumentation)
자. 표본의 대표성 부족
차. 측정(검사)요소(testing)

① 5개 ② 6개
③ 7개 ④ 8개

9. 시장실패 및 정부실패의 원인과 대응방식의 연결이 옳지 않은 것은?
① 외부효과의 발생 – 공적 규제
② 권력의 편재 – 규제완화
③ 규모의 경제 – 정부보조 삭감
④ 사적목표의 설정 – 민영화

10. 현행 지방자치법에서 규정하고 있는 인사청문회에 대한 설명으로 틀린 것은?
① 지방자치단체의 장은 지방자치법에서 정하고 있는 인사청문 대상 직위 중 조례로 정하는 직위의 후보자에 대하여 지방의회에 인사청문을 요청할 수 있다.
② 인사청문 대상직위에는 정무직 지방공무원으로 보하는 부시장·부지사, 제주특별자치도 행정시장, 지방공사의 사장과 지방공단의 이사장 등이 있다.
③ 지방의회의 의장은 인사청문 요청이 있는 경우 인사청문회를 실시한 후 그 경과를 지방자치단체의 장에게 송부하여야 한다.
④ 기타 인사청문회의 절차 및 운영 등에 필요한 사항은 조례로 정한다.

11. 하이예스(M. Hayes)는 정책결정 상황을 참여자들 간 목표 합의 여부, 수단적 지식 합의 여부에 따라 아래 표와 같이 구분한다. 다음 설명 중 옳지 않은 것은?

구분	목표 갈등	목표 합의
수단적 지식 갈등	Ⅰ	Ⅱ
수단적 지식 합의	Ⅲ	Ⅳ

① 상황 Ⅰ에서는 점증주의적 결정이 불가피하며, 점증적이지 않은 대안은 입법과정에서 제외될 수밖에 없다.
② 상황 Ⅱ에서는 사이버네틱스(cybernetics) 모형에 따라 정책이 결정된다.
③ 상황 Ⅲ에서는 수단에 대한 합의로 인하여 합리적 의사결정이 이루어진다.
④ 상황 Ⅳ에서는 비교적 기술적이고 행정적인 문제가 포함되어 큰 변화가 일어날 수 있다.

12. 우리나라의 지방세에 대한 다음 설명 중 옳은 것은?
① 광역시 안에 군을 두고 있는 경우에는 도세와 시·군세의 세목구분이 적용된다.
② 목적세인 지방교육세와 지방소득세는 기초자치단체가 부과할 수 없다.
③ 취득세와 등록면허세는 특별시·광역시세이나, 담배소비세와 재산세는 자치구세이다.
④ 서울특별시의 주민세는 공동과세를 적용하고 있다.

13. 정부의 역할에 대한 입장을 바르게 설명하는 것만 모두 고른 것은?

ㄱ. 진보주의 정부관에 따르면 정부에 대한 불신이 강하고 정부실패를 우려한다.
ㄴ. 공공선택론의 입장은 정부를 공공재의 생산자로 규정하고 대규모 관료제에 의한 행정의 효율성을 높이는 것이 중요하다고 본다.
ㄷ. 보수주의 정부관은 자유방임적 자본주의를 옹호한다.
ㄹ. 신공공서비스론 입장에 따르면 정부의 역할은 시민들로 하여금 공유된 가치를 창출하고 충족시킬 수 있도록 봉사하는 데 있다.
ㅁ. 행정국가 시대에는 '최대의 봉사가 최선의 정부'로 받아들여졌다.

① 1개 ② 2개
③ 3개 ④ 4개

14. 품목별 예산제도(LIBS)에 대한 설명으로 틀린 것은?
① 집행단계에서의 지출통제에 역점을 둔다.
② 관심의 범위는 투입에 국한한다.
③ 예산결정의 접근방법은 점증주의이다.
④ 행정체제 전반의 관리 및 계획책임은 집권적이다.

15. 듀브닉과 롬젝(Dubnic and Romzek)의 행정책임성 유형 중 외부지향적이고 통제의 강도가 높은 책임성은?
① 정치적 책임성
② 법적 책임성
③ 전문가적 책임성
④ 관료적 책임성

16. 거버넌스(governance)에 대한 설명으로 옳지 않은 것을 <보기>에서 모두 고르면?

ㄱ. 파트너십과 유기적 결합관계를 중시한다.
ㄴ. 성공적 거버넌스 구축을 위해서는 사회적 자본(social capital)이 축적되어야 한다.
ㄷ. 거버넌스 체제가 적절히 작동하기 위해서는 주도적 집단에 의한 룰(rule)이 정립되어야 한다.
ㄹ. 거버넌스는 사회가 안정되고 불확실성이 감소하는 사회에서 보다 성공적으로 작동한다.
ㅁ. 국민을 국정의 파트너로 본다.

① 2개 ② 3개
③ 4개 ④ 5개

17. 정책결정이론인 회사모형에 관한 설명으로 옳지 않은 것은?
① 사이어트(R. Cyert)와 마치(J. March)가 주장한 것으로 연합모형이라고 불리기도 한다.
② 결정과정에서는 집단 간에 요구가 모두 수용되지 않고 타협하는 수준에서 대안을 찾는다.
③ 문제의 흐름, 해결책의 흐름, 선택기회의 흐름, 참여자의 흐름이 만나서 의사결정을 하게 된다.
④ 정책결정 능력의 한계로 말미암아 관심이 가는 문제 중심으로 대안을 탐색한다.

18. 우리나라의 조세지출예산제도에 대한 설명으로 가장 적절하지 않은 것은?
① 정부가 세금을 줄여 주거나 받지 않는 등 세제지원을 통해 혜택을 준 재정지원을 예산지출로 인정하는 제도이다.
② 조세지출은 눈에 보이지 않는 간접보조금이라고도 한다.
③ 국회예산정책처장은 조세특례제한법 제142조의2에 따른 조세지출예산서를 작성하여야 한다.
④ 국가재정법에서는 조세지출예산서를 국회에 제출하는 예산안에 첨부하도록 하고 있다.

19. 계급제를 설명하는 내용으로 적절하지 않은 것은?
① 농업사회에서 많이 나타난다.
② 공무원 개개인의 능력과 자격을 기준으로 공직을 분류하는 방식이다.
③ 계급 간에 보수, 사회적 평가, 교육 측면에서 차이가 나타난다.
④ 정치적 중립 확보를 통해 행정의 전문성을 제고할 수 있다.

20. 「지방교부세법」상 특별교부세제도에 대한 설명으로 가장 옳지 않은 것은?
① 기준재정수요액의 산정방법으로는 파악할 수 없는 지역 현안에 대한 특별한 재정수요가 있는 경우에는 특별교부세 재원의 100분의 20에 해당하는 금액을 교부한다.
② 보통교부세의 산정기일 후에 발생한 재난을 복구하거나 재난 및 안전관리를 위한 특별한 재정수요가 생기거나 재정수입이 감소한 경우에는 특별교부세 재원의 100분의 50에 해당하는 금액을 교부한다.
③ 국가적 장려사업, 국가와 지방자치단체 간에 시급한 협력이 필요한 사업, 지역 역점시책 또는 지방행정 및 재정운용실적이 우수한 지방자치단체에 재정지원 등 특별한 재정수요가 있을 경우에는 특별교부세 재원의 100분의 10에 해당하는 금액을 교부한다.
④ 행정안전부장관은 지방자치단체의 장이 특별교부세의 교부를 신청하는 경우에는 이를 심사하여 특별교부세를 교부한다. 다만, 행정안전부장관이 필요하다고 인정하는 경우에는 신청이 없는 경우에도 일정한 기준을 정하여 특별교부세를 교부할 수 있다.

2026 국가직·지방직 공무원 시험 대비

실전동형 봉투모의고사

행정학

▌기출문제 ▌

2025. 4. 5. 국가직 9급 기출문제
행정학

응시번호	
성 명	

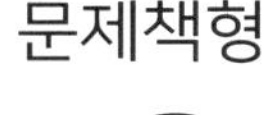

제1과목	국어	제2과목	영어	제3과목	한국사
제4과목	행정학	제5과목			

1. **시험시작 전 시험문제를 열람하는 행위나 시험종료 후 답안을 작성하는 행위를 한 사람**은 「공무원임용시험령」 제51조에 의거 **부정행위자**로 처리됩니다.
2. **답안지 책형 표기는 시험시작 전** 감독관의 지시에 따라 **문제책 앞면에 인쇄된 문제책형을 확인** 한 후, **답안지 책형란에 해당 책형(1개)**을 '●'로 **표기**하여야 합니다.
3. **답안은 문제책 표지의 과목 순서에 따라 답안지에 인쇄된 순서(제1 · 2 · 3 · 4 · 5과목)에 맞추어 표기**해야 하며, 과목 순서를 바꾸어 표기한 경우에도 **문제책 표지의 과목 순서대로 채점**되므로 유의하시기 바랍니다.
4. 시험이 시작되면 문제를 주의 깊게 읽은 후, **문항의 취지에 가장 적합한 하나의 정답만을 고르며,** 문제내용에 관한 질문은 할 수 없습니다.
5. 답안지의 모든 기재 및 표기 사항은 **컴퓨터용 흑색 싸인펜을 사용**하며, 반드시 <보기>의 **올바른 표기 방식**으로 답안을 작성해야 합니다.

   <보기> 올바른 표기: ● 잘못된 표기: ⓥ ⊗ ◑ ⊙ ⦶ ◌ ③
6. **답안을 잘못 표기하였을 경우**에는 **답안지를 교체하여 작성**하거나 **수정할 수 있으며,** 표기한 답안을 수정할 때는 **응시자 본인이 가져온 수정테이프만을 사용**하여 해당 부분을 완전히 지우고 부착된 수정테이프가 떨어지지 않도록 손으로 눌러주어야 합니다. **(수정액 또는 수정스티커 등은 사용 불가)**
   - **불량한 수정테이프의 사용과 불완전한 수정처리**로 발생하는 **모든 문제는 응시자 본인에게 책임이 있습니다.**
7. 법령, 고시, 판례 등에 관한 문제는 **2026년 2월 28일 현재 유효한 법령, 고시, 판례 등을 기준**으로 정답을 구해야 합니다. 다만, 개별 과목 또는 문항에서 별도의 기준을 적용하도록 명시한 경우에는 그 기준을 적용하여 정답을 구해야 합니다.
8. **시험시간 관리의 책임은 응시자 본인에게 있습니다.**

   ※ 문제책은 시험종료 후 가지고 갈 수 있습니다.

정답공개 및 가산점 등록 안내

1. 정답공개: 정답가안 4.4.(토) 13:30 / 최종정답 4.13.(월) 18:00 / 사이버국가고시센터
2. 이의제기: 4.4.(토) 18:00 ~ 4.7.(화) 18:00 / 사이버국가고시센터
   - 구체적인 이의제기 방법은 정답가안 공개 시 공지 예정
3. 가산점 등록기간: 4.4.(토) 13:30 ~ 4.6.(월) 21:00
4. 가산점 등록방법: 사이버국가고시센터 ➜ [원서접수 → 가산점 등록/확인]

행 정 학

1. 정부실패(government failure)의 원인 중 다음 설명에 해당하는 것은?

> 비공식적 목표가 공식적 조직 목표를 대체하는 현상으로서, 관료 자신이 개인적 이익이나 소속기관의 이익을 사회적 목표보다 우선 고려함으로써 사회 전체의 목표와 조직 내부 목표 간 괴리가 발생하는 것이다.

① 파생적 외부효과
② X－비효율성
③ 권력의 편재
④ 내부성

2. 신행정론에 대한 설명으로 옳지 않은 것은?
① 미국의 시민권 운동, 빈곤문제 등에 대응하여 행정이 사회의 실질적 문제를 해결하지 못하고 있다는 비판에서 대두되었다.
② 논리실증주의와 행태주의를 계승하였다.
③ 행정능률 지상주의에서 탈피하여 적실성, 사회적 형평성 등 가치를 중요시한다.
④ 정치와 행정의 긴밀한 관계를 주장한 점에서 정치・행정 일원론적 관점에 가깝다.

3. 정책의제설정 모형에 대한 설명으로 옳지 않은 것은?
① 외부주도모형에서는 사회문제가 공중의제를 거쳐 공식의제로 전환된다.
② 동원모형에서는 정부가 먼저 공식의제를 채택한 후 공중의제화를 시도한다.
③ 내부접근모형에서는 정부 내부자나 그들과 밀접한 관계에 있는 집단에 의해 의제가 설정된다.
④ 공고화모형에서는 대중의 지지가 낮은 정책문제에 대하여 시민사회가 주도적으로 해결을 시도한다.

4. 리플리(Ripley)와 프랭클린(Franklin)이 제시한 경쟁적 규제정책에 해당하는 것은?
① 특정 기업에게 특정 노선의 항공 운항권 부여
② 공공요금 책정
③ 최저임금제도 및 근로시간 제한
④ 환경 문제를 개선하기 위한 규제

5. 정책평가 유형에 대한 설명으로 옳지 않은 것은?
① 총괄평가는 정책 집행이 완료된 후 정책의 효과성과 효율성을 종합적으로 판단하는 평가이다.
② 형성평가는 일종의 예비평가로 공식 영향평가의 실행 가능성과 유용성을 검토하기 위하여 실시된다.
③ 과정평가는 정책이 의도한 대로 집행되고 있는지, 정책 집행과정의 문제점을 파악하고 개선하는 데 초점을 맞춘 평가이다.
④ 집행 모니터링은 프로그램 투입 또는 활동을 측정하고 이를 사전에 결정되거나 기대하였던 기준값과 비교하여, 프로그램이 설계에 명시된 대로 수행되고 있는지를 판단한다.

6. 호그우드(Hogwood)와 피터스(Peters)가 제시한 다음의 정책변동 유형에 해당하는 것은?

> 동일한 정책문제와 관련되는 영역에서 기존 정책목표는 유지되지만, 이전의 프로그램과 조직이 새로운 것으로 대체되는 것을 의미한다. 세부적으로는 정책통합, 정책분할 등이 있다.

① 정책승계(policy succession)
② 정책쇄신(policy innovation)
③ 정책유지(policy maintenance)
④ 정책종결(policy termination)

7. 기금에 대한 설명으로 옳지 않은 것은?
① 국회는 정부가 제출한 기금운용계획안의 주요항목 지출금액을 증액하는 경우에도 미리 정부의 동의를 얻어야 한다.
② 기금의 종류 중 사업성 기금에는 공무원연금기금, 기술보증기금, 무역보험기금 등이 있다.
③ 기획예산처장관은 회계연도마다 전체 기금 중 3분의 1 이상의 기금에 대해 대통령령으로 정하는 바에 따라 그 운용실태를 조사 및 평가하여야 한다.
④ 기금관리주체는 안정성, 유동성, 수익성, 공공성을 고려하여 투명하고 효율적으로 운용하여야 한다.

8. 성과주의 예산제도에 대한 설명으로 옳은 것만을 모두 고르면?

ㄱ. 행정의 재량 범위를 축소시켜 입법부의 통제가 상대적으로 용이하다.
ㄴ. 각 사업마다 가능한 한 업무 측정단위를 선정하여 업무를 계량화한다.
ㄷ. 사례로는 미국 테네시계곡개발청(TVA) 사업의 예산제도가 있다.
ㄹ. 이 제도는 1970년대 미국 연방정부 예산에 도입되었다.

① ㄱ, ㄴ ② ㄱ, ㄹ
③ ㄴ, ㄷ ④ ㄷ, ㄹ

9. 지방자치 이론에 대한 설명으로 옳지 않은 것은?

① 피터슨(Peterson)의 도시한계론은 엘리트론과 다원론의 정치적 자율주의 관점과 달리 시장경제의 구조적 요인을 강조하였다.
② 티부(Tiebout)는 주민들의 자유로운 이동을 통해 지방정부가 제공하는 공공서비스를 선택함으로써 효율적인 자원배분이 가능하다고 보았다.
③ 로즈(Rhodes)의 권력의존모형은 정부 간 관계에서 지방의 중앙에 대한 의존을 강조하여 상호 의존적 관계를 부정하였다.
④ 엘코크(Elcock)의 정부 간 관계 모형 중 대리인 모형은 중앙정부가 지방정부를 권력적으로 통제한다고 본다.

10. 주민참여제도에 대한 설명으로 옳은 것만을 모두 고르면?

ㄱ. 주민감사청구는 사무처리가 있었던 날이나 끝난 날부터 3년이 지나면 제기할 수 없다.
ㄴ. 주민은 비례대표 지방의회의원을 포함한 모든 지방의회의원을 소환할 수 있다.
ㄷ. 지방자치단체의 사무 중 예산 편성 · 의결 및 집행에 관한 사항을 주민투표에 부칠 수 있다.
ㄹ. 주민참여예산기구의 구성 · 운영에 관한 사항은 해당 지방자치단체의 조례로 정한다.

① ㄱ, ㄴ ② ㄱ, ㄹ
③ ㄴ, ㄷ ④ ㄷ, ㄹ

11. 우리나라 정부조직에 대한 설명으로 옳지 않은 것은?

① 중앙행정기관의 설치와 직무 범위는 법률로 정한다.
② 식품 및 의약품의 안전에 관한 사무를 관장하기 위하여 보건복지부 소속으로 식품의약품안전처를 둔다.
③ 국무총리가 특별히 위임하는 사무를 수행하기 위하여 부총리 2명을 둔다.
④ 특허청은 중앙책임운영기관의 유형에 해당한다.

12. 관료제 비판 중 다음 설명에 해당하는 것은?

각 계층에서 유능한 자가 승진하고 나면 결국 무능한 자만 남게 되어 관료제의 대다수 계층이 무능력자로 채워진다.

① 번문욕례(red tape)
② 파킨슨 법칙(Parkinson's law)
③ 피터의 원리(Peter's principle)
④ 훈련된 무능(trained incapacity)

13. 블라우(Blau)와 스콧(Scott)의 조직유형에 대한 설명으로 옳지 않은 것은?

① '호혜적 조직(mutual-benefit associations)'은 고객이 주요 수익자가 되는 조직이다.
② '사업조직(business concerns)'은 조직의 소유자나 관리자가 주요 수익자가 된다.
③ '서비스조직(service organizations)'의 대표적인 예는 법률상담소, 학교, 사회사업기관 등이다.
④ '공익조직(commonweal organizations)'의 대표적인 예는 일반행정기관, 경찰서, 소방서 등이다.

14. 공무원의 인사이동 방식에 대한 설명으로 옳지 않은 것은?

① '승진'은 상위 직급에 적합한 인재를 하위 직급으로부터 선별해 내는 내부임용을 말한다.
② '겸임'은 한 사람의 공무원에게 둘 이상의 직위를 부여하는 것을 말한다.
③ '강임'은 같은 직렬 내에서 하위 직급에 임명하거나 하위 직급이 없어 다른 직렬의 하위 직급으로 임명하는 것을 말한다.
④ '전직'은 같은 직급 내에서의 보직 변경 또는 고위공무원단 직위 간의 보직 변경을 말한다.

15. 공무원의 보수에 대한 설명으로 옳지 않은 것은?

① 직능급은 직무수행능력을 기준으로 기본급을 결정하는 보수체계이다.
② 연공급은 사람을 중심으로 하는 속인적 기본급이다.
③ 실적급은 근무실적을 기준으로 기본급을 결정하는 보수체계이다.
④ 계급제에서의 보수는 직무급이 특징이다.

16. 근무성적평정 시 나타날 수 있는 오류에 대한 설명으로 옳지 않은 것은?
① '후광효과(halo effect)'는 어떤 요소에 대한 평정이 다른 요소에 대한 평정에 연쇄적으로 영향을 미치는 현상이다.
② '근접효과(recency effect)'는 최초의 근무성적에 대한 평정자의 인식이 전체 기간의 평정에 영향을 미치는 현상이다.
③ '관대화 경향(tendency of leniency)'은 실제 수준보다 더 높게 평정하여 발생하는 현상이다.
④ '집중화 경향(central tendency)'은 평정 결과가 중간 등급을 중심으로 집중되는 현상이다.

17. 우리나라 공공기관 및 지방공기업에 대한 설명으로 옳지 않은 것은?
① 「지방공기업법」에 근거하여 지방공기업 경영평가가 시행되고 있다.
② 지방직영기업은 지방자치단체가 직접 운영하는 지방공기업으로 하수도, 주택사업, 토지개발사업 등의 사업을 수행한다.
③ 「공공기관의 운영에 관한 법률」에 근거하여 공공기관운영위원회를 설치하며, 행정안전부장관이 위원장이 된다.
④ 준정부기관에는 기금관리형과 위탁집행형이 있다.

18. 다음 설명에 해당하는 개념은?

공직자는 옳은 일을 하기 위해 비도덕적인 행위를 하는 상황에 놓이기도 한다. 왈처(Walzer)가 제시한 이 개념은 공직을 통해 대표성을 지닌 개인이 국가나 공동체의 대의를 위해, 개인의 가치관이나 윤리관에서는 수용할 수 없는 결정을 내려야 하는 문제 상황을 의미한다.

① 더러운 손의 딜레마(the problem of dirty hands)
② 선택의 역설(the paradox of choice)
③ 집단행동의 딜레마(collective action problems)
④ 편견의 동원(mobilization of bias)

19. 「지방재정법」상 지방재정진단제도의 내용에 해당하는 것은?
① 재정위험 수준 점검결과 재정위험 수준이 대통령령으로 정하는 기준을 초과하는 지방자치단체에 대하여 실시할 수 있다.
② 대규모의 재정적 부담을 수반하는 사업의 유치를 신청할 때 미리 지방자치단체의 재정에 미칠 영향을 평가한다.
③ 지방재정을 계획성 있게 운용하기 위하여 매년 중기지방재정계획을 수립한다.
④ 소속 공무원의 인건비를 30일 이상 지급하지 못하여 자력으로 재정위기상황을 극복하기 어렵다고 판단되는 경우 실시한다.

20. 공직부패의 유형과 사례가 바르게 연결된 것은?
① 제도화된 부패 – A기관은 인・허가 관련 업무를 처리할 때 민원인에게 '급행료'를 받는 것이 관례화 되어 있다.
② 회색 부패 – 금융위기가 심각함에도 불구하고 경제안정이라는 공익을 위해 관련 공직자 B가 문제가 없다는 거짓말을 한다.
③ 거래형 부패 – 회계 담당 공무원 C는 공금을 횡령하여 이익을 편취한다.
④ 조직 부패 – 공무원 D는 담당직무를 수행하면서 개인적으로 금품을 수수한다.

2025. 6. 21. 지방직 9급 기출문제
행정학

응시번호	
성 명	

문제책형

제1과목	국어	제2과목	영어	제3과목	한국사
제4과목	행정학	제5과목			

응시자 주의사항

1. **시험시작 전 시험문제를 열람하는 행위나 시험종료 후 답안을 작성하는 행위를 한 사람**은 「공무원임용시험령」 제51조에 의거 **부정행위자**로 처리됩니다.
2. **답안지 책형 표기는 시험시작 전** 감독관의 지시에 따라 **문제책 앞면에 인쇄된 문제책형을 확인**한 후, **답안지 책형란에 해당 책형(1개)**을 '●'로 **표기**하여야 합니다.
3. **답안은 문제책 표지의 과목 순서에 따라 답안지에 인쇄된 순서(제1 · 2 · 3 · 4 · 5과목)에 맞추어 표기**해야 하며, 과목 순서를 바꾸어 표기한 경우에도 **문제책 표지의 과목 순서대로 채점**되므로 유의하시기 바랍니다.
4. 시험이 시작되면 문제를 주의 깊게 읽은 후, **문항의 취지에 가장 적합한 하나의 정답만을 고르며,** 문제내용에 관한 질문은 할 수 없습니다.
5. 답안지의 모든 기재 및 표기 사항은 **컴퓨터용 흑색 싸인펜을 사용**하며, 반드시 <보기>의 **올바른 표기 방식**으로 답안을 작성해야 합니다.

   <보기> 올바른 표기: ● 잘못된 표기: ⓥ ⊗ ◑ ⊙ ◍ ◌ ③

6. **답안을 잘못 표기하였을 경우**에는 **답안지를 교체하여 작성**하거나 **수정할 수 있으며,** 표기한 답안을 수정할 때는 **응시자 본인이 가져온 수정테이프만을 사용**하여 해당 부분을 완전히 지우고 부착된 수정테이프가 떨어지지 않도록 손으로 눌러주어야 합니다. **(수정액 또는 수정스티커 등은 사용 불가)**
   - ■ **불량한 수정테이프의 사용과 불완전한 수정처리**로 발생하는 **모든 문제는 응시자 본인에게 책임이 있습니다.**
7. 법령, 고시, 판례 등에 관한 문제는 **2026년 2월 28일 현재 유효한 법령, 고시, 판례 등을 기준**으로 정답을 구해야 합니다. 다만, 개별 과목 또는 문항에서 별도의 기준을 적용하도록 명시한 경우에는 그 기준을 적용하여 정답을 구해야 합니다.
8. **시험시간 관리의 책임은 응시자 본인에게 있습니다.**

   ※ 문제책은 시험종료 후 가지고 갈 수 있습니다.

정답공개 및 가산점 등록 안내

1. 정답공개: 정답가안 4.4.(토) 13:30 / 최종정답 4.13.(월) 18:00 / 사이버국가고시센터
2. 이의제기: 4.4.(토) 18:00 ~ 4.7.(화) 18:00 / 사이버국가고시센터
   - ■ 구체적인 이의제기 방법은 정답가안 공개 시 공지 예정
3. 가산점 등록기간: 4.4.(토) 13:30 ~ 4.6.(월) 21:00
4. 가산점 등록방법: 사이버국가고시센터 ➜ [원서접수 → 가산점 등록/확인]

행 정 학

[지방행정 포함]

1. 직위분류제에 대한 설명으로 옳은 것만을 모두 고르면?

ㄱ. 인사의 탄력성과 융통성이 높다.
ㄴ. 사람보다는 일을 기준으로 공직을 분류한다.
ㄷ. 동일직무에 동일보수를 지급하는 보수체계 확립이 장점이다.
ㄹ. 신분이 강하게 보장되어 직업공무원제 확립에 유리하다.

① ㄱ, ㄷ ② ㄱ, ㄹ
③ ㄴ, ㄷ ④ ㄴ, ㄹ

2. 입법부 우위의 전통적 예산원칙에서 '국민의 눈높이에서 국민이 쉽게 이해할 수 있도록 예산서의 과목과 구조가 작성되어야 한다'는 원칙은?
① 명료성의 원칙
② 완전성의 원칙
③ 공개성의 원칙
④ 한정성의 원칙

3. 우리나라 균형인사정책에 대한 설명으로 옳지 않은 것은?
① 장애인, 지방·지역인재, 양성평등, 이공계, 저소득층을 주요 대상으로 한다.
② 지방인재채용목표제, 전국 지역인재추천채용제, 양성평등채용목표제 순으로 도입하였다.
③ 장애인 구분모집제는 선발예정인원의 일정 규모를 장애인만 응시할 수 있도록 구분하여 시험을 실시한다.
④ 사회적 소수집단의 공직진출을 위한 지원정책으로 대표관료제의 적용사례라고 할 수 있다.

4. 하우스(House)의 경로-목표모형에서 부하들의 욕구를 배려하고 그들의 복지에 관심을 가지며 구성원들의 인간관계를 강조하는 리더십은?
① 지시적(directive) 리더십
② 후원적(supportive) 리더십
③ 참여적(participative) 리더십
④ 성취 지향적(achievement-oriented) 리더십

5. 조직구조에 대한 설명으로 옳지 않은 것은?
① 이음매 없는(seamless) 조직은 내부적 필요에 의해 조직단위와 기능을 분산적으로 설계한다.
② 네트워크 조직은 수직적 계층의 수가 최소화되고 유기적 구조로 환경적 변화에 적응성이 높다.
③ 매트릭스 조직은 기능적 조직의 역할과 프로젝트팀의 구조적 역할을 동시에 수행하는 이중구조의 성격을 갖는다.
④ 팀제는 수평적 구조와 자율적 권한부여로 구성원의 지식과 아이디어를 모아 창의적 문제해결에 유리하다.

6. 다음 설명에 해당하는 행정가치는?

신행정론의 등장과 함께 강조된 개념으로 민주이념 실현과정에서 정치·경제적으로 소외된 약자 및 소수집단에 대한 특별한 배려가 필요함을 의미하며 롤스(Rawls)의 '차등의 원리'가 이론적 근거이다.

① 평등성 ② 형평성
③ 민주성 ④ 능률성

7. 정책집행의 하향적 접근법과 상향적 접근법에 대한 설명으로 옳지 않은 것은?
① 하향적 접근법은 정책결정자의 의도와 정책목표를 중시한다.
② 상향적 접근법은 집행과정을 이해하기 위해 일선집행관료의 행태에 주목한다.
③ 하향적 접근법은 정책목표와 정책수단 간 긴밀한 인과관계를 강조한다.
④ 상향적 접근법은 정책결정과 집행의 엄격한 분리를 강조한다.

8. 행정이론에 대한 설명으로 옳지 않은 것은?
① 공공가치관리론에서 보즈만(Bozeman)은 정당성과 지지, 공공가치, 운영역량으로 구성된 전략적 삼각형(strategic triangle) 모형을 제시한다.
② 신공공서비스론은 정부의 역할에 대해 시장에 의한 방향잡기보다 시민에 대한 봉사를 강조한다.
③ 뉴거버넌스론은 정부와 민간부문 그리고 비영리부문 간 상호신뢰 관계에 기초한 협력적 네트워크를 강조한다.
④ 공공선택론은 공공부문의 시장경제화를 통해 시민의 편익을 극대화할 수 있는 서비스의 공급과 생산이 가능하다고 본다.

9. 정책결정 모형에 대한 설명으로 옳지 않은 것은?
① 킹던(Kingdon)의 정책흐름모형은 문제의 흐름, 해결책의 흐름, 참여자의 흐름, 선택기회의 흐름을 제시한다.
② 혼합탐사모형은 정책결정을 근본적 결정과 세부적 결정으로 구분하고 지속적인 교호작용이 이루어진다고 본다.
③ 최적모형은 정책결정에 경제적 합리성과 함께 직관, 통찰력과 같은 초합리적 요소들도 고려해야 한다고 주장한다.
④ 앨리슨모형 중 조직과정모형(Model II)에 따르면 정부는 하위조직들의 집합체이며, 하위조직의 표준운영절차(SCP)에 의해 정책이 결정된다.

10. 「지방자치법」상 특별지방자치단체에 대한 설명으로 옳지 않은 것은?
① 특별지방자치단체는 법인으로 한다.
② 특별지방자치단체는 2개 이상의 지방자치단체가 공동으로 특정한 목적을 위하여 광역적으로 사무를 처리할 필요가 있을 때 설치할 수 있다.
③ 구성 지방자치단체의 지방의회의원은 특별지방자치단체의 의회 의원을 겸할 수 있다.
④ 특별지방자치단체를 구성하는 지방자치단체는 상호 협의에 따른 규약을 정하여 구성 지방자치단체의 지방의회 의결을 거쳐 재정경제부장관의 승인을 받아야 한다.

11. 다음 설명에 해당하는 제도는?

> 주민이 지방자치단체의 조례를 제정하거나 개정하거나 폐지할 것을 청구할 수 있는 제도로 주민의 직접참여를 브장하고 지방자치행정의 민주성과 책임성을 높이는 것을 목적으로 한다.

① 주민소환제도
② 주민감사청구제도
③ 주민발안제도
④ 주민소송제도

12. 우리나라 정부의 규제제도에 대한 설명으로 옳은 것은?
① 정부의 규제정책을 심의·조정하고 규제의 심사·정비 등에 관한 사항을 종합적으로 추진하기 위하여 국무총리 소속으로 규제개혁위원회를 둔다.
② 규제일몰제는 규제의 존속기한 또는 재검토기한을 정하지 않고 규제의 타당성을 주기적으로 관리하는 제도이다.
③ 포지티브 규제는 '원칙적 허용, 예외적 금지'의 형식을 갖는 규제체계를 의미한다.
④ 규제샌드박스는 특정한 신기술을 활용한 새로운 서비스 또는 제품에 관련된 기존 규제의 적용을 일정 기간 면제 또는 완화해 주는 제도이다.

13. 행정기관위원회에 대한 설명으로 옳지 않은 것은?
① 행정위원회는 합의제 행정기관으로 법률에 의하여 행정기관 소관사무의 일부를 독립하여 수행할 필요가 있을 때 둔다.
② 자문위원회는 행정기관의 자문에 응해 의견을 제공하거나 심의·조정·협의를 통해 의사결정에 도움을 준다.
③ 행정위원회인 공정거래위원회는 의사결정의 권한은 갖지만 집행까지 책임지지는 않는다.
④ 다양한 이해관계자들의 참여와 의견 반영으로 다양성의 가치를 증진할 수 있다.

14. 정책평가의 타당성에 대한 설명으로 옳지 않은 것은?
① 외적 타당성(external validity)은 추정된 인과관계를 다른 상황에서도 일반화시킬 수 있는가를 의미한다.
② 구성적 타당성(construct validity)은 추상적 개념과 이를 측정하는 측정도구가 얼마나 일치하는가를 의미한다.
③ 통계적 결론의 타당성(statistical conclusion validity)은 표본자료의 통계적 검증에서 도출한 결론이 얼마나 정확한가를 의미한다.
④ 내적 타당성(internal validity)에 대한 논의는 우선 외적 타당성의 확보가 전제되어야 한다.

15. 우리나라 정부의 예산제도에 대한 설명으로 옳은 것은?
① 회계연도는 매년 3월 1일부터 다음 해 2월 28일까지이다.
② 예산안 국회 제출 기한은 헌법상 회계연도 개시 90일 전까지이나 「국가재정법」상 회계연도 개시 120일 전까지이다.
③ 각 중앙관서의 장은 한 회계연도가 끝나기 전에 해당 회계연도의 중앙관서결산보고서를 재정경제부장관에게 제출하여야 한다.
④ 회계연도 개시 전까지 예산안이 국회에서 의결되지 못한 경우 잠정예산을 편성해야 한다.

16. 베덩(Vedung)이 강제성의 정도에 따라 분류한 정책수단에 해당하지 않는 것은?
① 규제적 도구　② 종교적 도구
③ 경제적 도구　④ 정보적 도구

17. 중앙정부의 일반회계에 대한 설명으로 옳지 않은 것은?
① 조세수입 등을 주요 재원으로 한다.
② 특정한 세입과 특정한 세출의 연계를 배제한다.
③ 세출은 주로 국가의 존립과 유지를 위한 기본적 경비로 구성된다.
④ 국가의 고유 기능 수행을 위해 양곡관리, 조달, 우편사업, 우체국예금, 책임운영기관 등 총 6개의 일반회계가 설치되어 있다.

18. 정책분석 기준에 대한 설명으로 옳지 않은 것은?
① 효과성(effectiveness)이란 정책대안이 의도한 목표를 어느 정도 달성할 수 있는가를 판단하는 기준이다.
② 대응성(responsiveness)이란 정책대안이 수혜집단의 요구를 어느 정도 반영하였는가를 판단하는 기준이다.
③ 실현가능성(feasibility)이란 정책대안의 내용이 충실히 집행될 수 있는가를 판단하는 기준이다.
④ 능률성(efficiency)이란 정책대안에 따른 비용과 편익이 상이한 개인 및 집단에게 얼마나 고르게 배분될 수 있는가를 판단하는 기준이다.

19. 우리나라 공무원 구분에 대한 설명으로 옳은 것은?
① 임용주체와 경비부담을 기준으로 국가공무원과 지방공무원으로 나누며 지방공무원의 임용권자에는 지방의회의 의장도 포함된다.
② 별정직공무원은 기술 · 연구 또는 행정 일반에 대한 업무를 담당하는 경력직공무원이다.
③ 특정직공무원은 헌법재판소 헌법연구관, 경찰공무원, 군무원 등 특수 분야의 업무를 담당하는 특수경력직공무원이다.
④ 정무직공무원은 대통령, 국무총리 등 선거로 취임하거나 임명할 때 국회의 동의가 필요한 경력직공무원이다.

20. 데이터기반행정에 대한 설명으로 옳지 않은 것은?
① 우리나라는 2020년 「데이터기반행정 활성화에 관한 법률」을 제정하였다.
② 데이터기반행정이란 공공기관이 생성하거나 취득하여 관리하고 있는 데이터를 수집하고 분석하여 정책 수립 및 결정에 활용하는 행정을 의미한다.
③ 데이터 분석뿐만 아니라 정책결정자의 경험에 근거한 의사결정을 지향하여 객관적이고 과학적인 행정을 구현하고자 한다.
④ 행정안전부장관은 데이터기반행정을 체계적으로 추진하기 위하여 데이터기반행정 활성화를 위한 기본계획을 3년마다 수립하여야 한다.

수고하셨습니다.
당신의 합격을 응원합니다.

2026 국가직·지방직 공무원 시험 대비

실전동형 봉투모의고사

행정학

▌제1회 ~ 제12회▐

정답 및 해설

2026 공무원 시험 대비 실전동형 모의고사 제1회
행정학 정답 및 해설

제1회 모의고사 정답

01 ②	02 ①	03 ③	04 ④	05 ④
06 ②	07 ④	08 ④	09 ②	10 ④
11 ③	12 ②	13 ②	14 ②	15 ①
16 ③	17 ①	18 ②	19 ①	20 ①

01 [총론, 下] ▶②

공유지 비극은 개인의 합리적 선택이 역설적으로 모두의 공멸을 야기하는 현상을 설명한 모형임
① 공유지 비극은 공유재에서 발생하는 현상임
③ 공유지 비극은 시장실패를 설명하고 있음
④ 공유지 비극은 공동의 이익을 추구하기보다는 사익을 추구하는 합리적·이기적 인간을 전제함

02 [총론, 中] ▶①

정부실패 요인 중 'X－비효율성'은 정부의 독점적 성격으로 인해 경쟁자가 없고, 이러한 경쟁의 부재로 인해 발생하는 정부의 낭비현상임 → 정부가 가진 권력의 편중으로 인해 가치배분에 불평등한 분배가 이루어지는 정부실패 요인은 '권력의 편재' 요인임

참고

X－비효율성은 규정 등으로 설명할 수 없기 때문에 이러한 비효율성을 'X'(알 수 없다)로 명명함

② Tullock의 지대추구론은 정부규제로 발생하는 피규제자의 독점적·반사적 이득을 지대(rent)로 규정하고, 피규제자들이 지대를 확보하기 위해 정부에 로비활동을 전개하는 현상을 지대추구활동이라 설명함 → 사회 전체적으로 볼 때 정부규제에 따른 규제 비용만 지불하는 것이 합리적이지만, 불필요한 지대추구비용(로비비용)이 추가로 발생하기 때문에 사회적 낭비와 손실이 발생함
③ 파생적 외부효과는 정부개입이 야기한 잠재적·비의도적 확산효과나 부작용을 의미하는 것으로, 지대추구 현상도 파생적 외부효과 중 하나임
④ 내부성(internalities)은 정부 내부의 공무원들이 국민과 사회가 요구하는 공익적 목표보다는 개인이나 소속기관의 사적 목표를 우선으로 추구하는 목표의 대치 현상임

03 [정책학, 下] ▶③

올바른 선지

㉠㉡㉢ → 아래의 표 참고

<table>
<tr><th colspan="2" rowspan="2">구분</th><th colspan="2">집단에 대한 사회적 이미지</th></tr>
<tr><th>긍정적</th><th>부정적</th></tr>
<tr><td rowspan="2">사회적 권력 : 투표에 있어서 강한 영향력 보유</td><td>강함</td><td>수혜집단
• 퇴역 군인
• 과학자
• 노인
• 중산층 등</td><td>투쟁집단(경쟁집단)
• 부유층
• 거대노동조합
• 문화 상류층</td></tr>
<tr><td>약함</td><td>의존집단
• 아동
• 장애인
• 부녀자</td><td>일탈집단(이탈집단)
• 범죄자
• 약물중독자
• 공산주의자</td></tr>
</table>

틀린 선지

㉣ 이탈집단(Deviants)은 사회적 권력이 약하며 사회적 인식도 부정적인 집단임 → 따라서 정책결정자들은 이탈집단에 대해 부담을 주는 정책(강력한 제재 등)을 실시하는 경우가 많지만, 이탈집단은 권력이 약하기 때문에 정부 제재에 강력히 저항하기가 어려움

04 [정책학, 中] ▶④

델파이 기법(㉠), 교차영향분석(㉢), 정책델파이 기법(㉣)이 주관적 예측에 포함됨 → 시계열분석(㉥)은 투사에 의한 예측이며, T－검정(㉡), 회귀분석(㉤), 상관관계분석(㉦), 구간추정(㉧)은 이론(모형)에 의한 예측임

05 [정책학, 下] ▶④

선지는 총괄평가에 대한 내용임 → 형성평가는 집행 중 이루어지는 평가임
① 평가성 사정(evaluability assessment)은 정책에 대한 전면적 평가를 시작하기 전에 평가의 실행가능성, 유용성 등을 조사하는 일종의 예비평가임
② 정책영향평가는 총괄평가이므로 사후평가이자 효과성 평가임
③ 모니터링(사업감시), 즉 광의의 과정평가는 과정평가에 속하며, 집행의 능률성과 효과성(계획의 준수여부)을 확보하기 위한 평가임

06 [조직론, 下] ▶②

집약적 기술은 교호적·호혜적 상호의존성에 기초함

톰슨의 기술유형

상호 의존성	의사전달의 빈도 (상호의존성 정도)	기술	조직구조의 예시	조정 형태
집합적 상호 의존성	낮음	중개형 기술	보험회사, 부동산 중개소, 은행 등	규칙, 표준화
연속적 상호 의존성	중간	연속적 기술	대량생산 조립라인 등	정기적 회의, 수직적 의사전달, 계획
교호적 상호 의존성	높음	집약형 기술	종합병원, 건축사업	부정기적 회의, 상호조정, 수평적 의사전달, 예정표

07 [조직론, 下] ▶④

올바른 선지

ㄴ, ㄷ.
사업구조의 특징임

틀린 선지

ㄱ, ㄹ.
기능구조의 특징임

08 [인사행정, 下] ▶④

추밀원령은 영국에서 실적주의를 도입하게 된 배경임
① 엽관주의는 선거에서 승리한 정당이 모든 공직을 차지하는 제도임
② 잭슨 대통령은 동부 중심의 정부관료제를 대체하기 위해 엽관주의를 도입했음 → 아울러 엽관주의에서 공무원은 민의를 반영하지 못하면 다음 정권에서 모두 경질될 수 있음
③ 엽관주의는 정당충성도를 바탕으로 공무원을 임용하는 제도임

09 [인사행정, 下] ▶②

①③④

10 [재무행정, 中] ▶ ④

기획예산처장관은 예비타당성조사를 실시하고 그 결과를 국회 소관 상임위원회와 예산결산특별위원회에 제출해야 함

①③④

국가재정법 제38조 【예비타당성조사】 ① 기획예산처장관은 총사업비가 500억원 이상이고 국가의 재정지원 규모가 300억원 이상인 신규 사업으로서 다음 각 호의 어느 하나에 해당하는 대규모사업에 대한 예산을 편성하기 위하여 미리 예비타당성조사를 실시하고, 그 결과를 요약하여 국회 소관 상임위원회와 예산결산특별위원회에 제출하여야 한다. 다만, 제4호의 사업은 제28조에 따라 제출된 중기사업계획서에 의한 재정지출이 500억원 이상 수반되는 신규 사업으로 한다.
1. 건설공사가 포함된 사업
2. 「지능정보화 기본법」 제14조 제1항에 따른 지능정보화 사업
3. 「과학기술기본법」 제11조에 따른 국가연구개발사업
4. 그 밖에 사회복지, 보건, 교육, 노동, 문화 및 관광, 환경 보호, 농림해양수산, 산업·중소기업 분야의 사업

② 예비타당성조사는 작은 정부를 구현하기 위한 제도이며, 경제성과 정책성, 지역균형발전 등을 분석함

11 [재무행정, 下] ▶ ③

국회는 정부가 제출한 예산안에 대해 시정연설을 들어야 함(결산×)

①

헌법 제57조 국회는 정부의 동의 없이 정부가 제출한 지출예산 각항의 금액을 증가하거나 새 비목을 설치할 수 없다.

②

국회법 제84조 【예산안·결산의 회부 및 심사】 ⑤ 예산결산특별위원회는 소관 상임위원회의 예비심사 내용을 존중하여야 하며, 소관 상임위원회에서 삭감한 세출예산 각 항의 금액을 증가하게 하거나 새 비목(費目)을 설치할 경우에는 소관 상임위원회의 동의를 받아야 한다.

④

국가재정법 제73조 【기금결산】 각 중앙관서의 장은 「국가회계법」에서 정하는 바에 따라 회계연도마다 소관 기금의 결산보고서를 중앙관서결산보고서에 통합하여 작성한 후 제58조 제1항에 따라 재정경제부장관에게 제출하여야 한다.

12 [행정환류, 下] ▶ ②

아래의 표 참고

옴부즈만과 국민권익위원회 비교

구분	전형적인 스웨덴식 옴부즈만	국민권익위원회
차이점	입법부 소속	행정부(국무총리) 소속
	신청에 의한 조사 외에 직권에 의한 조사도 가능(직권조사권 있음)	신청에 의한 조사 → 직권조사권 없음
공통점	㉠ 합법성 외에 합목적성 차원의 조사가능 ㉡ 결정을 무효로 하거나 취소할 수 있는 권한은 없음	

13 [지방자치론, 下] ▶ ②

아래의 조항 참고

지방자치법 제176조 【지방자치단체조합의 설립】 ① 2개 이상의 지방자치단체가 하나 또는 둘 이상의 사무를 공동으로 처리할 필요가 있을 때에는 규약을 정하여 지방의회의 의결을 ㉠ 거쳐 시·도는 행정안전부장관의 승인, 시·군 및 자치구는 시·도지사의 승인을 받아 지방자치단체조합을 설립할 수 있다. 다만, 지방자치단체조합의 구성원인 시·군 및 자치구가 2개 이상의 시·도에 걸쳐 있는 지방자치단체조합은 ㉡ 행정안전부장관의 승인을 받아야 한다.
② 지방자치단체조합은 ㉢ 법인으로 한다.

지방자치법 제181조 【지방자치단체조합의 규약 변경 및 해산】 ① 지방자치단체조합의 규약을 변경하거나 지방자치단체조합을 해산하려는 경우에는 제176조 제1항을 준용(의회의결 + 승인)한다.
㉣ ② 지방자치단체조합을 해산한 경우에 그 재산의 처분은 관계 지방자치단체의 협의에 따른다.

14 [지방자치론, 中] ▶ ②

주민감사청구는 해당 지방자치단체와 그 장의 권한에 속하는 사무의 처리가 법령에 위반되거나 공익을 현저히 해한다고 인정될 때 청구할 수 있음

① 지방자치단체의 18세 이상의 주민은 시·도는 300명, 인구 50만 이상 대도시는 200명, 그 밖의 시·군 및 자치구는 150명 이내에서 그 자치단체의 조례로 정하는 수 이상의 주민이 연대서명하여 감사를 청구할 수 있음

③ 수사나 재판에 관여하게 되는 사항이나 개인의 사생활 침해의 우려가 있는 사항은 주민감사청구의 대상이 아님

④ 주민감사청구는 사무처리가 있었던 날이나 끝난 날부터 3년이 지나면 제기할 수 없음

15 [기타 제도 및 법령, 下] ▶ ①

책임운영기관은 운영상의 재량을 보유하면서 특정한 업무를 책임지고 집행하는 조직임 → 조직 이원화 전략

②④

책임운영기관은 신공공관리론의 영향으로 등장한 조직형태이므로 기관장에게 행정 및 재정상의 자율성을 부여하고, 그 운영성과에 대해 책임을 지도록 함

③

책임운영기관법 제7조 【기관장의 임용】 ① 소속중앙행정기관의 장은 공개모집 절차에 따라 행정이나 경영에 관한 지식·능력 또는 관련 분야의 경험이 풍부한 사람 중에서 기관장을 선발하여 「국가공무원법」 제26조의5에 따른 임기제공무원으로 임용한다.

16 [기타 제도 및 법령, 下] ▶ ③

넛지이론에서 정부는 선택설계자(choice architect) 역할을 수행함 → 즉, 넛지이론에 따르면 국민의 자유로운 선택을 통해 정부는 정책목표를 달성할 수 있음

① 넛지이론은 경제적 유인에 따른 동기부여를 비판하면서 사람의 행동을 은연중에 좋은 방향으로 이끌어 내는 것을 선호함

② 넛지이론은 심리학을 경제학에 적용한 행동경제학에 기반하는바 실험을 통한 귀납적 분석을 중시함

④ 인간의 휴리스틱은 인지적 오류와 행동편향을 야기함

17 [재무행정, 下] ▶ ①

아래의 조항 참고

국가재정법 제89조 【추가경정예산안의 편성】 ① 정부는 다음 각 호의 어느 하나에 해당하게 되어 이미 확정된 예산에 변경을 가할 필요가 있는 경우에는 추가경정예산안을 편성할 수 있다.
1. 전쟁이나 대규모 재해가 발생한 경우

② 추가경정예산은 본예산과 별도로 성립되며, 일단 성립되면 본예산과 통합하여 집행됨

③ 추가경정예산은 예산팽창의 원인이 될 수 있어 「국가재정법」에 편성 횟수가 아닌 편성 사유를 엄격하게 제한하고 있음

④ 정부는 국회에서 추가경정예산이 확정되기 전에 이를 미리 배정하거나 집행할 수 없음

18 [인사행정, 中] ▶ ②

공무원은 재직 중은 물론 퇴직 후에도 직무상 알게 된 비밀을 엄수하여야 함

> **국가공무원법 제60조 【비밀 엄수의 의무】** 공무원은 재직 중은 물론 퇴직 후에도 직무상 알게 된 비밀을 엄수(嚴守)하여야 한다.

①

> **국가공무원법 제61조 【청렴의 의무】** ① 공무원은 직무와 관련하여 직접적이든 간접적이든 사례·증여 또는 향응을 주거나 받을 수 없다.

③

> **국가공무원법 제61조 【청렴의 의무】** ② 공무원은 직무상의 관계가 있든 없든 그 소속 상관에게 증여하거나 소속 공무원으로부터 증여를 받아서는 아니 된다.

④

> **국가공무원법 제58조 【직장 이탈 금지】** ① 공무원은 소속 상관의 허가 또는 정당한 사유가 없으면 직장을 이탈하지 못한다.
> ② 수사기관이 공무원을 구속하려면 그 소속 기관의 장에게 미리 통보하여야 한다. 다만, 현행범은 그러하지 아니하다.

19 [조직론, 下] ▶ ①

조직규모가 커질수록 구성원의 수와 업무량이 늘어 분권화된 조직구조가 적절함

② 신설조직의 경우 선례가 없어 상급자의 지시와 감독에 의존하게 되므로 집권화되기 쉬움

③ 공식화의 정도가 높으면 환경 변화에 재빠르게 대응하기 어려움

④ 교통통신 기술의 발전은 신속한 정보의 전달을 가능하게 하여 권한위임의 필요성을 감소시키므로 집권화를 강화하는 요인이 됨

20 [정책학, 下] ▶ ①

선지는 비용효과분석에 대한 내용임 → 비용편익분석은 비용과 편익을 화폐적 가치로 표현하고 장기적인 시각에서 분석함

② 비용편익분석은 비용과 편익을 화폐가치로 바꿀 수만 있다면 동종 사업뿐만 아니라 이종 사업 간에도 정책 우선 순위를 비교할 수 있음

③ 비용편익비 기준에 따르면 비용과 편익의 비를 따졌을 때, 1보다 큰 사업은 경제적으로 타당성이 있음

④ 할인율이 높을 경우 단기 투자에 유리함

수고하셨습니다.
당신의 합격을 응원합니다.

2026 공무원 시험 대비 실전동형 모의고사 제2회

행정학 정답 및 해설

제2회 모의고사 정답

01 ③	02 ②	03 ②	04 ②	05 ②
06 ④	07 ③	08 ④	09 ①	10 ④
11 ④	12 ①	13 ③	14 ②	15 ①
16 ①	17 ④	18 ③	19 ④	20 ①

01 [총론, 下] ▶③

신행정학은 사회문제를 해결하기 위해 과학성을 강조하는 행태주의를 비판하고 형평성과 현실에 적합한 연구를 강조함

① POSDCoRB는 어윅과 귤릭이 주장한 내용임

② 행정행태론은 가치와 사실을 구분하고 사실에 기반한 행정의 과학화를 시도함

④ 인간관계론은 인간을 사회심리적 존재로 간주함

02 [총론, 下] ▶②

ㄷ - ㄱ - ㄴ - ㄹ 순서임

딜레마 발생조건

구분	내용
명료성	정책대안들이 구체적이고 명료해야 함
상충성	특정 대안을 선택할 경우 비용부담자와 수혜자가 명확하게 구분됨
분절성(단절성)	대안 간 절충도 불가능한 상황
균등성	정책대안들이 초래할 결과가 비슷함
선택불가피성	반드시 하나의 대안을 선택해야 함

03 [총론, 下] ▶②

㉠은 고객정치 상황에 해당하는 것으로서, 농산물에 대한 최저가격규제, 수입규제, 각종의 직업면허, 각종의 사업인가 등과 같은 대부분의 경제적 규제가 이 범주에 포함됨

㉡은 대중적 정치 상황에 해당하는 것으로서, 독과점 및 불공정거래에 대한 규제, 신문·방송·출판물의 윤리규제, 사회적 차별에 대한 규제, 낙태에 대한 규제, 음란물규제 등이 이 범주에 포함됨

㉢은 이익집단정치 상황에 해당하는 것으로서, 의약분업 및 한약규제 등이 포함됨

㉣은 기업가적 정치 상황에 해당하는 것으로서, 환경오염규제, 자동차안전규제, 산업안전규제, 유해성물품규제 등과 같은 대부분의 사회적 규제가 이 범주에 속함

04 [정책학, 中] ▶②

무의사결정이론, 밀스의 지위접근법, 과두제는 철칙은 엘리트론이고, 이익집단론은 다원론에 해당함

05 [정책학, 下] ▶②

올바른 선지

ㄱ. 사바티어는 정책하위체제, 즉 정책참여자 집단에 초점을 두어 정책변동을 설명함

ㄴ. 정책을 둘러싼 정책하위체계는 복수로 존재할 수 있음 → 각 지지연합은 자신의 신념을 정책으로 관철하기 위해 경쟁하는바 학습은 옹호연합 사이에서도 발생함

틀린 선지

ㄷ. 정책 핵심신념은 정책목표 혹은 정책대안에 대한 인과적 지식임 → 선지는 이차적 신념을 뜻함(이차적 신념은 가장 쉽게 변할 수 있음)

ㄹ. 규범적 핵심신념은 자유, 평등 등의 보편적 규범을 의미하므로 변화가능성이 낮고, 추상적·포괄적인 성격을 지님(특정 정책 규범에 적용 ×)

ㅁ. 정책지지연합모형은 10년 이상의 장기간에 걸친 정책변동을 설명하고 있음

06 [정책학, 中] ▶④

처치와 상실의 상호작용이란 실험집단과 비교집단에 무작위 배정이 이루어진 경우라 할지라도 이들 집단에 서로 다른 처치로 인하여 두 집단으로부터 처치기간 중 서로 다른 성질의 구성원들이 상실되는 현상을 뜻함

①②③

다수적 처리에 의한 간섭	유사한 실험을 여러 번 반복하여 얻은 실험의 결과를 다른 모집단에게 일반화할 때 나타날 수 있는 문제
표본의 대표성 문제 (대표효과)	① 실험집단으로 선정된 표본이 일반화하고자 하는 모집단을 대표할 수 없을 때 실험의 결과를 일반화할 수 없음 ② 즉, 실험집단과 통제집단 간 동질성이 있더라도 두 집단이 사회적 대표성이 없으면 일반화가 곤란함
호손효과 (실험조작의 반응효과)	실험집단 구성원이 실험대상임을 인식하고 인위적인 행동의 변화를 보임으로써 실험결과를 왜곡하는 현상

07 [조직론, 下] ▶③

아담스의 공정성 이론과 브룸의 기대이론은 포터와 롤러의 성과만족이론에서 활용된 모형임

① 내용이론은 동기를 유발하는 내용이 무엇인지를 설명하는 이론임

② 과정이론은 인간 행동의 동기가 어떻게 유발되는지에 중점을 두는 이론임

④ 머슬로(Maslow)의 욕구계층이론은 두 가지 이상의 욕구가 동시에 작용할 수 있음을 설명하지 못하였음

08 [조직론, 下] ▶④

자원의존이론은 어떠한 조직도 필요로 하는 모든 자원을 획득할 수는 없다고 전제하고, 조직이 환경적 요인을 피동적으로 받아들이지 않고 스스로의 이익을 위하여 주도적·능동적으로 환경에 대처하며 조직 내의 대내적·정치적 맥락에서 조직의 환경적응을 위한 전략적 결정을 내린다는 이론임

① 주인-대리인이론에서는 대리손실의 유형으로 역선택과 도덕적 해이를 제시함

② 거래비용이론은 생산보다는 비용에 관심을 갖고 조직을 거래비용을 감소시키기 위한 장치로 봄

③ 상황론은 모든 상황에 적용할 수 있는 유일·최선의 조직화 방법은 없다고 봄

09 [조직론, 下] ▶①

MBO는 부하의 능동적 참여를 강조하는바 McGregor의 Y이론을 전제로 함

② MBO는 부하의 견해를 반영하여 목표를 설정하는 까닭에 많은 시간과 노력을 요구함

③ MBO는 구성원에게 능동적 참여를 보장하므로 조직구성원의 사기와 만족감을 높임

④ PPBS는 대규모 사업을 대상으로 예산을 편성하기 때문에 장기적인 목표를 지향하지만, MBO는 목표달성 피드백을 촉진하기 위해 단기적인 성과를 추구함

10 [인사행정, 下] ▶④

공무원의 신분을 안정시키고 높은 자리로 발전해 나갈 수 있게 하는 면에서는 지급제가 유리함 → 반면 직위분류제에서는 특정직위와 공무원의 근무경력을 연결시키므로 이동이나 발전이 제약되고 직위가 폐지되면 해당 공무원의 근무가 중단되기 쉬움

① 직위분류제는 체계적인 분업을 지향하므로 공무원의 보직(배치)을 관리하는데 정확한 또는 제약적인 기준을 제시함

② 직위분류제는 개방형, 계급제는 폐쇄형 시스템임

③ 직위분류제는 외부에서 최신 기술과 전문성을 갖춘 인재를 임용할 수 있기 때문에 외부환경의 변화에 대한 대응력이 강함

11 [인사행정, 下] ▶ ④

강제배분법이 아니라 강제선택법임

✚ 강제선택법 : 4~5개의 체크리스트적인 단문 중에서 피평정자에게 가장 적합한 또는 부적합한 표현을 강제로 선택하게 만드는 방법

① 근면과 작업실적은 논리적 상관성이 있으나, 근면과 청렴은 논리적 상관성이 없음

② 중요사건기록법은 중요한 행동을 기록하는 방법이므로 근접오류를 방지할 수 있음

③ 평정의 규칙성이 있으면 체계적 오류, 그렇지 않으면 총계적 오류임

12 [인사행정, 中] ▶ ①

보기는 모두 틀린 선지임

틀린 선지

㉠ 감봉이란 1개월 이상 3개월 이하의 기간 동안 보수 1/3을 감하고 12개월 간 승급이 제한됨

㉡ 정직이란 1개월 이상 3개월 이하의 기간 동안 공무원 신분은 보유하나 직무에 종사하지 못하며, 그 기간 중 보수의 전액을 지급하지 않음

㉢ 강임은 임용권자가 직제 또는 정원의 변경이나 예산의 감소 등으로 직위가 폐직되거나 하위의 직위로 변경되어 과원이 된 경우 또는 본인이 동의한 경우에 소속 공무원을 1계급 아래로 직급을 내리는 것임 → 선지는 강등에 대한 설명임

㉣ 징계의결 등의 요구는 징계 등의 사유가 발생한 날부터 3년이 지나면 하지 못함 → 다만, 금품 및 향응수수, 공금의 횡령 유용의 경우에는 5년이 지나면 하지 못함

㉤ 직권면직은 법에서 정한 사유가 발생했을 때, 임용권자가 직권으로 공무원의 신분을 박탈하는 임용행위임 → 즉, 직권면직은 징계가 아님

13 [재무행정, 中] ▶ ③

품목별 예산제도는 예산 운영방식이나 사업의 성과보다는 투입되는 사업의 '비용'에 대해 초점을 맞춤

①②

품목별 예산제도는 통제지향적인 예산편성제도임

④ 품목별 예산제도는 경직적인 예산편성제도임 → 예산변경의 폭이 적은 편임

14 [재무행정, 下] ▶ ②

아래의 표 참고

쉬크의 예산결정모형

구분	희소성	현존사업	증가분	신규사업
총체적 희소성으로 갈수록 정부 재정 규모↓	• 완화된 희소성 – PPBS 고려	○	○	○
	• 만성적 희소성 – 지출통제보다는 관리개선에 역점 – (새로운) 사업의 분석과 평가는 소홀 – 만성적 희소성 인식이 확산되면 ZBB 고려	○	○	
	급성 희소성	○		
	• 총체적 희소성 – 회피적·반복적 예산편성			

① 완화된 희소성 – 사업개발 및 PPBS 고려

③ 급성 희소성 – 단기적·임기응변적 예산편성에 몰두

④ 총체적 희소성 – 허위적 회계처리 및 회피형 예산편성

15 [재무행정, 下] ▶ ①

우리나라 세출예산은 장, 관, 항, 세항, 목 등의 예산으로 분류되는데 항 이상을 입법과목이라고 함 → 세항, 목은 행정과목임

②

> **국가재정법 제23조【계속비】** ① 완성에 수년도를 요하는 공사나 제조 및 연구개발사업은 그 경비의 총액과 연부액(年賦額)을 정하여 미리 국회의 의결을 얻은 범위 안에서 수년도에 걸쳐서 지출할 수 있다.

③

> **국가재정법 제43조【예산의 배정】** ③ 기획예산처장관은 필요한 때에는 대통령령이 정하는 바에 따라 회계연도 개시 전에 예산을 배정할 수 있다.
>
> **국가재정법 시행령 제16조【예산의 배정】** ⑤ 법 제43조 제3항에 따라 회계연도 개시 전에 예산을 배정할 수 있는 경비는 다음 각 호와 같다.
> 1. 외국에서 지급하는 경비
> 2. 선박의 운영·수리 등에 소요되는 경비
> 3. 교통이나 통신이 불편한 지역에서 지급하는 경비
> 4. 각 관서에서 필요한 부식물의 매입경비
> 5. 범죄수사 등 특수활동에 소요되는 경비
> 6. 여비
> 7. 경제정책상 조기집행을 필요로 하는 공공사업비
> 8. 재해복구사업에 소요되는 경비

④

> **국가재정법 제25조【국고채무부담행위】** ① 국가는 법률에 따른 것과 세출예산금액 또는 계속비의 총액의 범위 안의 것 외에 채무를 부담하는 행위를 하는 때에는 미리 예산으로써 국회의 의결을 얻어야 한다.

16 [행정환류, 下] ▶ ①

감사원은 내부·공식적 통제에 해당함 → 외부·공식적 통제에는 입법부, 사법부, 옴부즈만에 의한 통제가 있음

②③④

행정통제의 유형

외부	공식	• 입법통제 • 사법통제 • 옴부즈만
	비공식	• 민중통제(정당, 시민단체, 언론 등)
내부	공식	• 국무총리(실) • 감사원 • 교차기능조직 → 인사혁신처·재정경제부 등 • 국민권익위원회
	비공식	• 직업윤리 • 동료들의 평가와 비판

17 [지방자치론, 下] ▶ ④

① 자치구가 아닌 행정구 읍·면·동의 명칭과 폐치·분합은 해당 자치단체의 조례로 정함

②

> **지방자치법 제159조【지방자치단체조합의 설립】** ① 2개 이상의 지방자치단체가 하나 또는 둘 이상의 사무를 공동으로 처리할 필요가 있을 때에는 규약을 정하여 그 지방의회의 의결을 거쳐 시·도는 행정안전부장관의, 시·군 및 자치구는 시·도지사의 승인을 받아 지방자치단체조합을 설립할 수 있다. <u>다만, 지방자치단체조합의 구성원인 시·군 및 자치구가 2개 이상의 시·도에 걸치는 지방자치단체조합은 행정안전부장관의 승인을 받아야 한다.</u>

③ 지방자치단체의 사무 중 기관위임사무는 지방자치단체의 장에게 위임하여 처리하는 사무임

18 [지방자치론, 下] ▶ ③

청구권자 총수의 200분의 1로 고쳐야 함

주민조례청구 요건

> **주민조례발안법 제5조** ① 청구권자가 주민조례청구를 하려는 경우에는 다음 각 호의 구분에 따른 기준 이내에서 해당 지방자치단체의 조례로 정하는 청구권자 수 이상이 연대 서명하여야 한다.
> 1. 특별시 및 인구 800만 이상의 광역시·도 : 청구권자 총수의 200분의 1
> 2. 인구 800만 미만의 광역시·도, 특별자치시, 특별자치도 및 인구 100만 이상의 시 : 청구권자 총수의 150분의 1
> 3. 인구 50만 이상 100만 미만의 시·군 및 자치구 : 청구권자 총수의 100분의 1
> 4. 인구 10만 이상 50만 미만의 시·군 및 자치구 : 청구권자 총수의 70분의 1
> 5. 인구 5만 이상 10만 미만의 시·군 및 자치구 : 청구권자 총수의 50분의 1
> 6. 인구 5만 미만의 시·군 및 자치구 : 청구권자 총수의 20분의 1

19 [기타 제도 및 법령, 中] ▶ ④

책임운영기관은 정부기업이며, 책임운영기관법상 종합평가 대상임

①

책임운영기관법 제4조【책임운영기관의 설치 및 해제】 ② 행정안전부장관은 기획예산처장관 및 해당 중앙행정기관의 장과 협의하여 제1항에 따른 책임운영기관을 설치하거나 해제할 수 있다.

②

동법 제2조【정의】 ② 책임운영기관은 기관의 지위에 따라 다음 각 호와 같이 구분한다.
1. 소속책임운영기관 : 중앙행정기관의 소속 기관으로서 제4조에 따라 대통령령으로 설치된 기관
2. 중앙책임운영기관 : 「정부조직법」 제2조 제2항에 따른 청(廳)으로서 제4조에 따라 대통령령으로 설치된 기관

③

동법 제7조【기관장의 임용】 ① 소속중앙행정기관의 장은 공개모집 절차에 따라 행정이나 경영에 관한 지식·능력 또는 관련 분야의 경험이 풍부한 사람 중에서 기관장을 선발하여 임기제공무원으로 임용한다.

20 [기타 제도 및 법령, 中] ▶ ①

아래의 조항 참고

공공기관의 운영에 관한 법률 제48조【경영실적 평가】 ⑧ 재정경제부장관은 제7항에 따른 경영실적 평가 결과 경영실적이 부진한 공기업·준정부기관에 대하여 운영위원회의 심의·의결을 거쳐 제25조 및 제26조의 규정에 따른 기관장·상임이사의 임명권자에게 그 해임을 건의하거나 요구할 수 있다.

②

지방공기업법 제50조【공동설립】 ① 지방자치단체는 상호 규약을 정하여 다른 지방자치단체와 공동으로 공사를 설립할 수 있다.

③ 공공기관의 운영에 관한 법령상 시장형 공기업은 자산규모가 2조 원 이상이면서 총수입액 중 자체수입액이 차지하는 비중이 85% 이상인 공기업임

④ 지방공사의 경우 자본금의 2분의 1을 넘지 아니하는 범위에서 지방자치단체 외의 자(외국인 및 외국법인을 포함한다)로 하여금 공사에 출자하게 할 수 있음

수고하셨습니다.
당신의 합격을 응원합니다.

2026 공무원 시험 대비 실전동형 모의고사 제3회

행정학 정답 및 해설

제3회 모의고사 정답

01 ③	02 ③	03 ④	04 ②	05 ①
06 ②	07 ②	08 ①	09 ④	10 ②
11 ③	12 ④	13 ①	14 ③	15 ④
16 ④	17 ②	18 ③	19 ④	20 ①

01 [총론, 下] ▶ ③

㉠은 사적재, ㉡은 요금재, ㉢은 공유재, ㉣은 공공재에 해당하며 기본적인 수요조차 충족하기 어려운 저소득층이나 사회적 약자를 위해 부분적인 정부개입이 필요한 경우는 ㉠인 사적재에 관한 설명임

① 사적재는 주로 시장에서 제공되어 공공부문 개입이 최소화되는 부분임

② 요금재는 공기업이 공급하기도 하지만 서비스의 상당 부분이 정부에서 공급되는 이유는 자연독점으로 인한 시장실패에 대응해야 하기 때문임

④ 공공재는 과소 또는 과다 공급을 초래하는 만큼 원칙적으로 공공부문에서 공급해야 함

02 [총론, 下] ▶ ③

올바른 선지

ㄱ, ㄷ, ㅁ.

신공공관리는 기업의 운영방식을 정부에 도입하려는 시도로서 신제도주의 경제학(공공선택론, 거래비용이론, 주인대리인론)을 바탕으로 함 → 아울러 신공공관리는 작은정부를 구현하는 과정에서 능률성을 중시하는바 다른 가치를 경시할 수 있음

틀린 선지

ㄴ. 신공공관리는 규칙중심이 아닌 성과중심 관리를 지향함

ㄹ. 신공공관리론은 분권화를 선호하므로 규제완화를 통해 일선공무원의 성과 책임을 제고함

03 [총론, 中] ▶ ④

롤즈에 따르면 1원칙, 즉 기본적 자유의 평등원리가 2원칙(차등조정의 원리)에 우선하고, 차등조정의 원리 내에서는 2－1원칙(기회균등의 원리)이 2－2원칙(차등의 원리)에 우선함

① 원초적 상태(Original Position)는 자신의 사회경제적 상태를 알지 못하는 무지의 베일(Veil of Ignorance)에 가리워진 상황임

② 정의의 제 1원리는 기본적 자유의 평등 원리(Principle of Equal Liberty)임

③ 정의의 제 1원리는 자유를 추구하는 것으로 평등을 자유보다 우선시한 것이 아님 → 참고로 롤즈의 정의론은 자유와 평등의 조화를 추구하는 중도주의적 입장임

04 [정책학, 下] ▶ ②

네거티브규제는 원칙적으로 허용, 예외적으로 금지하는 방식이고, 포지티브규제는 원칙적으로 금지, 예외적으로 허용하는 규제방식이므로 네거티브규제가 규제대상자에게 더 많은 자율성을 보장함

① 규제피라미드란 규제가 또 다른 규제를 낳은 결과 피규제자의 비용이 점점 늘어나게 되는 현상임

③ 경제규제는 오랜 역사를 가지고 있으나 사회적 규제는 짧은 역사를 가지고 있으므로 옳은 표현임

④ 규제의 역설이란 과도한 규제가 오히려 과소한 규제를 초래하거나, 기업의 상품정보 공개가 의무화될수록 소비자의 실질적인 정보량이 줄어드는 현상 등 규제가 초래하는 의도치 않은 부작용을 뜻하는 용어로 정부실패의 원인이 되기도 함

05 [정책학, 下] ▶ ①

㉠은 외부주도형, ㉡은 내부접근형, ㉢은 굳히기형, ㉣은 동원형임 → 외부주도형의 경우 정책과정 전반을 외부집단이 주도하지만 올림픽이나 월드컵 유치 등은 외부주도형의 예가 아니라 동원형의 예시에 해당함

② 내부접근형은 사회문제가 의제로 설정된 후, 국민에게 알리지 않는 음모형임

④ 동원형은 정책의 정당성을 인정받기 위해 행정 PR이 중시되며, 정책홍보를 위해 전문가의 역할이 중요함

06 [정책학, 中] ▶ ②

올바른 선지

㉢㉣㉤

구간추정, 회귀분석, 상관분석은 이론적 예측 기법에 해당함

틀린 선지

㉠㉡

시계열분석과 선형경향추정은 연장적 예측에 속함

㉥㉦㉧

정책델파이, 교차영향분석, 브레인스토밍은 직관적(주관적) 예측 기법임

07 [조직론, 下] ▶ ②

상황변수인 상황의 유리성은 '리더와 부하의 관계(leader－member relations)', '직위권력(position power)', '과업구조(task structure)' 세 가지의 조합으로 구성됨

① LPC 척도는 리더의 행동특성을 파악하기 위한 지표이며, 피들러에 따르면 LPC 점수가 낮은 과업 지향적 리더와 LPC 점수가 높은 관계 지향적 리더로 구분됨 → LPC 점수가 높다는 것은 부하를 싫어함에도 불구하고 공정하게 평가한다는 것을 의미함

③ 리더에게 매우 유리하거나 매우 불리한 상황인 경우 과업지향적 리더십, 중간 수준인 경우에는 관계지향적 리더십이 효과적임

④ 예를 들어 관계지향적 리더가 매우 불리하거나 유리한 상황에 직면하고, 과업지향 리더가 중간 정도로 유리한 상황에 직면하는 경우 부적합한 결합이며, 유일한 해결책은 상황을 변화시키는 것이라고 보았음

08 [조직론, 中] ▶ ①

계층제 원리는 조직 내 갈등을 조정하는 조정 및 통합을 위한 원리에 해당함

② 참모조직의 원리 : 계선과 참모의 업무를 구분

③ 전문화의 원리 : 개인별 분업

④ 부성화의 원리 : 부서별 분업

09 [조직론, 下] ▶ ④

네트워크 조직은 결정과 기획 같은 핵심기능만 수행하는 조직을 중심에 놓고 다수의 협력체를 묶어 일을 수행하는 조직형태임

①②

태스크포스와 프로젝트팀은 각 부서에서 차출된 구성원으로 조직된 임시조직임 → 다만, 프로젝트팀이 태스크포스에 비해 참여자의 전문성과 팀에 대한 소속감이 강하다는 것은 데프트의 견해이니 참고할 것

③ 매트릭스 조직은 기능구조와 사업구조를 결합한 조직유형이기 때문에 이원적 권한체계를 지님

10 [인사행정, 下] ▶ ②

올바른 선지

ㄱ. 비독립단독형은 소수의 결정에 기초하므로 기관장의 독선적·자의적 결정을 견제하기 어렵고, 기관장이 교체될 경우 의사결정이 달라질 수 있어 인사행정의 일관성이 떨어짐

ㄷ. 비독립단독형은 의사결정시간을 단축할 수 있기 때문에 변화에 신축적으로 대응할 수 있음

틀린 선지

ㄴ. 선지는 독립합의형에 대한 내용임

ㄹ. 비독립단독형은 행정수반에 의해 임명된 한 사람의 기관장이 의사결정을 하는 형태로 행정수반의 정책 추진력을 확보할 수 있음

11 [인사행정, 下] ▶ ③

피평가자의 과거 실적이나 성과를 평가하는 것은 역량평가가 아니라 근무성적평가이며, 개인역량을 객관적으로 평가 가능한 것은 과거의 성과를 평가하기 때문이 아니라 구조화된 상황하에서 외부변수들을 통제하는 평가방식 때문임

① 역량평가는 평가자들이 합의를 통해 평가결과를 도출하기 때문에 평가자의 오류를 방지하고 평가의 공정성을 확보할 수 있음

②④

> **고위공무원단 인사규정 제11조【역량평가방법】** 역량평가는 4명 이상의 역량평가위원이 참여하여 제시된 직무 상황에서 나타나는 평가 대상자의 행동을 관찰하여 그 역량을 평가하는 방법으로 한다.

12 [인사행정, 中] ▶ ④

정서적 차원의 공직봉사동기는 국민에 대한 동정심과 희생정신 등을 의미함 → 동정과 희생은 정책의 중요성을 인지하는 진실한 신념에서 기인하며, 이는 선의의 애국심(국민에 대한 사랑과 국민에게 주어진 기본적인 권리를 보호하려는 마음)으로 이어짐

① 페리 & 와이즈(1990)는 공직동기를 '공공부문에서 주요하게, 고유하게 나타나는 동기에 반응하는 개인적 경향'이라고 정의하면서 신공공관리론의 동기부여 방식에 대한 비판적인 접근을 제시함

② 합리적(rational) 동기: 공무원이 정책형성과정에 참여하여 사회적인 목적을 달성할 경우 만족감을 느끼는 현상

③ 규범적(normative) 동기의 예로 공익에 대한 봉사 및 사회적 형평의 추구 등이 있음; 특히 공익에 대한 봉사는 Rainey & Steinbauer가 주장한 공직동기의 '이타성'을 주로 설명하고 있음

13 [재무행정, 中] ▶ ①

국가재정운용계획은 예산안 첨부서류가 아니지만, 예산안과 함께 국회에 제출되어야 함 → 그러나 예산안과 함께 심의하여 확정되는 것은 아님; 국회는 예산안을 심의·의결할 수 있음

② 총액배분·자율편성제도는 NPM의 영향을 받아서 시행된 제도로서 정부가 사전에 설정한 지출한도에 맞추어 각 중앙부처가 예산을 편성하는 것을 의미함

③ 우리나라는 중앙정부가 2007년, 지방자치단체가 2008년부터 프로그램예산을 채택하고 있음

④

> **국가재정법 제7조【국가재정운용계획의 수립 등】** ① 정부는 재정운용의 효율화와 건전화를 위하여 매년 당해 회계연도부터 5회계연도 이상의 기간에 대한 재정운용계획(이하 "국가재정운용계획"이라 한다)을 수립하여 회계연도 개시 120일 전까지 국회에 제출하여야 한다.

14 [재무행정, 下] ▶ ③

예산법률주의에 의하면 예산서의 세입과 세출 모두 구속력을 지니지만, 예산의결주의에 의하면 예산서의 세출은 구속력을 지니며, 세입은 참고자료에 불과함

① 예산법률주의는 예산을 세입법, 세출법 등 '법률의 형식'으로 국회의 의결을 얻는 것으로 영국과 미국에서 활용됨

② 예산의결주의는 행정부가 예산을 편성하고 의회가 의결을 통해 예산의 형식으로 확정함 → 우리나라에서 활용하고 있음

④ 예산법률주의는 세입법·세출법 제정에 따라 세법이 1년마다 개정됨 → 한편, 예산의결주의에서는 세법을 별도로 개정해야 함(영구세주의)

15 [재무행정, 下] ▶ ④

올바른 선지

㉡ 기금은 특정한 자금을 신축적으로 운용하기 위해 설치된 장치이지만, 설치시 법적근거가 필요하며 국회의 심의 및 결산의 대상임

㉢

> **국가재정법 제69조【증액 동의】** 국회는 정부가 제출한 기금운용계획안의 주요항목 지출금액을 증액하거나 새로운 과목을 설치하고자 하는 때에는 미리 정부의 동의를 얻어야 한다.

㉤ 기금은 특정세입을 특정세출로 연계한다는 점에서 통일성의 원칙의 예외이며 예산외로 운용된다는 점에서 완전성의 원칙의 예외이고, 예산과 별도의 기금운용계획안으로 작성된다는 점에서 단일성의 원칙의 예외임

틀린 선지

㉠ 기금은 특정한 목적을 위하여 특정한 자금을 신축적으로 운영할 필요가 있을 때 정부예산 외로 운영되는 자금임

㉣ 특별회계는 주한미군기지 이전, 행정중심복합도시 건설 등 기존의 일반회계에서 처리하기 곤란한 대규모 국책사업을 실행하기 위해 운영됨

16 [행정환류, 下] ▶ ④

모두 올바른 선지임

행정개혁시 저항 극복방안(애치오니)

강제적 방법	① 위협, 제재 및 명령을 활용 ② 강제적 방법은 저항을 근본적으로 해결하기보다는 단기적으로 또는 피상적으로 해결하는 방법으로써 장래에 더 큰 저항을 초래할 위험이 있음 ③ 명령, 신분상의 불이익 부여, 긴장 고조(긴장 조성), 저항집단의 세력 약화(권력구조 개편) 등
공리·기술적 방법	① 개혁이 초래할 결과를 분석하여 손실에 대한 일정한 대가를 제공하거나 개혁의 시기를 조절하는 방법 ② 호혜적 방법을 사용하여 행정개혁에 순응하는 경우에는 저항세력의 피해를 완화하고 이익을 증가시킴 ③ 개혁의 시기조절(점진적인 추진), 경제적 손실에 대한 보상, 개혁이 가져오는 가치와 개인적 이득의 명확화(개혁의 공공성에 대한 홍보), 신분과 보수의 유지 및 약속(임용상 불이익 방지) 등
사회·규범적 방법	① 정당성 확보 → 자발적 협력과 수용을 유도하는 것 ② 의사전달과 참여의 활성화, 불만 해소 기회 제공(가치갈등 해소), 사명감 고취(역할인식 강화), 자존감 충족, 교육훈련, 개혁지도자의 신망 혹은 카리스마 개선, 자기계발 기회 제공 등 ③ 저항을 가장 근본적으로 해결하는 방법 → 단, 시간과 노력 ↑

+참고: 강제적 방법에서 사회·규범적 방법으로 갈수록 개혁에 소요되는 시간이 길어짐

17 [지방자치론, 下] ▶ ②

아래의 조항 참고

> **지방자치법 제142조【예산의 편성 및 의결】** ① 지방자치단체의 장은 회계연도마다 예산안을 편성하여 시·도는 회계연도 시작 50일 전까지, 시·군 및 자치구는 회계연도 시작 40일 전까지 지방의회에 제출하여야 한다.

① 우리나라 지방정부의 회계연도는 1년임

③ 지방의회는 예산편성권이 없음

④ 예비비 지출은 의회의 사후승인을 받아야 함

18 [지방자치론, 中] ▶ ③

국고보조금은 「보조금 관리에 관한 법률」에 기준보조율제도를 규정하고 있으며, 기획예산처장관이 필요하다고 인정하는 경우 차등보조율을 적용하도록 규정하고 있음 → 아울러 기준보조율을 적용하는 경우에도 모든 사업을 50% 지원하는 것이 아니라 예산상황에 따라 각 사업별로 보조율이 상이함

①

> **지방재정법 제21조【부담금과 교부금】** ① 지방자치단체나 그 기관이 법령에 따라 처리하여야 할 사무로서 국가와 지방자치단체 간에 이해관계가 있는 경우에는 원활한 사무처리를 위하여 국가에서 부담하지 아니하면 아니 되는 경비는 국가가 그 전부 또는 일부를 부담한다.
> ② 국가가 스스로 하여야 할 사무를 지방자치단체나 그 기관에 위임하여 수행하는 경우 그 경비는 국가가 전부를 그 지방자치단체에 교부하여야 한다.

④ 중앙정부는 지방자치단체가 보조금을 다른 용도로 사용한 경우, 보조금 교부결정을 취소 후 보조금을 반환하게 할 수 있음

19 [기타 제도 및 법령, 下] ▶ ④

올바른 선지

ㄷ. 전략적 삼각형

정당성과 지지	시민의 지지와 이로부터 생겨난 정당성 등
운영 역량	정책을 구현하는 데 요구되는 조직관리능력
공공가치	조직비전과 미션 등

ㄹ. 선지는 보즈만의 공공가치 실패에 대한 정의를 다루고 있음

틀린 선지

ㄱ. 보즈만은 공공가치실패 진단도구로서 공공가치 지도그리기를 제안함

ㄴ. 무어는 공공기관에 의해 생산된 순(純) 공공가치를 추정하는 공공가치 회계를 제시함

공공가치 회계

비용	수익
• 투입된 재정적 비용 • 의도치 않은 부정적 결과	• 사회적 성과달성 및 미션달성 • 의도치 않은 긍정적 결과 • 정의 및 형평 등

✚ 참고 : 수익과 비용을 계량적으로 표현한 뒤, 수익에서 비용을 빼면 순공공가치임

20 [기타 제도 및 법령, 下] ▶ ①

아래의 조항 참고

이해충돌방지법 제5조 【사적이해관계자의 신고 및 회피 · 기피 신청】 ① 다음 각 호의 어느 하나에 해당하는 직무를 수행하는 공직자는 직무관련자가 사적이해관계자임을 안 경우 안 날부터 14일 이내에 소속기관장에게 그 사실을 서면(전자문서를 포함한다. 이하 같다)으로 신고하고 회피를 신청하여야 한다.

②

이해충돌방지법 제14조 【직무상 비밀 등 이용 금지】 ③ 공직자는 직무수행 중 알게 된 비밀 또는 소속 공공기관의 미공개정보를 사적 이익을 위하여 이용하거나 제3자로 하여금 이용하게 하여서는 아니 된다.

③

이해충돌방지법 제10조 【직무 관련 외부활동의 제한】 공직자는 다음 각 호의 행위를 하여서는 아니 된다. 다만, 「국가공무원법」 등 다른 법령 · 기준에 따라 허용되는 경우는 그러하지 아니하다.

1. 직무관련자에게 사적으로 노무 또는 조언 · 자문 등을 제공하고 대가를 받는 행위

④

이해충돌방지법 시행령 제19조 【위반행위의 신고】 법 제18조제1항에 따라 법 위반행위가 발생하였거나 발생하고 있다는 사실을 신고하려는 자는 다음 각 호의 사항을 적은 서면을 법 위반행위가 발생한 공공기관, 감독기관, 감사원 또는 수사기관(이하 "조사기관"이라 한다)이나 국민권익위원회에 제출해야 한다.

수고하셨습니다.
당신의 합격을 응원합니다.

2026 공무원 시험 대비 실전동형 모의고사 제4회
행정학 정답 및 해설

제4회 모의고사 정답

01 ②	02 ④	03 ③	04 ③	05 ③
06 ②	07 ④	08 ①	09 ②	10 ①
11 ③	12 ④	13 ③	14 ②	15 ④
16 ①	17 ①	18 ①	19 ①	20 ②

01 [총론, 下] ▶ ②

구공공관리에 대한 시장모형의 구조개혁 방안은 분권화임 → 아래의 표 참고
①②③④

피터스의 미래국정관리 모형

구분	전통적 정부에 대한 문제인식	구조개혁	관리개혁	정책결정 개혁	공익의 기준
시장 모형	독점	분권화	민간부문의 관리기법 (성과급)	시장적인 동기	• 저렴한 공공서비스 • 소비자의 선택권 보장
참여 모형	계층제	• 수평적 조직구조 • 다양한 참여자	TQM, MBO 및 팀제	참여 및 협의	참여 및 협의
신축 모형	불변성 및 영속성	가상조직 : 유기적 구조 (임시조직)	신축적 (임시적) 관리	실험	저비용과 조정
탈규제 모형	내부규제	없음	자율적인 관리 방식	기업가적 정부	창의성 및 능동성 (활동주의)

02 [총론, 下] ▶ ④

미국 행정학의 학문적 초석을 다진 사람 중 한 사람인 굿노는 비교행정법의 시각에서 서술한 <정치와 행정>(1900)에서 정치와 행정의 차이를 분명히 하였음 → 즉, 굿노는 정치는 국가의 의지를 표명하고 정책을 구현하는 것이며 행정은 이를 실천하는 것으로 정치와 행정의 차이를 명확히 구분함(정치행정이원론의 관점)
① 윌슨은 '행정의 연구'에서 경영과 행정의 유사성에 초점을 두고 정부가 수행하는 업무들을 과학적으로 연구해야 한다고 주장하였음
② 사이먼은 '행정행태론'에서 사실문제를 중심으로 조직 내 개인들의 의사결정과정을 분석하였음
③ 애플비는 '거대한 민주주의'에서 현실의 행정과 정치 간 관계는 연속적, 순환적, 정합적이기에 실제 정책형성 과정에서 정치와 행정을 구분하는 것은 부적절하다고 주장하였음

03 [정책학, 下] ▶ ③

올바른 선지
ㄱ. 무의사결정은 엘리트의 이해관계를 침해할 수 있는 비기득권 세력의 도전을 억압·봉쇄하는 현상임
ㄷ. 무의사결정을 추진하기 위하여 폭력 및 테러 등이 동원될 수 있음

틀린 선지
ㄴ. 무의사결정은 정책과정 전반에 걸쳐서 발생할 수 있음
ㄹ. 무의사결정론은 다원론을 비판하면서 등장한 신엘리트임

04 [정책학, 下] ▶ ③

혼합주사 모형은 근본적인 결정과 세부적인 결정으로 나누어 근본적인 결정의 경우 합리모형을, 세부결정의 경우 점증모형을 선별적으로 적용함
① 선지는 합리모형에 대한 내용임
② 메타정책결정단계는 정책결정에 대한 정책결정임
④ 선지는 문제중심의 탐색에 대한 설명임 → 갈등의 준해결은 조직 내 하위조직 사이의 상이한 목표로 인한 갈등을 부서 간 협상을 통해 해결하는 현상임

05 [조직론, 下] ▶ ③

TQM은 고객만족을 중시한다는 점에서 개방체제적 관리기법이고, MBO는 조직내부의 목표달성 여부를 강조한다는 면에서 폐쇄체제적 관리기법임
① MBO의 기본적 구성요소는 부하와 상관의 합의에 의한 목표설정, 부하참여, 목표달성 여부에 대한 환류임
② TQM은 모든 구성원의 참여를 인정한다는 점에서 부하의 참여를 강조하는 MBO와 유사한 면이 있음
④ MBO는 부하의 능동적인 목표설정을 가정하는바 인간의 자율능력을 믿는 자기실현적 인간관의 영향을 받았음

06 [조직론, 中] ▶ ②

피들러(F. Fiedler)의 상황조건론, 하우스(R. J. House)의 경로−목표 모형 등은 상황론적 리더십에 해당함
① 리더십연구의 접근방법은 특성론, 행태론, 권력−영향력 접근, 상황론으로 발전함
③ 변혁적(Transformational) 리더십의 요소로는 비전제시 및 공유(영감), 고정관념 타파(지적 자극), 부하에 대한 관심과 존중(개인적 배려), 리더의 비범한 능력(카리스마)이 있음
④ 거래적 리더십은 기계적 구조에 적합한 까닭에 보수적·현상유지적임

07 [인사행정, 下] ▶ ④

㉠은 직위를, ㉡은 직렬을, ㉢은 직급을, ㉣은 등급을, ㉤은 직군을 의미함

08 [인사행정, 下] ▶ ①

역할연기는 현장훈련이 아니라 교육원 훈련에 포함됨
②③④

워크아웃 프로그램	① 미국 GE사의 전략적 인적자원 개발프로그램으로서 비효율적인 업무를 제거하고 업무 속에 배어 있는 그릇된 습관을 퇴치하도록 하는 훈련기법 ② 워크숍을 운영하는 과정에서 전 구성원의 자발적 참여 및 관리자의 신속한 의사결정을 통해 행정혁신을 이루려는 교육훈련 방법
감수성 훈련 (T집단 훈련)	① 10명 내외로 소집단을 만들어 서로 진솔하게 자신의 느낌을 말하고 다른 사람이 자신을 어떻게 생각하는지를 귀담아 듣는 것 → 비정형적인 체험 ② 태도와 행동의 변화(지식의 변화 ×)를 통해 대인 관계기술을 향상시키고 인간관계를 개선하려는 훈련
액션러닝	교육참가자들이 소규모의 팀을 구성하여 실제 현안문제를 해결하면서 동시에 문제해결과정에 대한 성찰을 통해 학습하도록 지원하는 행동학습으로서, 주로 관리자 훈련에 사용되는 교육방식

09 [재무행정, 下] ▶ ②

예산은 법률의 형식이 아니므로 대통령의 공포가 효력 요건은 아님. 국회에서 성립하면 효력이 인정됨
① 우리나라는 예산의결주의를 채택하고 있음
③ 우리나라의 예산은 의결의 형식으로 성립되므로 법률과 같은 형식적 요건, 예를 들어 공포절차가 필요없음
④ 우리나라의 예산심의에서 본회의 의결은 다소 형식적·상징적 의미를 지님

10 [재무행정, 中] ▶ ①

특별회계에서 발생한 잉여금을 일반회계로 전입시킬 수 있음
② 특별회계는 예산이므로 입법부의 심의를 받음
③ 특별회계는 단일성 원칙의 예외에 해당함
④ 특별회계의 세입은 주로 조세가 아닌 수입으로 구성됨

11 [행정환류, 下] ▶ ③

더브닉(Dubnick)과 롬젝(Romzek)은 통제의 중점이 외부통제에서 내부통제로, 높은 통제에서 낮은 통제로 변화되어 왔다고 주장함
① 파이너는 고전적 책임론, 즉 제도적 책임(수동적 책임)과 관련되며, 법률이나 규칙에 대한 책임, 의회에 대한 책임 등을 중시함
② 프리드리히(Friedrich)는 현대적 책임론, 즉 자율적 책임성을 강조하므로 내부통제 장치들을 통해 행정책임을 확보해야 함
④ 행정부의 역할이 많을수록 행정부 통제가 어려워지므로 내재적 책임이 중요함

12 [지방자치론, 上] ▶ ④

투표율은 관련이 없음

중앙집권과 지방분권의 측정지표

① 특별지방행정기관의 종류와 수: 그 수가 많으면 중앙집권적임
② 지방자치단체의 중요 직위의 선임 방식: 중앙정부에 의한 임명은 중앙집권적임
③ 국가공무원과 지방공무원 수의 대비: 국가공무원 수가 많으면 중앙집권적임
④ 국가재정과 지방재정 규모의 대비: 국가재정의 비중이 크면 중앙집권적임
⑤ 국세와 지방세의 대비: 국세가 지방세보다 비중이 크면 중앙집권적임
⑥ 중앙정부의 지방정부예산 통제의 정도: 중앙정부의 통제 강도와 빈도가 높으면 중앙집권적임
⑦ 지방자치단체의 사무구성비율: 자치사무보다 위임사무의 비율이 높거나 그 중에서 기관위임사무의 비율이 높으면 중앙집권적임
⑧ 민원사무의 배분비율: 중앙정부가 민원사무를 담당하는 경우라면 중앙집권적임
⑨ 감사 및 보고의 횟수: 중앙정부로부터 감사나 보고의 요구 횟수가 높으면 중앙집권적임

13 [지방자치론, 下] ▶ ③

기관위임사무의 소요경비는 위임기관이 전액 부담하는 것이 원칙임
① 자치사무와 단체위임사무는 해당 자치단체의 사무이므로 지방의회에 의한 조례제정이 가능하지만, 기관위임사무는 원칙적으로 하급집행기관으로서 자치단체장에게 위임된 사무이므로 지방의회에 의한 조례제정의 대상이 아님
② 축산물·수산물 및 양곡의 수급 조절과 수출입 사무는 국가사무임
④ 기관위임사무는 국가사무이므로 지방적 특수성이 희생될 수 있음

14 [기타 제도 및 법령, 中] ▶ ②

① 규제개혁위원회는 위원장 2명을 포함한 20명 이상 25명 이하의 위원으로 구성됨
③ 규제의 존속기한은 원칙적으로 5년을 초과할 수 없음
④ 심사기간의 연장이 불가피한 경우 규제개혁위원회의 결정으로 15일을 넘지 않는 범위에서 한 차례만 연장할 수 있음

15 [기타 제도 및 법령, 中] ▶ ④

틀린 선지
나. 상임이사의 임명권자는 공기업이든 준정부기관이든 모두 공공기관장임

> **공공기관의 운영에 관한 법률 제25조【공기업 임원의 임면】** ② 공기업의 상임이사는 공기업의 장이 임명한다.

다. 재정경제부장관은 매년 직원 정원 300인 이상, 총수입액 200억 원 이상, 자산규모 30억 원 이상의 공공기관 중에서 공기업과 준정부기관을 지정함
라. 한국방송공사(KBS)나 교육방송공사(EBS) 등은 공공기관으로 지정할 수 없음

> **공공기관의 운영에 관한 법률 제4조【공공기관】** ② 제1항의 규정에 불구하고 재정경제부장관은 다음 각 호의 어느 하나에 해당하는 기관을 공공기관으로 지정할 수 없다.
> 1. 구성원 상호 간의 상호부조·복리증진·권익향상 또는 영업질서 유지 등을 목적으로 설립된 기관
> 2. 지방자치단체가 설립하고, 그 운영에 관여하는 기관
> 3. 방송법에 따른 한국방송공사와 한국교육방송공사법에 따른 한국교육방송공사

올바른 선지
가. 우리나라의 공공기관에는 공기업, 준정부기관, 기타공공기관이 있는데, 이 중에서 준정부기관은 기금관리형과 위탁집행형으로 구분할 수 있음
마. 재정경제부장관은 지방자치단체가 설립하고 그 운영에 관여하는 기관을 공공기관으로 지정할 수 없음

> **공공기관의 운영에 관한 법률 제4조【공공기관】** ② 제1항의 규정에 불구하고 재정경제부장관은 다음 각 호의 어느 하나에 해당하는 기관을 공공기관으로 지정할 수 없다.
> 2. 지방자치단체가 설립하고, 그 운영에 관여하는 기관

16 [총론, 下] ▶ ①

사이먼이 'practice'란 용어로 지칭한 기술성은 정해진 목표를 어떻게 효율적으로 달성하는가 하는 방법을 의미함 → 왈도(D. Waldo)는 기술성을 'art' 혹은 'professional'이란 용어로 지칭하며, 기술성은 특정 문제를 처방하고 치료하는 행위를 뜻함
② 윌슨(W. Wilson) 등 초기 행정학자들은 능률적인 관리를 위한 관리기술이나 행정의 원리 등을 발견하려는 데 초점을 두고 행정학의 과학성을 강조했으나, 이들이 언급한 법칙은 과학적 검증을 거치지 못한 원리인 까닭에 훗날 사이먼으로부터 원리가 아닌 격언이라는 비판을 받음 → 결과적으로 관리주의와 관련된 학자들은 과학성이 아닌 기술성에 가까운 특징을 지니는바 관리주의를 기술적 행정학으로 명명하기도 함

참고

> 정치행정일원론은 통치기능설이라 불리는바 기능적 행정학으로 보는 견해도 있음

③ 행태주의 학자들은 현상에 대한 인과법칙을 발견하려는 과학성을 중시했기 때문에 행정학 연구에서 처방보다는 학문의 과학화에 역점을 두고 가설의 경험적 검증 등을 강조함
④ 현실 문제의 해결은 언제나 과학에만 의존할 수 없으므로 행정학은 문제해결(기술성)과 법칙의 발견(과학성)을 모두 고려하여야 함

17 [정책학, 下] ▶ ①

올바른 선지
ㄱ. 분배정책은 편익을 제공하는 정책이므로 편익을 누리기 위해 노력하는 현상, 즉 로그롤링이 발생함
ㄹ. 선지의 대표적인 예로 환경오염규제가 있음

틀린 선지
ㄴ. 선지는 분배정책에 대한 내용임 → 재분배정책은 계급대립적인 성격으로 인해 사회 내 갈등이 발생함
ㄷ. 조세, 병역, 물자수용, 노력동원 등은 추출정책임
ㅁ. 리플리와 프랭클린은 분배정책, 경쟁적 규제정책, 보호적 규제정책, 재분배정책 순서로 정책집행에 대한 논쟁의 정도가 높아진다고 주장함

18 [조직론, 下] ▶ ①

조직 내 각 사업구조는 독립적인 조직이므로 사업구조 간 기능 조정은 필요 없음
② 매트릭스 구조는 기능구조와 사업구조를 결합한 조직이며, 유기적 구조에 해당함
③ 네트워크구조는 분절화로 인해 응집력 있는 조직문화를 만드는 데 저해 요인으로 작용할 수 있음
④ 수평구조는 팀별 핵심업무를 연결한 조직이며, 유기적 구조에 해당함

19 [인사행정, 下] ▶ ①

아래의 조항 참고

> **국가공무원법 제61조【청렴의 의무】** ② 공무원은 직무상의 관계가 있든 없든 그 소속 상관에게 증여하거나 소속 공무원으로부터 증여를 받아서는 아니 된다.

② 중징계의 일종인 파면의 경우 5년간 공무원으로 재임용될 수 없으며, 연금급여의 불이익을 수반함
③ 선지에서 감봉을 삭제해야 함

> **제73조의3【직위해제】** ① 임용권자는 다음 각 호의 어느 하나에 해당하는 자에게는 직위를 부여하지 아니할 수 있다.
> 3. 파면·해임·강등 또는 정직에 해당하는 징계 의결이 요구 중인 자

④ 감봉은 경징계에 해당하며 1개월 이상 3개월 이하 기간 동안 보수의 1/3을 삭감하는 처분임(직무정지 ×)

20 [지방자치론, 中] ▶ ②

㉠㉡㉢

> **지방자치법 제47조【지방의회의 의결사항】** ① 지방의회는 다음 각 호의 사항을 의결한다.
> 4. 법령에 규정된 것을 제외한 사용료·수수료·분담금·지방세 또는 가입금의 부과와 징수
> 5. 기금의 설치·운용
> 10. 외국 지방자치단체와의 교류·협력

㉣ 지방자치단체의 장의 불신임의결은 현재 우리나라에서 인정되지 않고 있음

2026 공무원 시험 대비 실전동형 모의고사 제5회

행정학 정답 및 해설

제5회 모의고사 정답

01 ①	02 ①	03 ④	04 ①	05 ③
06 ①	07 ③	08 ②	09 ①	10 ④
11 ③	12 ①	13 ②	14 ①	15 ④
16 ①	17 ②	18 ③	19 ④	20 ②

01 [총론, 下] ▶①

업무의 명확한 구분에서 야기되는 문제점, 예를 들어 통합의 어려움 등은 유기적 구조로 처방해야 함

② 소수의 견해만 반영되는 집권화의 문제점은 참여관리와 조직민주주의로 처방할 수 있음

③ 공식화로 인한 경직성 등을 해결하기 위해 태스크포스(taskforce) 구조(유기적 구조)로 처방할 수 있음

④ 계층제 조직(집권적 조직)의 문제점을 극복하기 위해서 다수의 견해를 수용하는 위원회조직을 고려할 수 있음

02 [총론, 下] ▶①

테일러(F. W. Taylor)는 과학적 관리의 핵심을 능률적인 시스템 정립(공식적 구조)으로 간주하고 노동자는 이러한 방법에 따라 훈련하고 생산해야 함을 강조

② 테일러는 능률적인 생산시스템을 강조하는 학자이므로 어림식 방법을 지양함

③ 테일러는 회사의 매출 극대화를 통해 사업자와 노동자 모두를 이롭게 해야 한다고 주장함

④ 테일러는 인간을 경제인으로 간주했기 때문에 노동자가 과업을 완수하는 경우 높은 보상, 실패하는 경우 손실을 받는 체계를 마련하였음

03 [총론, 中] ▶④

㉢ 인간관계론(1930년대), ㉤ 행태론(1940년대 중반), ㉡ 후기행태주의(1960년대 말), ㉠ 공공선택론(1980년대), ㉣ 신공공서비스론(1990년대)임

04 [정책학, 下] ▶①

분배정책은 비용부담자와 수혜자 간의 갈등이 없기 때문에 집행과정의 안정성 및 정형화 정도, 참여자 간 관계의 안정성이 높음 → 이는 곧 정부정책에 대해 저항이 없다는 뜻이므로 작은 정부에 대한 요구와 압력의 정도가 낮다고 할 수 있음

② 경쟁적 규제정책: 다수의 경쟁자 중 경쟁력이 있는 특정 개인이나 집단에게 서비스 제공권을 부여하고 이들의 활동을 규제하는 정책

③ 보호적 규제정책: 국민을 보호하기 위한 정책

④ 재분배정책: 부의 이전과 관련된 정책

05 [정책학, 中] ▶③

선지는 허위변수에 대한 내용임 → 억제변수는 독립변수와 종속변수 간에 상관관계가 있는데, 이를 약화시키거나 없는 것으로 나타나게 하는 제3의 변수임

① 매개변수는 독립변수와 종속변수 사이에서 연결고리 역할을 하는 변수임 → 환승역

② 예를 들어, 자원봉사활동이 정신건강에 주는 영향을 조사할 때 성별에 따라 결과가 달라질 수 있다면 성별이 조절변수에 해당함

④ 허위변수는 독립변수와 종속변수 간에 상관관계가 없는데도 있는 것으로 나타나게 하는 제3의 변수로서, 허위변수는 독립변수와 종속변수 모두에게 영향을 미치며 이들 사이의 공동변화를 설명하는 변수에 해당함

06 [정책학, 中] ▶①

일반적인 정책평가의 절차는 아래와 같음 → 한편, 평가성 사정은 평가의 가능성을 가늠하는 것이므로 정책평가 대상 및 평가 기준설정 단계에서 실행함

정책평가 절차

① 정책목표의 확인

② 정책평가 대상 및 평가 기준의 선정: 정책평가 대상 및 평가기준은 정책의 목표를 바탕으로 구성됨

③ 인과모형의 설정: 목표를 달성하기 위한 대안을 설정하는 단계

④ 자료의 수집 및 분석: 대안을 추진하는 과정에서 발생하는 여러 정보를 수집하고 분석하는 단계

⑤ 평가결과의 환류 및 활용

07 [조직론, 下] ▶③

MBO의 경우 내부인사가 주도하는 반면, OD의 경우 외부인사가 주도함

① MBO는 부하가 목표를 설정하기 때문에 상향적인 반면, OD의 과정은 외부전문가의 지침에 따른다는 점에서 하향적임

② 양자는 인간에게 자율성을 부여하기 때문에 Y이론적 관리 방식을 적용함

④ MBO는 목표설정방식, 즉 관리 기법상의 변화를 추구하고, OD는 구성원의 행동변화를 유도하여 조직의 환경적응을 추구함

08 [조직론, 下] ▶②

집단주의가 강한 문화는 개인주의가 강한 문화보다 상대적으로 긴밀하고 협력적인 개인 간 관계를 중시함

①③④

구분	내용
권력간격	한 사회가 어떤 기관이나 조직에 있어서 권력이 불평등하게 분산되어 있다는 사실을 받아들이는 정도
개인주의 · 집단주의	① 개인주의: 사람들이 그들 자신과 직계 가족들에게만 관심을 가지는 것으로 간주되는 사회구조 ② 집단주의: 본인이 속한 집단과 외부집단 사이를 엄격하게 구별하는 것 → 내부집단(친척, 당파, 조직 등)이 돌봐주기를 기대하며, 내부집단에 절대적인 충성을 보임 ③ 집단주의가 강한 문화는 개인주의가 강한 문화보다 상대적으로 긴밀하고 협력적인 개인 간 관계를 중시함
불확실성에 대한 회피성	불확실성의 회피가 강한 사회: 초조, 불안 등이 뚜렷하게 나타나며 이에 따라 각종 법적, 규범적 제도장치를 통해 위험성을 줄이고 안정을 가하기 위해 온갖 노력을 기울이는 현상이 발생함
남성다움 · 여성다움	① 남성다움: 사회적으로 성역할 구분을 엄격하게 구분하는 사회 ② 여성다움: 상대적으로 성역할 구분을 느슨하게 하는 사회

09 [조직론, 下] ▶①

허시(Hersey)와 블랜차드(Blanchard)는 부하의 성숙도에 따라 다음과 같은 리더십이 적합하다고 하였음

부하 성숙도	매우 낮음	낮음	높음	매우 높음
리더십 유형	지시	설득	참여	위임

② 하우스(House) 등의 경로－목표이론에 따르면, 성취지향적 리더십 · 참여적 리더십은 부하들이 구조화되지 않은 과업을 수행할 때 적합함

③

유클이 도출한 일반적 명제들

㉠ 단기적인 관점: 리더가 매개변수에서 부족한 면을 얼마나 시정하느냐에 달려 있음

㉡ 장기적인 관점: 리더가 상황변수를 얼마나 유리하게 만드느냐에 달려 있음

④ 예외관리의 의미: 정해둔 일정 업무 기준에 미치지 못하면 처벌을 가하면서 통제함 → 만약 일정 기준대로 진행되면 아무런 지시가 없으며, 기준을 상회할 때는 보상을 통해 영향력을 행사함

10 [인사행정, 下] ▶ ④

요소비교법은 조직 내의 중심이 되는 기준직무를 선정하여, 평가하고자 하는 직무와 기준직무의 평가요소들을 상호 비교하여 상대적 가치를 계량적으로 판단하는 방법임

① 서열법은 비계량적 방법이며, 직무와 직무를 비교함

② 분류법은 연구자가 개발한 등급기준표와 직무를 비교하는 방법임

③ 점수법은 직무평가기준표에 따라 직무의 구성요소별 점수를 부여하고, 이를 합계해 총점을 계산하여 직무를 평가하는 계량적인 방법임

11 [인사행정, 中] ▶ ③

올바른 선지

ㄱ. 경찰청장, 소방청장, 해양경찰청장은 특정직이므로 경력직 공무원임

ㄷ. 감사원 사무차장, 국회전문위원은 일반직이므로 경력직 공무원임

ㅂ.

국가공무원법 제2조【공무원의 구분】 ① 국가공무원(이하 "공무원"이라 한다)은 경력직공무원과 특수경력직공무원으로 구분한다.
② "경력직공무원"이란 실적과 자격에 따라 임용되고 그 신분이 보장되며 평생 동안(근무기간을 정하여 임용하는 공무원의 경우에는 그 기간 동안을 말한다) 공무원으로 근무할 것이 예정되는 공무원을 말하며, 그 종류는 다음 각 호와 같다.

틀린 선지

ㄴ. 국회수석전문위원은 별정직이므로 특수경력직 공무원임

ㅁ. 국무조정실장, 국무총리비서실장은 정무직이므로 특수경력직 공무원임

12 [인사행정, 下] ▶ ①

다면평가는 상사·동료·부하·민원인 등 다수의 평가자가 평가하는 입체적 평가제도임 → 다만, 다수의 평가자들이 합의를 통해 평가결과를 도출하는 것이 아니라 개별적으로 평가함

② 평가결과를 피평정자에게 환류될 경우 피평정자는 역량강화를 위한 정보를 얻을 수 있음

③ 계층제적 문화가 강한 사회나 조직에서는 다수의 평가참여를 저해할 수 있음

④ 다면평정의 결과는 인사고과에 활용가능함 → 의무×

13 [재무행정, 下] ▶ ②

올바른 선지

ㄱ. 영기준예산제도에서는 사업담당자들이 전년도 사업을 원점에서 재검토하는 과정에서 업무부담을 느낄 수 있음

ㄹ. 품목별예산제도는 입법국가 시절에 등장한 예산편성제도이므로 행정부를 통제하기 용이함

틀린 선지

ㄴ. 성과주의예산제도는 업무단위 선정의 곤란성과 단위원가 계산의 어려움이 있음

ㄷ. 계획예산제도는 장기적 목표를 엘리트가 설정하는바 의사결정의 집권화를 초래할 수 있음

14 [재무행정, 下] ▶ ①

아래의 표 참고

구분	개념		예외
사전 승인 원칙	행정부가 집행하는 돈은 국회의 사전 심의·의결을 거쳐야 함		사고이월, 전용, 준예산, 긴급재정명령, 선결처분, 예비비 지출 등
통일성 원칙	세입은 국고를 거쳐 세출되어야 함		① 두문자 통목수특기 ② 예외: 목적세, 수입대체경비, 특별회계, 기금 → 목적성이 뚜렷한 돈에 대해서는 예외로 하자는 것
완전성 원칙 (예산 총계 주의)	예산에 모든 세입과 세출이 명시적으로 나열되어 빠짐없이 계상되어야 한다는 것		① 두문자 완전차갑고 순수해서 현기증나 ② 예외: 전대차관, 차관물자대, 순계예산, 수입대체경비, 현물출자, 기금 ③ 전대차관, 차관물자대, 수입대체경비, 현물출자 등은 불확실성 차원에서 예외에 해당하며, 기금은 예산이 아님; 아울러 순계예산은 총계예산과 반대되는 개념임
한정성 원칙	의회가 지정한 (목적·금액·시기) 내에서 예산집행	목적(질적) 한정성 예외	이용, 전용
		규모(양적) 한정성 예외	예비비, 추가경정예산
		시간(시기) 한정성 예외	이월, 계속비, 국고채무부담행위 등

15 [재무행정, 下] ▶ ④

준예산은 잠정예산과 달리 국회의 의결이 불필요하며 기간의 제한이 없음

①③

예산은 국회 의결여부, 즉 성립시기에 따라 본예산, 수정예산(의결 전), 추가경정예산(의결 후)으로 구분됨

② 예산은 불성립시 대처방안으로 준예산, 가예산, 잠정예산이 있으며, 우리나라는 현재 준예산제도를 활용하고 있음

16 [행정환류, 中] ▶ ①

㉢㉣㉤은 내부통제, 즉 행정부 내부에서 이루어지는 행정통제 방안에 해당함

길버트 행정통제 유형

구분	내부통제	외부통제
공식	• 행정수반(대통령) 및 국무조정실에 의한 통제 • 계층제(상관) 및 인사관리제도를 통한 통제 • 독립통제기관(감사원, 국민권익위원회 등)에 의한 통제 • 교차기능조직(재정경제부, 인사혁신처, 행정안전부 등)에 의한 통제	• 입법부에 의한 통제 • 사법부에 의한 통제 • 옴부즈만에 의한 통제
비공식	• 행정윤리(전문직업상의 행동규범)에 의한 통제 • 동료집단의 평가와 비판에 의한 통제 • 대표관료제	• 민중통제 • 시민에 의한 통제 • 이익집단에 의한 통제 • 여론, 매스컴 등에 의한 통제 • 정당에 의한 통제

17 [지방자치론, 下] ▶ ②

주민자치는 주민의 실질적 참여를 강조하며, 단체자치는 중앙정부가 부여한 자치권을 바탕으로 독립된 지방정부가 있는지를 중시함

① 주민자치는 자치권을 고유권으로, 단체자치는 국가로부터 전래된 권리로 봄

③ 단체자치에서는 자치사무와 위임사무를 구분하지만, 주민자치에서는 위임사무가 존재하지 않으므로 이를 엄격하게 구분하지 않음

④ 단체자치는 포괄적 위임주의, 주민자치는 개별적 지정주의임

18 [지방자치론, 下] ▶ ③

대통령이 아니라 행정안전부장관의 승인을 받아야 함

①②③

지방자치법 제199조【설치】 ① 2개 이상의 지방자치단체가 공동으로 특정한 목적을 위하여 광역적으로 사무를 처리할 필요가 있을 때에는 특별지방자치단체를 설치할 수 있다. 이 경우 특별지방자치단체를 구성하는 지방자치단체(이하 "구성 지방자치단체"라 한다)는 상호 협의에 따른 규약을 정하여 구성 지방자치단체의 지방의회 의결을 거쳐 행정안전부장관의 승인을 받아야 한다.
③ 특별지방자치단체는 법인으로 한다.

④

지방자치법 제204조【의회의 조직 등】 ① 특별지방자치단체의 의회는 규약으로 정하는 바에 따라 구성 지방자치단체의 의회 의원으로 구성한다.
② 제1항의 지방의회의원은 제43조제1항에도 불구하고 특별지방자치단체의 의회 의원을 겸할 수 있다.

19 [기타 제도 및 법령, 中] ▶ ④

소속책임운영기관의 장은 공직내외에서 공개모집절차에 따라 5년 범위 내에서 최소한 2년 이상의 임기제공무원으로 임용됨

① 「정부조직법」이 아니라 「책임운영기관의 설치·운영에 관한 법률」 및 동법 시행령에 근거하여 설치·운영됨

② 기본운영규정은 소속중앙행정기관장이 아니라 소속책임운영기관장이 자율적으로 제정하여야 함

③ 임용권의 일부를 소속책임운영기관장에게 위임할 수 있을 뿐 소속 공무원에 대한 일체의 임용권은 중앙행정기관장이 가짐

20 [기타 제도 및 법령, 中] ▶ ②

행정안전부장관이 아니라 국무총리가 정부업무평가기본계획을 수립하여야 함

①

정부업무평가기본법 제10조 【위원회의 구성 및 운영】 ① 위원회는 위원장 2인을 포함한 15인 이내의 위원으로 구성한다.
② 위원장은 국무총리와 제3항 제2호의 자 중에서 대통령이 지명하는 자가 된다.

③

동법 제13조 【전자통합평가체계의 구축 및 운영】 ① 국무총리는 정부업무평가를 통합적으로 수행하기 위하여 전자통합평가체계를 구축하고, 각 기관 및 단체가 이를 활용하도록 할 수 있다.

④

동법 제22조 【공공기관에 대한 평가】 ① 공공기관에 대한 평가는 공공기관의 특수성·전문성을 고려하고 평가의 객관성 및 공정성을 확보하기 위하여 공공기관 외부의 기관이 실시하여야 한다.

수고하셨습니다.
당신의 합격을 응원합니다.

2026 공무원 시험 대비 실전동형 모의고사 제6회
행정학 정답 및 해설

제6회 모의고사 정답

01 ①	02 ③	03 ③	04 ③	05 ③
06 ①	07 ③	08 ④	09 ②	10 ①
11 ①	12 ②	13 ④	14 ④	15 ②
16 ④	17 ④	18 ②	19 ②	20 ①

01 [총론, 下] ▶ ①

② 지하수는 공유재, ③ 의료는 시장재, ④ 등대는 공공재로 보는 것이 일반적임

02 [총론, 下] ▶ ③

선지는 묵시적 바우처에 대한 내용임
① 사바스에 따르면 바우처는 민간위탁의 종류 중 하나임
② 종이바우처의 경우 바우처 전매(샀던 물건을 다시 다른 사람에게 팔아넘김) 등으로 정책효과가 떨어질 수 있음
④ 바우처는 특정한 기준을 지닌 저소득층에게 식품, 교육 등의 복지제공을 위해 종종 사용됨

03 [정책학, 下] ▶ ③

킹던의 정책창 모형은 마치(J. G. March) 등이 제시한 쓰레기통 모형을 발전시킨 것이며, 상호 독립적인 정책흐름, 문제흐름, 정치흐름(정권의 교체 등)이 어떤 계기(점화장치)로 서로 결합함으로써 새로운 정책의제가 형성되는 현상을 설명하고 있음

틀린 선지
ㄱ, ㅁ.
방법론적 개인주의와 표준운영절차는 킹던의 정책의 창 모형과 관계없는 내용임

04 [정책학, 中] ▶ ③

보기에서 제시된 내용은 내적타당도임

내적타당성을 저해하는 요인
①의 측정요인, ②의 성숙요인, ③ 회귀인공요인, 오염효과, ④의 누수·모방효과

외적타당성을 저해하는 요인
①의 표본의 대표성 미흡, ②의 다수적 처리에 의한 간섭, ④의 실험조작의 반응효과(호손효과)

05 [조직론, 下] ▶ ③

아래의 표 참고

페로우의 기술유형과 조직구조

구분		분석의 가능성: 대안 탐색의 가능성	
		높음	낮음
과업의 다양성: 예외적 사건	다수	공학적인 기술	비일상적인(비정형화된) 기술
		• 다소 기계적 조직: 다소 높은 공식화·집권화 • 중간의 통솔범위	• 유기적 조직: 낮은 공식화·집권화 • 좁은 통솔범위
	소수	일상적인(정형화된) 기술	장인(기예적) 기술
		• 기계적 조직: 높은 공식화·집권화 • 넓은 통솔범위	• 다소 유기적 조직: 다소 낮은 공식화·집권화 • 중간의 통솔범위

06 [조직론, 中] ▶ ①

올바른 선지
ㄱ. 수평적 분화에 대한 내용임
ㄴ. 수직적 분화에 대한 내용임
ㄹ. 공간적 분화는 조직구조의 기본변수인 복잡성의 내용임

틀린 선지
ㄷ은 공식성, ㅁ은 집권성과 관련된 내용임

07 [인사행정, 中] ▶ ③

특정직공무원은 개별법이 우선 적용되며, 해당 법률에 적용 조항이 없을 때는 국가공무원법과 지방공무원법이 적용됨
① 임용주체를 기준으로 국가공무원(대통령 혹은 중앙행정기관장)과 지방공무원(일반적으로 지방자치단체장)으로 구분할 수 있음
② 별정직공무원은 주로 보좌업무 등을 수행하거나 법령에서 별정직으로 지정하는 공무원을 말함
④ 경호공무원은 특정직 공무원이므로 경력직공무원으로 분류됨

08 [인사행정, 中] ▶ ④

공직자가 사적 이해관계에 영향을 받지 아니하고 직무를 공정하고 청렴하게 수행하여야 한다는 의무는 국가공무원법이 아니라 최근 제정된 공직자의 「이해충돌방지법」(2022.5.19. 시행) 제4조에 규정되어 있음

①

> **국가공무원법 제63조【품위 유지의 의무】** 공무원은 직무의 내외를 불문하고 그 품위가 손상되는 행위를 하여서는 아니 된다.

②

> **국가공무원법 제57조【복종의 의무】** 공무원은 직무를 수행할 때 소속 상관의 직무상 명령에 복종하여야 한다.

③

> **국가공무원법 제61조【청렴의 의무】** ① 공무원은 직무와 관련하여 직접적이든 간접적이든 사례·증여 또는 향응을 주거나 받을 수 없다.

09 [재무행정, 下] ▶ ②

정부의 세입예산은 관·항 혹은 관·항·목으로 구분됨

> **국가재정법 제21조【세입세출예산의 구분】** ③ 세입예산은 제2항의 규정에 따른 구분에 따라 그 내용을 성질별로 관·항으로 구분하고, 세출예산은 제2항의 규정에 따른 구분에 따라 그 내용을 기능별·성질별 또는 기관별로 장·관·항으로 구분한다.

① 기금은 예산이 아님
③ 선지는 기금에 대한 내용임
④

> **국회법 제84조【예산안·결산의 회부 및 심사】** ① 예산안과 결산은 소관 상임위원회에 회부하고, 소관 상임위원회는 예비심사를 하여 그 결과를 의장에게 보고한다. 이 경우 예산안에 대해서는 본회의에서 정부의 시정연설을 듣는다.

10 [재무행정, 下] ▶ ①

윌다브스키(A. Wildavsky)의 예산문화론에 따른 예산행태 유형 중 국가의 경제력과 재정 예측력이 높은 경우에 나타나는 행태는 점증예산임

윌다브스키의 예산문화론

구분		국가의 경제력	
		크다	작다
재정의 예측력	높다	점증예산	양입제출적(세입예산)
	낮다	보충예산	반복예산

11 [재무행정, 中上] ▶①

틀린 선지

ㄱ. 기획예산처장관은 국무회의 심의와 대통령 승인을 얻어 다음 연도의 예산안편성지침을 매년 3월 31일까지 중앙관서의 장에게 통보하여야 함

ㄴ. 중앙관서의 장은 소관부처의 세입세출예산, 계속비, 명시이월비 및 국고채무부담행위 요구서를 작성하여 매년 5월 31일까지 기획예산처장관에게 제출하여야 한다.

ㄷ. 국가재정법에 의하면 정부는 회계연도 개시 120일 전까지 정부 예산안을 국회에 제출하여야 함

ㄹ. 재정경제부장관은 국가결산보고서를 종합해 다음 연도 4월 10일까지 기획예산처장관과 감사원에 각각 제출하여야 함

ㅁ. 정부는 국가결산보고서를 다음 연도 5월 31일까지 국회에 제출하여야 함

12 [행정환류, 下] ▶②

옴부즈만제도는 다른 통제기관(입법부 혹은 사법부)들이 간과한 통제의 사각지대를 감시하는 데 유용한 제도임 → 즉, 옴부즈만제도는 입법·사법통제의 한계(외부통제의 한계)를 보완하는 제도임

①③④

옴부즈만제도는 행정활동의 비약적인 증대에 따른 시민의 권리침해를 구제하기 위해 1809년 스웨덴에서 최초로 도입하였으며, 현재 유럽을 비롯한 다양한 국가에서 활용하고 있는 행정통제 수단임 → 옴부즈만은 입법부 소속형과 행정부 소속형으로 구분되는데, 일반적인 옴부즈만제도는 전자에 해당함

13 [지방자치론, 下] ▶④

조례안이 지방의회에서 의결되면 의장은 의결된 날부터 5일 이내에 그 지방자치단체의 장에게 이를 이송하여야 하고, 지방자치단체의 장은 지방의회가 의결한 조례안을 이송받으면 20일 이내에 공포하여야 하며, 조례와 규칙은 특별한 규정이 없으면 공포한 날부터 20일 후 효력이 발생함

①

> **지방자치법 제28조【조례】** ① 지방자치단체는 법령의 범위에서 그 사무에 관하여 조례를 제정할 수 있다. 다만, 주민의 권리 제한 또는 의무 부과에 관한 사항이나 벌칙을 정할 때에는 법률의 위임이 있어야 한다.

②

> **동법 제29조【규칙】** 지방자치단체의 장은 법령 또는 조례의 범위에서 그 권한에 속하는 사무에 관하여 규칙을 제정할 수 있다.

③

> **동법 제34조【조례 위반에 대한 과태료】** ① 지방자치단체는 조례를 위반한 행위에 대하여 조례로써 1천만원 이하의 과태료를 정할 수 있다.

14 [지방자치론, 下] ▶④

④는 과거 '지방분권법'에 명시된 내용이었으나, 해당 법은 현재 폐지되었음

①②③

> **지방자치법 제11조【사무배분의 기본원칙】** ① 국가는 지방자치단체가 사무를 종합적·자율적으로 수행할 수 있도록 국가와 지방자치단체 간 또는 지방자치단체 상호 간의 사무를 주민의 편익증진, 집행의 효과 등을 고려하여 서로 중복되지 아니하도록 배분하여야 한다.
> ② 국가는 제1항에 따라 사무를 배분하는 경우 지역주민생활과 밀접한 관련이 있는 사무는 원칙적으로 시·군 및 자치구의 사무로, 시·군 및 자치구가 처리하기 어려운 사무는 시·도의 사무로, 시·도가 처리하기 어려운 사무는 국가의 사무로 각각 배분하여야 한다.
> ③ 국가가 지방자치단체에 사무를 배분하거나 지방자치단체가 사무를 다른 지방자치단체에 재배분할 때에는 사무를 배분받거나 재배분받는 지방자치단체가 그 사무를 자기의 책임하에 종합적으로 처리할 수 있도록 관련 사무를 포괄적으로 배분하여야 한다.

15 [지방자치론, 中] ▶②

선지는 주민감사청구제도에 대한 내용임

① 주민투표는 자치단체장에게, 주민감사청구는 감사원이 아니라 상급단체장이나 주무부장관에게, 주민소송은 관할 행정법원에, 주민소환은 관할 선거관리위원회에 청구한다. 부패행위에 대하여 국민이 감사원에 감사를 청구하는 것은 주민감사청구제도가 아니라 국민감사청구제도임(「부패방지 및 국민권익위원회의 설치·운영에 관한 법률」)

③ 주민소환의 투표 청구권자·청구요건·절차 및 효력 등에 관하여는 따로 법률로 정함

④ 주민투표에 부쳐진 사항은 주민투표권자 총수의 4분의 1 이상의 투표와 유효투표수 과반수의 득표로 확정됨

16 [기타 제도 및 법령, 下] ▶④

틀린 선지

ㄱ. 부는 고유의 행정사무를 수행하기 위한 기능별·대상별 기관으로 행정안전부를 포함하여 19개의 부가 있음

ㄹ. 해양경찰청은 해양수산부의 외청임

ㅁ. 국가보훈처는 국가보훈부로 승격되었음

올바른 선지

ㄴ. 외교부는 본래 외청이 없었으나 재외동포청이 신설되었음

ㄷ. 청은 행정각부의 소속으로 업무의 독자성이 높고 집행위주의 사무를 수행하며 기상청, 국가유산청 등이 이에 속함

17 [기타 제도 및 법령, 中] ▶④

두뇌로서 조직은 제한된 합리성에 기초한 조직의 의사결정을 설명할 수 있음

① 기계장치로서 조직: 조직을 효과적으로 작동하는 기계와 같은 존재로 인식하는 관점

② 정치적 존재로서 조직: 조직을 정치적 존재로 인식함으로써 갈등과 권력 대립이 벌어지고 있는 조직 상황을 이해할 수 있음

③ 심리적 감옥으로서 조직: 조직구성원들이 만든 규칙 등에 스스로 그 속에 갇혀버리고 마는 심리적 감옥으로 조직을 바라보는 시각

18 [총론, 中] ▶②

㉡은 인간관계 모형으로서 효과성 목표가치는 인적자원 개발이며, 그 수단으로서 조직구성원의 응집성, 사기 등을 강조함

① 조직의 생산성, 능률성, 수익성을 달성하는 것이 목표가치이며, 그 수단으로서 계획과 목표 설정이 강조되는 것은 합리목표모형임 → ㄷ에 해당함

③ 목표가치는 성장과 자원 획득 등이며, 그 수단으로서 준비성과 외부평가 등이 강조되는 것은 개방체제모형임 → ㄹ에 해당함

④ 조직의 균형을 확보하는 것이 목표가치이며, 그 수단으로서 정보관리와 의사소통 등이 강조되는 것은 내부과정모형임 → ㄱ에 해당함

19 [정책학, 下] ▶②

로위(Lowi)는 정책유형론(정책이 현상을 결정함)을 주장한 학자이므로 정책유형에 따라 정책을 둘러싼 이해당사자들 사이의 상호작용 양식이 달라진다고 주장함

① 알몬드(Almond)와 파웰(Powell)은 정책을 상징정책, 추출정책, 분배정책, 규제정책으로 유형화했음

③ 초기 로위(Lowi)의 정책유형론은 정책유형 간의 상호배타성이 낮아 각 유형에 중복적으로 속할 수 있는 정책사례가 있다는 비판을 받음

④ 포크배럴(pork-barrel)이나 로그롤링(log-rolling) 현상은 분배정책에서 빈번하게 발생함

20 [조직론, 下] ▶①

올바른 선지

㉠ 단순구조(simple structure)는 소규모의 신생 조직으로서 의사결정권이 한 사람이나 소수에게 집권화되며, 대규모 조직에 비해 환경변화에 대응하기 위한 신속한 의사결정에 적합함

㉡ 전문적 관료제(professional bureaucracy)는 핵심운영 중심의 구조이며, 다소 안정적인 환경에 적합함

㉣ 핵심운영 부문(operating core)은 일선에서 서비스를 정기적으로 공급하는 계층임

틀린 선지

㉢ 애드호크라시는 참모 중심의 구조이며, 신축적이고 혁신적인 조직구조임

㉤ 지원 스태프 부문(support staff)은 기본적인 과업흐름 외에서 발생하는 조직의 문제를 지원하는 모든 전문가로 구성되어 있음

2026 공무원 시험 대비 실전동형 모의고사 제7회
행정학 정답 및 해설

제7회 모의고사 정답

01 ①	02 ②	03 ④	04 ①	05 ③
06 ①	07 ②	08 ③	09 ②	10 ①
11 ③	12 ③	13 ②	14 ④	15 ②
16 ④	17 ③	18 ①	19 ④	20 ②

01 [총론, 下] ▶①

틀린 선지

㉡ 소유권 이전에 대한 내용이 빠졌음

㉢ 선지는 BOT에 대한 내용임

참고

BOO는 민간부문이 건설하고, 해당 시설의 소유권 및 운영권을 민간부문이 갖는 방식임

02 [총론, 下] ▶②

불완전 경쟁(과점)에 대해서는 정부규제로 대응할 수 있음

①③④

시장실패와 정부대응

원인/대응	공적 공급 (직접 공급)	공적 유도 (보조금)	공적 규제 (정부개입↑)
공공재 공급	○		
불완전한 정보		○	○
외부경제		○	
외부불경제			○
독점	○		○
과점			○

03 [총론, 中] ▶④

코즈의 정리에서는 부정적 외부효과의 해결을 위해 정부의 규제정책이 아니라 시장 내 당사자 간의 자발적인 협상을 강조함

① 피구세는 부정적 외부효과를 일으키는 주체에게 비용을 부담함으로서 외부화된 사회적 비용을 내부화하는 세금을 의미함

② 긍정적 외부효과는 '남 좋은 일'이므로 외부경제를 일으키는 기업에게 보조금을 지급해야 사회적으로 바람직한 생산량을 유지할 수 있음

③ 코즈는 소유권의 명확한 확립과 적은 거래비용 등이 갖추어질 경우 시장 내 주체들의 자발적 협상에 의해 외부효과를 교정할 수 있다고 주장함

04 [정책학, 下] ▶①

보기는 호손효과에 대한 내용임

+ 호손효과: 실험집단 구성원이 실험대상임을 인식하고 인위적인 행동의 변화를 보임으로써 실험결과를 왜곡하는 현상

② 검사요인: 실험 대상자들이 사전측정의 내용에 대해 친숙하게 되어 사후 측정값이 달라지는 것

③ 역사요인: 실험 중 발생한 사건이 실험의 결과에 악영향을 주는 현상

④

회귀인공요인

㉠ 연구대상에 대한 측정과정에서 극단치가 나와도 결국 평균값으로 회귀하는 현상

㉡ 따라서 연구과정에서 표본에 대한 극단적인 데이터가 나왔을 때 이를 연구결과에 반영할 경우 정확한 인과관계 추정에 악영향을 줄 수 있음

05 [정책학, 下] ▶③

달(Dahl)에 따르면 사회 내에 엘리트가 존재하지만 특정 엘리트가 모든 정책영역에 지배적인 영향력을 행사하는 것이 아니라 각 정책영역별로 엘리트가 분산되어 있음

① 밀스(Mills)는 지위접근법을 전개하면서 중요한 결정은 권력 엘리트, 즉 군대장성, 군산업체, 정치인 등에 의해 결정되며, 사소한 국내외 문제만이 의회에 의해 국민의 관심을 받으면서 결정된다고 보았음 → 엘리트론 입장

② 헌터(Hunter)는 명성접근을 통해 애틀랜타시 엘리트를 기업인·변호사 등으로 보고 이들의 의사에 의해 지역의 정책이 형성된다고 보았음

④ 신다원론은 자본주의 사회에서 기업가 집단이 다른 집단보다 더 많은 권력을 지니고 있음을 인정함

06 [정책학, 中] ▶①

살라몬에 따르면 사회규제와 경제규제는 강제성이 높은 정책수단임

② 공기업: 직접성이 높은 정책수단

③ 정보제공: 직접성이 높은 정책수단

④ 조세지출: 간접적인 정책수단

07 [조직론, 下] ▶②

기계적 구조는 관료제이므로 분업화가 높고, 유기적 구조는 탈관료제이므로 분업화의 정도가 모호함

① 유기적 구조는 유연한 조직이므로 동태적 환경에 적합하고, 기계적 구조는 관료제이므로 안정적 환경에 적합함

③ 유기적 구조는 분권적이고 기계적 구조는 집권적임

④ 유기적 구조에서는 분권적이므로 상호작용을 통하여 갈등을 해결하나, 기계적 구조는 집권적이므로 갈등해결시 상급자에 의존함

08 [조직론, 中] ▶③

틀린 선지

ㄴ. 바퀴형은 단순하고 일상적인 업무처리에 적합한 의사전달망임

ㄹ. 문서 명령과 예규의 제정 등은 공문을 통해 해당 내용을 지켜야 할 대상에게 전달하는 기제이므로 상의하달에 의한 의사전달 방식임

올바른 선지

ㄱ, ㄷ.

공식적·비공식적 의사전달의 장점과 단점

구분	공식적 의사전달	비공식적 의사전달
장점	1. 상관의 권위를 유지 2. 의사전달이 확실·편리 3. 전달자와 피전달자가 분명, 책임소재 명확 4. 정보의 사전입수로 비전문가라도 의사결정이 용이 5. 정보나 근거의 보존이 용이	1. 신속하고 적응성이 강함 2. 배후사정을 소상히 전달 3. 긴장·소외감 극복과 개인적 욕구의 충족 4. 직원들의 동태 파악과 행동의 통일성 확보 5. 융통성이 높고 공식적 전달을 보완
단점	1. 의사전달의 신축성이 없고 형식화되기 쉬움 2. 배후사정을 소상히 전달하기 곤란 3. 변동하는 사태에 신속히 적응하기 어려움 → 구체적인 내용을 정하는 과정에서 시간이 소요되기 때문에 의사전달의 속도가 느린 편임 4. 기밀유지 곤란	1. 책임소재가 불분명하고 조정·통제가 곤란 2. 개인목적에 역이용되는 점 3. 공식적 의사소통 기능을 마비시키는 점 4. 수직적 계층 하에서 상관의 권위가 손상

ㅁ. 부서이기주의, 즉 할거주의와 고도의 분업화로 인한 수평적 의사전달의 저해는 조직구조에서 기인하는 의사전달의 장애요인임

09 [조직론, 下] ▶ ②

허즈버그(Herzberg)의 욕구충족요인이원론은 위생요인이나 동기요인이 개인마다 다를 수 있다는 개인차에 대한 고려가 없다는 한계점을 갖고 있음
① 조직구성원에게 만족을 주는 요인(동기요인)과 불만족을 주는 요인(위생요인)은 별개 차원임
③ 욕구충족요인이원론은 연구자료가 중요사건기록법을 근거로 수집되어 동기요인이 과대평가되었을 수 있다는 한계를 지님
④ 위생요인이 충족되지 않은 경우 구성원에게 불만족을 초래하지만, 이것이 잘 갖추어졌다고 직무수행동기를 유발하는 것은 아님

10 [인사행정, 下] ▶ ①

직업공무원제는 계급제, 폐쇄형 그리고 일반주의를 바탕으로 함. 실적주의가 직위분류제, 개방형 그리고 전문가주의에 임용체제를 바탕으로 함
② 직업공무원제에서 공무원은 오랜 정년을 보장받지만, 엄격한 복무규율이 적용됨
③ 직업공무원제는 절대군주국가 시대에 상비군 관리를 위해 도입됨
④ 직업공무원제는 폐쇄형 시스템으로 운영됨

11 [인사행정, 中] ▶ ③

틀린 선지
㉡ 개방형 임용제도는 단기적으로나 장기적으로 직업공무원제 확립을 저해함 → 직업공무원제도는 계급제와 폐쇄형을 전제로 하고 있음
㉢ 개방형직위는 소속장관별로 고위공무원단 직위 총수의 20% 범위 안에서, 그리고 과장급 직위 총수의 20% 범위 안에서 지정하여야 함

올바른 선지
㉠ 경력개방형 직위는 특정 분야에 대해 전문성을 지닌 민간인 간의 경쟁을 통해 공무원을 선발하는 제도임
㉣ 개방형 직위는 임기제공무원으로 임용함을 원칙으로 하되, 임기제가 아닌 경력직으로도 임용할 수 있음 → 여기서 언급하는 경력직이란 공직 내부에서 지원하는 경우를 의미함

12 [인사행정, 下] ▶ ③

시험성적과 본래 시험으로 예측하고자 했던 기준(근무성적) 사이에 얼마나 밀접한 상관관계가 있는가를 검증하는 것은 신뢰도가 아니라 타당도(기준타당도)를 검증하는 방법임
① 반분법(내적 일관성 검증방법)에 의한 신뢰도 검증방법에 대한 올바른 설명이다. 이는 하나의 시험유형 내에서 각 문항(홀짝 문항 등) 간의 상관관계를 종합하여 시험의 내적 일관성을 검증하는 것임
② 신뢰도 검증방법 중 하나인 재시험법에 관한 설명이다. 재시험법은 같은 시험을 같은 집단에 시기를 달리하여 실시하고 성적을 비교하는 방법임
④ 신뢰도 검증방법 중 하나인 형식변환법(동질이형법, 평행양식법)에 대한 옳은 설명임

13 [재무행정, 下] ▶ ②

영기준예산제도는 예산에 관한 의사결정이 상향적으로 진행됨
① 영기준예산제도는 감축지향적인 예산편성제도임
③ 영기준예산제도는 부서별 예산편성을 추구하므로 폐쇄체제 관점임
④ 영기준예산제도에서 각 부서는 상급 관리계층에게 정책결정패키지를 제공함

14 [재무행정, 下] ▶ ④

④는 추가경정예산 편성사유에 해당하지 않음

국가재정법 제89조 【추가경정예산안의 편성】 ① 정부는 다음 각 호의 어느 하나에 해당하게 되어 이미 확정된 예산에 변경을 가할 필요가 있는 경우에는 추가경정예산안을 편성할 수 있다.
1. 전쟁이나 대규모 재해가 발생한 경우
2. 경기침체, 대량실업, 남북관계의 변화, 경제협력과 같은 대내·외 여건에 중대한 변화가 발생하였거나 발생할 우려가 있는 경우
3. 법령에 따라 국가가 지급하여야 하는 지출이 발생하거나 증가하는 경우

15 [재무행정, 中] ▶ ②

사회기반시설사업(구 사회간접자본시설)에 대한 민간투자대상사업 지정은 주무관청이 하며 대통령령으로 정하는 일정 규모 이상의 대상사업의 경우에는 사업 타당성 분석 후 민간투자사업심의위원회의 심의를 거쳐 지정함
①

국가재정법 제38조 【예비타당성조사】 ① 기획예산처장관은 총사업비가 500억원 이상이고 국가의 재정지원 규모가 300억원 이상인 신규 사업으로서 다음 각 호의 어느 하나에 해당하는 대규모사업에 대한 예산을 편성하기 위하여 미리 예비타당성조사를 실시하고, 그 결과를 요약하여 국회 소관 상임위원회와 예산결산특별위원회에 제출하여야 한다. 다만, 제4호의 사업은 제28조에 따라 제출된 중기사업계획서에 의한 재정지출이 500억원 이상 수반되는 신규 사업으로 한다.
2. 「지능정보화 기본법」 제14조 제1항에 따른 지능정보화 사업

③

국가재정법 제49조 【예산성과금의 지급 등】 ① 각 중앙관서의 장은 예산의 집행방법 또는 제도의 개선 등으로 인하여 수입이 증대되거나 지출이 절약된 때에는 이에 기여한 자(일반 국민도 가능)에게 성과금을 지급할 수 있으며, 절약된 예산을 다른 사업에 사용할 수 있다.

④

국가재정법 제50조 【총사업비의 관리】 ① 각 중앙관서의 장은 완성에 2년 이상이 소요되는 사업으로서 대통령령으로 정하는 대규모사업에 대하여는 그 사업규모·총사업비 및 사업기간을 정하여 미리 기획예산처장관과 협의하여야 한다. 협의를 거친 사업규모·총사업비 또는 사업기간을 변경하고자 하는 때에도 또한 같다.

국가재정법 시행령
제21조 【총사업비의 관리】 ① 법 제50조 제1항 전단에서 "대통령령이 정하는 대규모사업"이란 다음 각 호의 어느 하나에 해당하는 사업을 말한다.
1. 다음 각 목의 어느 하나에 해당하는 사업으로서 총사업비와 국가의 재정지원 규모가 법 제38조 제1항 각 호 외의 부분 본문에서 정하고 있는 규모(사업추진 과정에서 총사업비 또는 국가의 재정지원 규모가 증액되어 해당 기준을 충족하는 경우를 포함한다) 이상인 사업
   가. 건설공사가 포함된 사업(총사업비가 500억원 이상이고 국가의 재정지원 규모가 300억원 이상인 신규 사업). 다만, 건축사업은 제외한다.
2. 건축사업 또는 연구개발사업으로서 총사업비가 200억원 이상(사업추진 과정에서 총사업비 규모가 증액되어 총사업비가 200억원 이상에 해당하는 경우를 포함한다)인 사업

16 [행정환류, 中] ▶ ④

아래의 조항 참고

부패방지권익위법 제16조 【직무상 독립과 신분보장】 ① 위원회는 그 권한에 속하는 업무를 독립적으로 수행한다.
② 위원장과 위원의 임기는 각각 3년으로 하되 1차에 한하여 연임할 수 있다.

①

부패방지권익위법 제11조 【국민권익위원회의 설치】 ① 고충민원의 처리와 이에 관련된 불합리한 행정제도를 개선하고, 부패의 발생을 예방하며 부패행위를 효율적으로 규제하도록 하기 위하여 국무총리 소속으로 국민권익위원회(이하 "위원회"라 한다)를 둔다.

②

부패방지권익위법 제13조 【위원회의 구성】 ③ 위원장 및 부위원장은 국무총리의 제청으로 대통령이 임명하고, 상임위원은 위원장의 제청으로 대통령이 임명하며, 상임이 아닌 위원은 대통령이 임명 또는 위촉한다.

③

부패방지권익위법 제13조 【위원회의 구성】 ④ 위원장과 부위원장은 각각 정무직으로 보하고, 상임위원은 고위공무원단에 속하는 일반직공무원으로서 「국가공무원법」 제26조의5에 따른 임기제공무원으로 보한다.

17 [지방자치론, 下] ▶ ③

재산의 보유, 기금의 설치 · 운용에 관하여 필요한 사항은 조례로 정함 → 행정안전부 장관의 승인은 필요 없음

①

지방자치법 제152조 【지방세】 지방자치단체는 법률로 정하는 바에 따라 지방세를 부과 · 징수할 수 있다.

②

지방자치법 제153조 【사용료】 지방자치단체는 공공시설의 이용 또는 재산의 사용에 대하여 사용료를 징수할 수 있다.

④

지방자치법 제139조 【지방채무 및 지방채권의 관리】 ① 지방자치단체의 장이나 지방자치단체조합은 따로 법률로 정하는 바에 따라 지방채를 발행할 수 있다.

18 [지방자치론, 下] ▶ ①

지방의회는 자치단체장에 대해 불신임권을 행사할 수 없음 → 단, 지방의회의 자율권으로서 지방의회 의장에 대한 불신임은 할 수 있음(불신임 의결은 재적의원 1/4 이상의 발의와 재적의원 과반수 찬성으로 함)

② 선지는 지방의회 의결사항을 나열하고 있음

③

지방자치법 제49조 【행정사무 감사권 및 조사권】 ① 지방의회는 매년 1회 그 지방자치단체의 사무에 대하여 시 · 도에서는 14일의 범위에서, 시 · 군 및 자치구에서는 9일의 범위에서 감사를 실시하고, 지방자치단체의 사무 중 특정 사안에 관하여 본회의 의결로 본회의나 위원회에서 조사하게 할 수 있다.

④

지방자치법 제73조 【의결정족수】 ② 지방의회의 의장은 의결에서 표결권을 가지며, 찬성과 반대가 같으면 부결된 것으로 본다.

19 [기타 제도 및 법령, 下] ▶ ④

선지는 주주 자본주의 모델에 대한 내용임

①②③

주주 자본주의 모델과 이해관계자 자본주의 모델

구분	주주 자본주의 모델	이해관계자 자본주의 모델
기업의 본질	주주 주권주의 (주주가 기업의 주인)	기업공동체주의 (기업은 하나의 공동체)
경영목표	주주이익 극대화	이해관계자 이익 극대화
기업규율 방식	① 이사회의 경영감시 ② 시장에 의한 규율	이해관계자 경영참여
근로자 경영참여	종업원지주제 (주식을 보유한 종업원만 참여)	근로자 경영참여
기업의 사회적 책임	① 단기업적주의 ② 주주이익 우선주의	① 장기적 성장촉진 ② 기업의 사회적 책임 ③ 이해관계자 전체 이익추구

20 [기타 제도 및 법령, 下] ▶ ②

공직자 등은 직무 관련 여부 및 기부 · 후원 · 증여 등 그 명목에 관계없이 동일인으로부터 1회에 100만원 또는 매 회계연도에 300만원을 초과하는 금품 등을 받거나 요구 또는 약속해서는 안 됨

수고하셨습니다.
당신의 합격을 응원합니다.

2026 공무원 시험 대비 실전동형 모의고사 제8회

행정학 정답 및 해설

제8회 모의고사 정답

01 ①	02 ④	03 ①	04 ③	05 ③
06 ④	07 ③	08 ④	09 ③	10 ④
11 ④	12 ④	13 ②	14 ②	15 ①
16 ③	17 ①	18 ③	19 ②	20 ①

01 [총론, 上] ▶ ①

과정설은 사회 내 개인의 견해를 조정한 결과가 공익이라는 관점이므로 집단이기주의가 발생할 수 있음
② 신행정학은 흑인폭동 시기에 등장했으므로 사회적 형평성을 강조함
③ 가외성은 잉여장치이므로 능률성과 상충함
④ 적합성은 정책목표가 사회신념을 반영하는가를 나타내며, 적정성은 정책목표가 사회문제해결에 기여하는 정도를 뜻함

02 [총론, 下] ▶ ④

사랑방은 개도국의 관료제를 상징하는 표현이며, 이는 공과 사가 혼재된 부정적인 관료제를 뜻함 → 이러한 정부관료제가 자리잡혀 있는 프리즘적 사회는 형식주의(복잡한 절차), 이질혼합성(농업사회와 선진국의 특징이 혼재) 등의 특징을 보임
① 프리즘 모형은 개발도상국의 행정체제를 설명하기 위한 이론적 모형임
② 프리즘적 사회는 농업사회에서 산업사회로 넘어가는 과도기적 사회를 뜻함

03 [정책학, 中] ▶ ①

올바른 선지
㉠ 동원형은 국민을 설득하는 과정을 중시하므로 행정PR활동을 강조함

틀린 선지
㉡ 동원형은 정부가 의제를 일방적으로 채택한 후 행정PR을 통해 공중의제화 하는 것으로 주로 최고통치자가 정책의제 설정을 주도하며, 전문가의 합리적 결정에 의존함
㉢ 외부주도형은 일반 국민이 의제를 주도하므로 의사결정에 많은 시간이 필요함
㉣ 외부주도형은 다양한 사람의 견해를 반영하는 과정에서 집단 간의 진흙탕 싸움이 발생하지만, 의사결정시 많은 사람이 관여했으므로 집행은 신속하게 진행됨

04 [정책학, 下] ▶ ③

올바른 선지
㉠㉡㉢ → 아래의 표 참고

구분		집단에 대한 사회적 이미지: 긍정적	집단에 대한 사회적 이미지: 부정적
사회적 권력: 투표에 있어서 강한 영향력 보유	강함	수혜집단 • 퇴역 군인 • 과학자 • 노인 • 중산층 등	투쟁집단(경쟁집단) • 부유층 • 거대노동조합 • 문화 상류층
	약함	의존집단 • 아동 • 장애인 • 부녀자	일탈집단(이탈집단) • 범죄자 • 약물중독자 • 공산주의자

틀린 선지
㉣ 이탈집단(Deviants)은 사회적 권력이 약하며 사회적 인식도 부정적인 집단임 → 따라서 정책결정자들은 이탈집단에 대해 부담을 주는 정책(강력한 제재 등)을 실시하는 경우가 많지만, 이탈집단은 권력이 약하기 때문에 정부 제재에 강력히 저항하기가 어려움

05 [조직론, 中] ▶ ③

일상기술을 사용하는 부서의 경우 넓은 통솔범위, 높은 집권성, 높은 공식성 등의 특징을 지니며, 기계적 구조가 적합함
①②④

페로우의 기술유형과 조직구조

구분		분석의 가능성: 대안 탐색의 가능성 - 높음	분석의 가능성: 대안 탐색의 가능성 - 낮음
과업의 다양성: 예외적 사건	다수	공학적인 기술	비일상적인(비정형화된) 기술
		• 다소 기계적 조직: 다소 높은 공식화·집권화 • 중간의 통솔범위	• 유기적 조직: 낮은 공식화·집권화 • 좁은 통솔범위
	소수	일상적인(정형화된) 기술	장인(기예적) 기술
		• 기계적 조직: 높은 공식화·집권화 • 넓은 통솔범위	• 다소 유기적 조직: 다소 낮은 공식화·집권화 • 중간의 통솔범위

06 [조직론, 下] ▶ ④

㉠은 기능구조, ㉡은 사업구조, ㉢은 수평구조, ㉣은 네트워크구조에 대한 설명임

07 [인사행정, 中] ▶ ③

㉠㉡㉢㉣㉤㉥㉦은 계급제의 특징이고, ㉧은 직위분류제의 특성에 해당함

계급제와 직위분류제

구분	직위분류제	계급제
적용사회	산업사회	농업사회
전문성 유무	전문행정가	일반행정가
어울리는 조직규모	대규모 조직	소규모 조직
환경적응	용이	어려움
보수체계	직무급	연공급
신분보장	신분보장이 어려움	신분보장 용이
훈련수요	수요파악 쉬움	수요파악 어려움
인사배치의 신축성	신축성 저하	신축적인 인사배치
개방형 유무	개방형 공무원제	폐쇄형 공무원제
직업공무원제 정착유무	정착이 어려움	정착이 쉬움
계획	단기계획	장기계획
임용시험	직무와 관련	직무와의 관련성이 상대적으로 부족함
적용 계층	하위계층	상위계층: 통찰력있는 고위공무원 양성에 유리

올바른 선지
㉢ 폐쇄형 임용: 폐쇄형은 낙하산 인사를 허용하지 않는바 현직자의 근무의욕을 제고할 수 있음 → ㉠도 동일한 내용임

틀린 선지
㉧ 부처 간의 갈등 예방: 직위분류제는 개방형 시스템이므로 다양한 인사교류를 통해 부처 간 갈등을 예방할 수 있음(예 공모직위)

08 [인사행정, 中] ▶ ④

겸임은 한 사람에게 둘 이상의 직위를 부여하는 것으로 그 대상은 일반적으로 일반직 공무원이며, 겸임기간은 2년 이내로 하고 필요한 경우 2년의 범위에서 연장할 수 있음

① 전직은 일의 종류를 바꾸는 수평이동으로 원칙적으로 시험을 거쳐야 함

② 전보는 보직이동으로 전보의 오남용을 방지하기 위해 필수보직 기간제도를 두고 있음 → 일반적으로 3년

③

국가공무원법 제73조의4【강임】 ① 임용권자는 직제 또는 정원의 변경이나 예산의 감소 등으로 직위가 폐직되거나 하위의 직위로 변경되어 과원이 된 경우 또는 본인이 동의한 경우에는 소속 공무원을 강임할 수 있다.

공무원 보수규정 제6조【강임 시 등의 봉급 보전】 ① 강임된 사람에게는 강임된 봉급이 강임되기 전보다 많아지게 될 때까지는 강임되기 전의 봉급에 해당하는 금액을 지급한다.

09 [재무행정, 中] ▶ ③

신성과주의 예산제도는 신공공관리를 예산운영에 적용한 것이므로 운영상의 재량과 성과책임을 강조함 → 지출 관련 행정권 남용의 최소화 ×

② 신성과주의는 장기적인 계획을 반영함으로서 사업추진의 안정성과 일관성을 유지하고, 재정건전성 등 중장기적 거시재정목표의 효과적인 추구를 위해 도입되었음

④ 신성과주의는 신공공관리적인 특성을 반영한 예산관리이므로 내부관리의 효율성 제고와 서비스 공급비용의 감소를 추구함

10 [재무행정, 下] ▶ ④

통합재정은 정부부문에서 1년 동안 지출하는 재원의 총체적인 규모로서, 순계 개념상의 정부 예산 총괄표임 → 즉, 내부거래와 보전거래를 제외하여 작성함

① 일반회계와 특별회계, 기금은 통합재정에 포함됨

② 우리나라 통합재정에 지방자치단체의 재정은 포함되나 공공기관의 운영에 관한 법률상 기관인 공기업, 준정부기관, 기타공공기관은 제외됨

③ 통합재정 산정시 금융성 기금은 제외됨

11 [행정환류, 下] ▶ ④

④는 행태적 접근에 대한 내용임

①②③

구조적 접근(공식적 구조 개선)

기능중복의 제거, 책임의 재규정, 조정 및 통제절차 개선, 표준절차 간소화, 의사전달체계 및 의사결정권 수정, 분권화 전략(권한의 재조정) 등

② 통솔범위의 조정, 명령계통의 수정, 작업집단 재설계 등

12 [지방자치론, 下] ▶ ④

아래의 조항 참고

지방재정법 제39조【지방예산 편성 등 예산과정의 주민참여】 ③ 지방자치단체의 장은 주민참여예산제도를 통하여 수렴한 주민의 의견서를 지방의회에 제출하는 예산안에 첨부하여야 한다.

① 주민참여예산제도는 '지방재정법'에 근거를 두고 있음

② 지방자치단체장 소속으로 주민참여예산위원회 등 주민참여예산기구를 둘 수 있음

③ 지방자치단체장은 주민참여예산제도를 통해 수렴된 주민의견을 검토하고 그 결과를 예산과정에 반영할 수 있음

13 [지방자치론, 下] ▶ ②

단체장은 지방의회에서 재의결된 사항이 법령에 위반된다고 판단되면 재의결된 날로부터 20일 내에 대법원에 제소할 수 있음 → 따라서 공익을 현저히 해한다고 판단되는 사항에 대해서는 대법원에 제소할 수 없음

①

지방자치법 제32조【조례와 규칙의 제정 절차 등】 ③ 지방자치단체의 장은 이송받은 조례안에 대하여 이의가 있으면 제2항의 기간에 이유를 붙여 지방의회로 환부(還付)하고, 재의(再議)를 요구할 수 있다. 이 경우 지방자치단체의 장은 조례안의 일부에 대하여 또는 조례안을 수정하여 재의를 요구할 수 없다.

지방자치법 제120조【지방의회의 의결에 대한 재의 요구와 제소】 ① 지방자치단체의 장은 지방의회의 의결이 월권이거나 법령에 위반되거나 공익을 현저히 해친다고 인정되면 그 의결사항을 이송받은 날부터 20일 이내에 이유를 붙여 재의를 요구할 수 있다.

③④

지방자치법 제122조【지방자치단체의 장의 선결처분】 ① 지방자치단체의 장은 지방의회가 지방의회의원이 구속되는 등의 사유로 제73조에 따른 의결정족수에 미달될 때와 지방의회의 의결사항 중 주민의 생명과 재산 보호를 위하여 긴급하게 필요한 사항으로서 지방의회를 소집할 시간적 여유가 없거나 지방의회에서 의결이 지체되어 의결되지 아니할 때에는 선결처분(先決處分)을 할 수 있다.

② 제1항에 따른 선결처분은 지체 없이 지방의회에 보고하여 승인을 받아야 한다.

③ 지방의회에서 제2항의 승인을 받지 못하면 그 선결처분은 그때부터 효력을 상실한다.

14 [총론, 下] ▶ ②

합리적 선택 제도주의는 공공선택론의 영향을 받은 이론이므로 연역적 연구방법을 주로 사용함

① 신제도주의는 제도의 중요성을 간과하는 행태주의를 비판하는 입장임

③ 역사적 제도주의는 비합리적인 제도가 꾸준히 유지되는 현상, 즉 경로의존성을 주장함

④ 사회학적 제도주의는 인간의 표준화된 행동 코드가 제도 내에 내재되어 있다는 배태성을 인정함

15 [정책학, 下] ▶ ①

제1종 오류에 대한 설명임

② 제2종 오류는 정책 수단이 효과가 있는데 채택하지 않는 오류를 말함

③④

제3종 오류와 메타오류는 동일한 의미임 → 이는 정책문제의 정의와 목표설정을 잘못한 근본적 오류를 의미함

16 [조직론, 下] ▶ ③

직무특성 중 자율성에 대한 설명임

① 직무특성을 결정하는 변수는 기술다양성, 직무정체성, 직무중요성, 자율성, 환류임

② 직무특성을 결정하는 변수 중 자율성과 환류가 동기부여에 가장 중요한 역할을 함

④ 성장 욕구 수준이 낮은 사람의 경우 단순한 직무를 제공하는 것이 바람직함 → 이로써 직무 자체에 대한 내재적 동기가 유발되고, 작업의 질과 만족도가 상승하여 이직과 결근이 줄어들게 됨

17 [인사행정, 中] ▶ ①

아래의 내용 참고

ㄱ. 분포의 오류(집중화・관대화・엄격화)를 방지하기 위한 점수분포 비율을 지정하는 방법은 강제배분법임

ㄴ. 산출기록법(production records) : 일정한 시간당 달성한 작업량과 같이 객관적 사실에 기초를 두고 평가하는 방법

ㄷ. 행태기준평정척도법 : 도표식 평정척도법의 주관성을 배제하고 평정의 타당성을 높이기 위하여 실제로 관찰될 수 있는 행태(중요 사건)를 서술적 문장으로 평정척도를 표시한 평정도표를 사용함 → 직무분석에 기초하여 직무(job)와 관련한 중요한 과업(task) 분야를 선정하고 각 과업분야에 대하여 가장 이상적인 과업행태에서부터 가장 바람직하지 못한 행태까지를 몇 개의 등급으로 구분하고 각 등급마다 중요 행태를 명확하게 기술하고 점수를 할당(중요 행태는 중요사건기록법에서 아이디어를 얻을 수 있음)

18 [재무행정, 下] ▶ ③

우리나라의 예산주기는 3년임

①

> **국회법 제84조 【예산안 · 결산의 회부 및 심사】** ⑤ 예산결산특별위원회는 소관 상임위원회의 예비심사 내용을 존중하여야 하며, 소관 상임위원회에서 삭감한 세출예산 각 항의 금액을 증가하게 하거나 새 비목(費目)을 설치할 경우에는 소관 상임위원회의 동의를 받아야 한다.

②

> **국가재정법 제43조 【예산의 배정】** ① 기획예산처장관은 제42조의 규정에 따른 예산배정요구서에 따라 분기별 예산배정계획을 작성하여 국무회의의 심의를 거친 후 대통령의 승인을 얻어야 한다.

④ 예산이 집행되는 연도, 즉 예산이 효력을 갖는 일정기간을 회계연도라고 함 → 우리나라의 회계연도는 1년임

19 [기타 제도 및 법령, 下] ▶ ②

다양성의 유형 중 출신 지역, 학교, 종교 등은 가시성(visibility)이 낮음

① 다양성 관리에 대한 일반적인 정의임

③ 다양성 관리는 좁은 의미로 대표관료제, 즉 균형인사정책에 한정되지만, 광의로는 유연근무제, 일 · 삶의 균형정책까지 확대됨

④ 다양성 관리는 다양성을 조직관리에 반영하는바 이질적인 조직구성원 간의 소통과 교류를 통해 조직의 효과성과 만족도를 높이려고 노력함

20 [기타 제도 및 법령, 上] ▶ ①

아래의 조항 참고

> **지방공무원법 제9조 【인사위원회의 기관】** ① 인사위원회에 위원장 · 부위원장 각 1명을 두며, 위원장은 시 · 도의 국가공무원으로 임명하는 부시장 · 부지사 · 부교육감, 시 · 도의회의 사무처장, 시 · 군 · 구의 부시장 · 부군수 · 부구청장, 시 · 군 · 구의회의 사무국장 또는 사무과장이 되고, 부위원장은 해당 인사위원회에서 호선(互選)한다. 다만, 임용권을 위임받은 기관에 두는 인사위원회의 위원장과 부위원장은 해당 인사위원회에서 호선한다.

② 인사위원회는 광역 · 기초지방자치단체에 임용권자별로 설치하는 것으로 이들 기관들은 인사에 관한 일정한 사무를 지방자치단체장으로부터 독립하여 결정 또는 집행하는 기관임

③ 정당의 당원, 지방의회의원 등은 인사위원이 될 수 없음

④ 위원의 임기는 3년으로 하되, 한 번 연임할 수 있음

수고하셨습니다.
당신의 합격을 응원합니다.

2026 공무원 시험 대비 실전동형 모의고사 제9회
행정학 정답 및 해설

제9회 모의고사 정답

01 ④	02 ④	03 ③	04 ③	05 ④
06 ③	07 ①	08 ④	09 ④	10 ①
11 ③	12 ②	13 ②	14 ②	15 ③
16 ②	17 ①	18 ①	19 ②	20 ③

01 [총론, 中] ▶ ④

공유지 비극을 막기 위한 자발적 규칙설정은 합리선택적 신제도주의의 예시로 볼 수 있음

① 뉴거버넌스론은 공동체주의를 사상적 기초로 함

② 신공공관리론의 수정과 보완을 주장하는 탈신공공관리론에서는 구공공관리론을 인정하면서 정부의 재집권화와 재규제를 주장함

③ 공공선택이론에서는 시민을 공공재의 소비자로 관료를 공공재의 생산자로 간주함

02 [정책학, 中] ▶ ④

미시집행 국면은 정책을 현장에서 집행하는 것을 의미함 → 버먼에 따르면 미시적 집행구조에 따라 동일한 정책도 상이한 결과를 낳을 수 있음(집행의 특수성 인정)

① 선지는 미시적 집행을 의미함

② 선지는 채택을 의미함

③ 거시적 집행구조는 행정, 채택, 미시적 집행, 기술적 타당성의 단계로 구분됨

03 [조직론, 下] ▶ ③

집합적 상호의존성은 주로 중개형 기술을 활용하는 조직에서 나타남

톰슨의 기술유형과 상호의존성

상호의존성	의사전달빈도(상호의존성 정도)	기술	예시	조정 형태
집합적 상호의존성	낮음	중개형 기술	보험회사, 부동산 중개소, 은행 등	규칙, 표준화
연속적 상호의존성	중간	연속적 기술	대량생산 조립라인 등	정기적 회의, 수직적 의사전달, 계획
교호적 상호의존성	높음	집약형 기술	종합병원, 건축사업	부정기적 회의, 상호조정, 수평적 의사전달, 예정표

04 [인사행정, 下] ▶ ③

대표관료제는 형평성·민주성 및 대응성을 제고할 수 있음 → 전문성 및 능률성 저해(실적주의와 상충)

① 대표관료제는 입직 후에 정부관료들이 출신집단의 입장을 대변할 거라 전제함

② 대표관료제는 할당제이므로 실질적 기회균등 및 사회적 형평성 등을 강조함

④ 대표관료제는 할당제를 강요하는 과정에서 역차별과 같은 갈등을 유발할 수 있음

05 [재무행정, 下] ▶ ④

계속비는 완성에 수년도를 요하는 공사나 제조 및 연구개발사업의 경우 그 경비의 총액과 연부액(年賦額)을 정하여 미리 국회의 의결을 얻은 범위 안에서 수년도에 걸쳐서 지출할 수 있는 경비를 말함

① 이체에 대한 설명임

② 각 중앙관서의 장은 예비비의 사용이 필요한 때에는 그 이유 및 금액과 추산의 기초를 명백히 한 명세서를 작성하여 기획예산처장관에게 제출하여야 함

③ 국고채무부담행위란 법률, 세출예산, 계속비 외에 정부가 채무를 부담하는 행위로서 미리 예산으로서 국회의 의결을 얻어야 함

06 [지방자치론, 下] ▶ ③

정치 상황에 따라서는 의회와 집행기관 간 견제와 균형 관계가 요구되는데, 기관통합형은 의회와 집행부가 통합되어 있기 때문에 권력이 의회에 집중이 되어 민주정치의 이익을 희생시키는 문제가 초래됨

① 영국과는 달리, 일본, 미국의 일부 지역, 이탈리아, 우리나라에서는 기관대립형을 택하고 있음

② 기관통합형은 의회와 집행부가 통합되어 있기 때문에 임기 동안 지방자치행정을 기관 간 마찰 없이 안정적으로 수행할 수 있음

④ 기관대립형은 집행부장을 주민이 선출하기 때문에 집행부의 장은 행정에 대한 책임을 명확하게 질 수 있음

07 [행정환류, 下] ▶ ①

감사원의 회계검사, 직무감찰 등은 행정책임을 확보하기 위한 내재적이고 공식적인 통제수단임

②③

예산심의권 및 승인권은 국회의 권한이며, 국회는 외부·공식통제 수단임

④ 국무조정실, 국민권익위원회, 행정안전부(교차기능조직) 등은 내부·공식통제 수단임

08 [기타 제도 및 법령, 下] ▶ ④

틀린 선지

㉢ 책임운영기관은 정부 기능 중 집행 및 서비스 기능을 정책·기획 기능으로부터 분리하여 집행기능의 효율성을 강화하는 데 목적을 두고 있음

㉤ 책임운영기관은 성과관리요소를 도입한 행정기관이기에 단기적 실적에 치중할 우려가 있음

올바른 선지

㉠ 책임운영기관은 신공공관리 운영방식을 정부에 적용한 것이므로 시장경제원리의 도입을 통해 행정서비스의 질 개선 및 결과에 대한 성과책임을 강화시킬 수 있음

㉡

책임운영기관법 제4조【책임운영기관의 설치 및 해제】 ① 책임운영기관은 그 사무가 다음 각 호의 기준 중 어느 하나에 맞는 경우에 대통령령으로 설치한다.
1. 기관의 주된 사무가 사업적·집행적 성질의 행정서비스를 제공하는 업무로서 성과 측정기준을 개발하여 성과를 측정할 수 있는 사무
2. 기관 운영에 필요한 재정수입의 전부 또는 일부를 자체적으로 확보할 수 있는 사무

㉣ 책임운영기관은 성과평가를 통해 조직의 생산성 제고를 도모함

09 [기타 제도 및 법령, 下] ▶ ④

임용권자는 아래에 해당하는 경우, 전직시험을 거쳐 전문경력관을 다른 일반직공무원으로 전직시키거나 다른 일반직공무원을 전문경력관으로 전직시킬 수 있음

+ 전문경력관 : 「국가공무원법」 및 「공무원임용령」에 따른 계급 구분, 직군 및 직렬의 분류를 적용하지 아니하고 특수 업무 분야에 종사하는 직위를 의미함 → 선지가 모두 「전문경력관 규정」의 조항들로 구성되었다는 점에서 다소 지엽적인 출제이기는 하나, 전문경력관이 '계급구분을 적용하지 않는 일반직공무원'임을 알고 있으면 답을 유추할 수 있는 문항이었음

②

전문경력관규정 제4조【직위군 구분】 ① 전문경력관직위의 군은 직무의 특성·난이도 및 직무에 요구되는 숙련도 등에 따라 가군, 나군 및 다군으로 구분한다.

③

전문경력관규정 제3조【전문경력관직위 지정】 ① 소속 장관은 해당 기관의 일반직공무원 직위 중 순환보직이 곤란하거나 장기 재직 등이 필요한 특수 업무 분야의 직위를 전문경력관직위로 지정할 수 있다.

10 [총론, 下] ▶ ①

올바른 선지

ㄱ. 공익 과정설은 개인이나 집단의 견해를 제시하는 과정에서 집단이기주의가 나타날 수 있음

ㄴ. 기회균등 원리, 즉 2－1원칙은 2－2원칙인 차등의 원리(최소극대화 원칙)에 우선함

틀린 선지

ㄷ. 과정설에 대한 선지임 → 과정설은 현실에서 각 개인의 견해에 따라 공익이 변할 수 있다는 현실주의적이고 개인주의적인 공익 개념임

ㄹ. 롤스의 정의관은 자유방임주의에 의거한 전통적 자유주의와 생산수단의 사회적 소유를 주장하는 사회주의의 양극단을 지양하는 중도주의적 입장임

11 [정책학, 中] ▶ ③

내부수익률(IRR)은 투자의 예상수익률로 기준할인율보다 크다면 일단 사업의 타당성이 있다고 판단할 수 있음 → 선지에서 기준할인율은 시중금리를 나타냄

① 비용편익분석시 미래가치를 계산할 때 복리법을 적용함

② 순현재가치가 0보다 크거나 비용편익비가 1보다 크면 사업의 타당성이 있음

④ 순현재가치와 내부수익률 값이 상이할 경우 순현재가치를 우선적으로 적용하는 것이 바람직함

12 [조직론, 下] ▶ ②

대리인의 기회주의 행위 방지를 위한 조정과 감시비용이 증가함

네트워크 조직의 장·단점

장점	㉠ 조직의 유연성과 자율성 강화를 통해 환경 변화에 신속히 대응하고 창의력을 발휘 ㉡ 조직의 네트워크화를 통한 환경에의 불확실성 감소 ㉢ 통합과 학습을 통한 경쟁력 제고 ㉣ 정보통신기술을 활용해 시간·공간적 제약 완화
단점	㉠ 협력적으로 연계된 외부기관 직접 통제 곤란 ㉡ 대리인의 기회주의 행위 방지를 위한 조정과 감시비용 증가 ㉢ 제품 및 서비스의 품질관리와 안정적 공급 확보 애로 ㉣ 조직 경계가 모호해 정체성이 약하고 응집력 있는 조직문화는 곤란

13 [인사행정, 下] ▶ ②

파면·해임·강등 또는 정직에 해당하는 징계의결이 요구 중인 자는 직위 해제 사유에 해당함

①③④

제70조 [직권면직] ① 임용권자는 공무원이 다음 각 호의 어느 하나에 해당하면 직권으로 면직시킬 수 있다.

5. 제73조의3 제3항에 따라 대기명령을 받은 자가 그 기간에 능력 또는 근무성적향상을 기대하기 어렵다고 인정된 때
6. 전직시험에서 세 번 이상 불합격한 자로서 직무수행 능력이 부족하다고 인정된 때
9. 고위공무원단에 속하는 공무원이 적격심사 결과 부적격 결정을 받은 때

14 [재무행정, 中] ▶ ②

올바른 선지

ㄴ. 긴급배정에 대한 내용임

ㄷ. 세출예산의 재배정이란 중앙관서의 장이 산하기관에 배정하는 것을 의미함

틀린 선지

ㄱ. 기획예산처장관은 분기별 예산배정계획을 작성하여 국무회의의 심의를 거친 후 대통령의 승인을 얻어야 함

15 [지방자치론, 中] ▶ ③

지방자치단체의 구역변경 중 관할 구역 경계변경은 대통령령으로 정함

지방자치단체의 명칭과 구역

구분	지자체 및 행정구역	폐치 및 분합	명칭 및 구역변경	한자명칭 변경	경계 변경
보통 지방 자치 단체	광역 지자체	1. 지방의회의 견 혹은 주민투표 + 2. 법률	1. 지방의회의 견 혹은 주민투표 + 2. 법률	1. 지방의회의 견 혹은 주민투표 + 2. 대통령령	대통령령
	기초 지자체	1. 지방의회의 견 혹은 주민투표 + 2. 법률	1. 지방의회의 견 혹은 주민투표 + 2. 법률	1. 지방의회의 견 혹은 주민투표 + 2. 대통령령	대통령령
행정 구역	읍·면·동 (자치구가 아닌 구 포함)	1. 행안부장관 승인 후 2. 조례로 정함	1. 조례로 정한 후 2. 광역단체장에게 보고	·	·
	리	조례로 정함	조례로 정함	·	·

16 [총론, 上] ▶ ②

ㄱ, ㄹ이 행정조직의 내부성과 관련됨 → 해당 문제는 울프의 비시장실패론에 대한 내용이며, 울프가 언급한 정부의 내부성은 ① 최신 기술에 집착 ② 더 많은 예산의 확보 ③ 정보와 지식의 독점 등이 있음

올바른 선지

ㄱ. 더 많은 예산의 확보

ㄹ. 최신기술에의 집착

틀린 선지

ㄴ. 파생적 외부효과로 행정조직의 내부성과 무관

ㄷ. 최종선(종결메커니즘)의 결여로 행정조직의 내부성과 무관

ㅁ. 권력의 편재에 대한 내용임

17 [정책학, 下] ▶ ①

정책공동체는 윈윈게임, 이슈네트워크는 제로섬게임의 양태가 발생함

② 정책문제망은 사회문제를 중심으로 구성된 네트워크이며, 다양한 정책참여자가 관여함

③ 하위정부 참여자가 정부부처, 의회의 상임위원회, 이익집단, 전문가집단이 참여하는 정책공동체보다 제한적임

④ 하위정부모형은 정책영역별로 입법부, 행정기관 및 이익집단이라는 세 종류의 행위자 간 견고한 협력을 설명하고 있음

18 [조직론, 中] ▶ ①

전략적 선택이론과 자원의존이론, 구조적 상황론은 개별조직 수준의 분석임

②

거시조직이론의 분류

분석 수준	결정론	임의론
조직군	① 조직군생태학이론 ② 조직경제학 ㉠ 거래비용이론 ㉡ 주인대리인이론 ③ 제도화이론	① 공동체생태학이론
개별조직	① 구조적 상황이론	① 전략적 선택이론 ② 자원의존이론

[0 창원 외, 2005]

③ 대리인이론에서 주인과 대리인은 모두 이기적인 존재이므로 양자 간 상충적인 이해관계로 대리손실(업무를 맡기는 과정에서 주인에게 발생하는 손해)이 발생할 수 있음

④ 구조적 상황론은 상황에 맞는 조직유형이 있음을 강조하는 이론임 → 중범위 수준의 이론탐구

19 [인사행정, 下] ▶ ②

시보는 임시로 맡은 보직을 뜻함

① 보직을 부여받지 않아도 정규공무원으로 임용될 수 있음

③ 시보기간 중에 해임이 되면, 향후 3년간 다시 공두원으로 임용될 수 없는 결격 사유에 해당함

④ 시보기간은 공무원의 경력에 포함됨

20 [지방자치론, 下] ▶ ③

지방도로사업은 유료도로사업만 해당됨

지방공기업법 제2조【적용 범위】 ① 이 법은 다음 각 호의 어느 하나에 해당하는 사업 중 제5조에 따라 지방자치단체가 직접 설치·경영하는 사업으로서 대통령령으로 정하는 기준 이상의 사업(이하 "지방직영기업"이라 한다)과 제3장 및 제4장에 따라 설립된 지방공사와 지방공단이 경영하는 사업에 대하여 각각 적용한다.

1. 수도사업(마을상수도사업은 제외한다)
2. 공업용수도사업
3. 궤도사업(도시철도사업을 포함한다)
4. 자동차운송사업
5. 지방도로사업(유료도로사업만 해당한다)
6. 하수도사업
7. 주택사업
8. 토지개발사업
9. 주택(대통령령으로 정하는 공공복리시설을 포함한다)·토지 또는 공용·공공용 건축물의 관리 등의 수탁
10. 「도시 및 주거환경정비법」 제2조 제2호에 따른 공공재개발사업 및 공공재건축사업

수고하셨습니다.
당신의 합격을 응원합니다.

2026 공무원 시험 대비 실전동형 모의고사 제10회
행정학 정답 및 해설

제10회 모의고사 정답

01 ①	02 ②	03 ②	04 ②	05 ②
06 ④	07 ④	08 ②	09 ①	10 ①
11 ④	12 ③	13 ②	14 ③	15 ③
16 ③	17 ③	18 ①	19 ③	20 ①

01 [총론, 下] ▶ ①

구성정책은 공식적인 제도를 수정 및 신설하는 정책인데, 국경일의 제정은 국민의 자긍심을 제고하는 상징물을 지정하는 상징정책에 해당함

②③④

재분배 정책	계층간의 소득을 재분배하여 소득격차를 해소하는 정책(누진세, 세액공제나 감면, 근로장려금), 노령연금제도 등 사회보장정책, 임대주택의 건설, 최저생계비, 연방은행의 신용통제, 실업급여, 영세민 취로사업 등이 이에 해당함
분배 정책	도로·다리·항만·공항 등 사회간접자본을 구축하는 정책, 국·공립학교를 통한 교육서비스의 제공, 주택자금의 대출, 국고보조금, 택지분양, 국립공원의 설정, 국유지 불하(매입)정책, FTA협정에 따른 농민피해 지원(재분배 정책으로 보는 견해도 있음), 중소기업을 위한 정책자금지원, 대덕 연구개발 특구 지원, 코로나 사태에 따른 자영업자 금융지원 등
규제 정책	환경오염과 관련된 규제(그린벨트 내 공장 건설을 금지하는 정책, 탄소배출권 거래, 오염물질 배출허가 기준), 독과점 규제, 공공요금 규제, 공공건물 금연, 기업활동 규제(부실기업 구조조정, 최저임금제도), 기업의 대기오염 방지시설 의무화 등

02 [총론, 下] ▶ ②

연구의 실천성·기술성을 강조한 것은 후기행태주의임

① 행태주의는 인간행동에 영향을 미치는 원인을 탐구하여 보편적 법칙을 찾고자 함

③ 행태주의는 과학성을 강조하며, 이를 위해 가치연구를 배제함

④ 행태주의는 조작적 정의를 통해 계량적인 연구를 지향함

03 [총론, 下] ▶ ②

조달관련 온라인 서비스(나라장터)는 G2B의 사례에 해당함

① 'G2B'의 대표적 사례는 조달청의 '나라장터'임

③ UN이 제시한 전자정부의 단계는 전자정보화(정보공개), 전자자문(상호소통), 전자결정(시민의 결정)의 순서임

④ 'G2G'는 정부 내 인트라넷을 뜻하며, 대표적 사례로는 '온－나라시스템'이 있음

04 [정책학, 中] ▶ ②

②는 밀스(C. Mils)의 지위접근법에 대한 내용임 → 헌터는 시장경제체제 관련 인물이 지역사회 엘리트임을 지적함

① 바흐라흐(P. Bachrach) 등이 제시한 무의사결정론은 엘리트의 어두운 얼굴을 보지 못한 달(R. Dahl)의 다원주의를 비판하며 등장한 신엘리트론임

③ 해당 내용은 국가조합주의에 대한 내용임

④ 달(R. Dahl)은 50년대 다원론에 해당함

05 [정책학, 下] ▶ ②

많은 아이디어를 얻는 것이 목적이므로 각각의 아이디어에 대한 비판과 평가는 최대한 자제되어야 함

①④

브레인스토밍은 양우선, 편승기법이며, 결과예측기법 중 주관적 기법에 해당함

③ 브레인스토밍은 한정된 주제에 대해 많은 아이디어를 수집하는 회의방식임

06 [정책학, 中] ▶ ④

④는 하향적 접근방법의 특징임

① 상향식은 실제 현장을 상세히 기술하여 정책집행과정의 인과관계를 보다 잘 설명할 수 있음

② 상향식은 실제 집행현장에 맞게 집행하므로 프로그램에서의 의도하지 않은 효과까지도 분석할 수 있음

③ 상향식은 집행 현장의 특수성을 인정하는바 정부 프로그램의 상대적 중요도를 평가할 수 있음

07 [조직론, 中] ▶ ④

TQM은 성과가 아닌 투입과 과정을 중시함

① 참여주의: TQM은 모든 구성원이 품질제고를 위해 참여해야 함을 강조함

②③ 무결점주의와 고객중심주의: TQM은 결점이 없는 서비스 품질을 통해 고객 만족을 추구함

08 [조직론, 中] ▶ ②

직무 그 자체, 승진, 책임감 등은 동기요인이고, 직무확장은 위생요인임

허즈버그 욕구충족요인이원론

만족요인·불만족요인	만족요인(직무자체·상위욕구)	① 성취감(자아실현), 책임감, 안정감, 자기존중감, 상사의 인정, 직무 자체에 대한 보람, 성장(승진) 및 발전, 직무충실(책임감·자율성↑) 등 ② 직무충실: 상위 계층의 업무를 일부 담당하는 것
	불만족요인(직무환경·하위욕구)	① 대인관계, 작업조건, 조직의 방침과 관행(조직정책), 임금(보수), 지위, 상관의 감독방식, 직무환경, 신분보장 등 ② 직무확장: 수평적으로 업무의 범위를 넓혀 단조로움 등 불만을 없애주는 역할을 함

① 머슬로는 앨더퍼와 다르게 인간은 특정 욕구를 어느 정도 충족하면 상위계층의 욕구를 달성하려고 노력함

③ 맥클랜드에 따르면 친교욕구, 권력욕구, 성취욕구 중 성취 동기가 높을수록 생산성이 높아짐

④ 아지리스에 따르면 성숙인은 능동적으로 일하는 존재이므로 관리자는 구성원을 최대한 성숙상태로 나아가게 지원해야 함

09 [조직론, 中] ▶ ①

블라우와 스콧은 조직활동으로 인한 수혜자가 누구인가를 중심으로 조직의 유형을 구분하였음

②

조직유형	예시	수혜자	중점
호혜조직	종교단체, 정당, 근로조합 등	구성원	구성원의 참여와 통제를 위한 민주적 절차 수립 → 이를 위해 과두제 현상이 나타나지 않게 해야 함
기업조직	기업체, 제조회사, 은행, 보험회사 등	소유주	능률의 극대화
봉사조직(서비스조직)	병원·학교	고객	고객에 대한 봉사와 절차 사이의 갈등해결
공익조직	정부기관, 군대조직, 경찰조직 등	일반 국민	국민의 외부통제를 위한 민주적 장치

③ 파슨스는 조직의 기능을 중심으로 조직유형을 분류했으며, 경찰조직을 사회통합기능을 수행하는 통합조직으로 구분함

④ 에치오니는 권한 및 복종의 형태를 중심으로 조직유형을 분류했으며, 민간기업체를 공리적 조직으로 구분함

10 [인사행정, 中] ▶ ①

일반직 공무원은 기술·연구 또는 행정일반에 대한 업무를 담당하는 공무원임 → 일반직 공무원은 행정·기술직, 우정직, 연구·지도직, 전문경력관 등으로 구성됨
② 우정직 공무원은 일반직 공무원임
③ 헌법재판소 연구관은 특정직 공무원임
④ 국무총리 비서실장은 정무직 공무원임

11 [인사행정, 中] ▶ ④

도표식평정척도법은 가장 간편하고 일반화된 근무성적평정방법으로 평정이 용이하고 결과의 계량화 및 조정이 용이하나 평정의 관대화·집중화·연쇄화를 피하기 어렵다는 단점이 있음
① 피평정자들의 성적분포가 과도하게 집중되는 것을 방지하기 위해서는 강제배분법을 활용해야 함 → 강제선택법은 4~5개의 체크리스트적인 단문 중에서 피평정자에게 가장 적합한 또는 부적합한 표현을 강제로 선택하게 만드는 방법임
② 중요사건기록법은 근무실적에 영향을 주는 중요사건들을 평정하는 방법이고, 피평정자가 자신의 근무실적을 스스로 보고하는 방법은 자기평정법임
③ 도표식평정척도법에 중요사건기록법을 가미하여 중요한 과업분야별로 과업행태를 등급화하여 점수화 한 것은 행태기준척도법임 → 행태관찰척도법은 행태기준척도법에 도표식평정척도법을 가미한 것으로, 행동간 상호배타성을 극복하고 관찰빈도를 척도로 표시한 것임

12 [인사행정, 中] ▶ ③

인사혁신처에 설치된 소청심사위에는 위원장 1명을 포함한 5명 이상 7명 이내의 상임위원으로 구성하고, 상임위원 수의 2분의 1 이상인 비상임위원으로 구성하되, 위원장은 정무직으로 보함
①

국가공무원법 제10조의2 【소청심사위원회위원의 결격사유】 ① 다음 각 호의 어느 하나에 해당하는 자는 소청심사위원회의 위원이 될 수 없다.
1. 제33조 각 호의 어느 하나에 해당하는 자 → '결격사유'에 해당하는 자
2. 「정당법」에 따른 정당의 당원

13 [재무행정, 上] ▶ ②

올바른 선지

ㄱ. 현재 우리나라는 전국 지자체에서 운영되고 있는 주민참여예산제와 마찬가지로 국가예산편성에도 국민의 의사와 목소리가 직접 반영될 수 있도록 국민참여예산제도를 운영하고 있음
ㄹ. 지방예산이 절약되거나 수입이 증대된 경우 그 일부를 기여자에게 보상으로 지급하는 예산성과금제도

지방재정법 제48조 【예산 절약에 따른 성과금의 지급 등】 ① 지방자치단체의 장은 예산의 집행 방법이나 제도의 개선 등으로 예산이 절약되거나 수입이 늘어난 경우에는 절약한 예산 또는 늘어난 수입의 일부를 이에 기여한 자에게 성과금으로 지급하거나 다른 사업에 사용할 수 있다.

틀린 선지

ㄴ. 총액계상예산제도는 중앙에서 사용되는 제도임

국가재정법 제37조 【총액계상】 ① 기획예산처장관은 대통령령이 정하는 사업으로서 세부내용을 미리 확정하기 곤란한 사업의 경우에는 이를 총액으로 예산에 계상할 수 있다.

ㄷ. 납세자 소송제도는 지방자치단체에만 적용하고 있음

지방자치법 제17조 【주민소송】 ① 제16조 제1항에 따라 공금의 지출에 관한 사항, 재산의 취득·관리·처분에 관한 사항, 해당 지방자치단체를 당사자로 하는 매매·임차·도급 계약이나 그 밖의 계약의 체결·이행에 관한 사항 또는 지방세·사용료·수수료·과태료 등 공금의 부과·징수를 게을리한 사항을 감사청구한 주민은 다음 각 호의 어느 하나에 해당하는 경우에 그 감사청구한 사항과 관련이 있는 위법한 행위나 업무를 게을리 한 사실에 대하여 해당 지방자치단체의 장을 상대방으로 하여 소송을 제기할 수 있다.

14 [재무행정, 中] ▶ ③

공공요금은 해당되지 않음

「국가재정법」 시행령 제16조에 의한 긴급배정 대상경비

1. 외국에서 지급하는 경비
2. 선박의 운영·수리 등에 소요되는 경비
3. 교통이나 통신이 불편한 지역에서 지급하는 경비
4. 각 관서에서 필요한 부식물의 매입경비
5. 범죄수사 등 특수활동에 소요되는 경비
6. 여비
7. 경제정책상 조기집행을 필요로 하는 공공사업비
8. 재해복구사업에 소요되는 경비

15 [재무행정, 下] ▶ ③

㉠은 한정성원칙, ㉡은 사전의결원칙임 → 예비비, 전용은 두 원칙 모두의 예외임
① 추가경정예산은 국회의 사전의결이 필요함
② 준예산은 한정성 원칙의 예외가 아님
④ 계속비는 국회의 사전의결이 필요함

16 [행정환류, 下] ▶ ③

「청탁금지법」 위반행위가 발생하였거나 발생하고 있다는 사실을 알게 된 경우에는 위반행위가 발생한 공공기관, 감독기관, 감사원, 수사기관 또는 국민권익위원회에 신고할 수 있음
① 국민권익위원회는 반부패총괄기구로서 부패방지 업무와 고충민원 처리 외에 행정심판 기능을 담당함
② 국민권익위원회를 비롯한 공정거래위원회, 금융위원회, 원자력안전위원회는 국무총리소속기구임
④ 위원장 및 부위원장은 국무총리의 제청으로 대통령이 임명함

17 [지방자치론, 中] ▶ ③

특별시, 광역시 및 특별자치시가 아닌 인구 100만 이상의 시는 특례시 명칭을 부여받음 → 특례시는 기초자치단체의 법적지위를 지님(광역시의 법적지위 ×)

지방자치법 제198조 【대도시 등에 대한 특례 인정】 ② 제1항에도 불구하고 서울특별시·광역시 및 특별자치시를 제외한 다음 각 호의 어느 하나에 해당하는 대도시 및 시·군·구의 행정, 재정 운영 및 국가의 지도·감독에 대해서는 그 특성을 고려하여 관계 법률로 정하는 바에 따라 추가로 특례를 둘 수 있다.
1. 인구 100만 이상 대도시(이하 "특례시"라 한다)
2. 실질적인 행정수요, 국가균형발전 및 지방소멸위기 등을 고려하여 대통령령으로 정하는 기준과 절차에 따라 행정안전부장관이 지정하는 시·군·구

① 우리나라 지방자치단체에는 광역지방자치단체인 특별시, 광역시, 도, 특별자치도, 특별자치시와 기초지방자치단체인 시·군·구(자치구)가 있음
②

지방자치법 제199조 【설치】 ① 2개 이상의 지방자치단체가 공동으로 특정한 목적을 위하여 광역적으로 사무를 처리할 필요가 있을 때에는 특별지방자치단체를 설치할 수 있다.

④

지방자치법 제3조 【지방자치단체의 법인격과 관할】 ③ 특별시·광역시 또는 특별자치시가 아닌 인구 50만 이상의 시에는 자치구가 아닌 구(예: 경기도 수원시 팔달구)를 둘 수 있고, 군에는 읍·면을 두며, 시와 구(자치구를 포함한다)에는 동을, 읍·면에는 리를 둔다.

18 [지방자치론, 下] ▶ ①

아래의 조항 참고

지방자치법 제103조 【사무직원의 정원과 임면 등】 ① 지방의회에 두는 사무직원의 수는 인건비 등 대통령령으로 정하는 기준에 따라 조례로 정한다.
② 지방의회의 의장은 지방의회 사무직원을 지휘·감독하고 법령과 조례·의회규칙으로 정하는 바에 따라 그 임면·교육·훈련·복무·징계 등에 관한 사항을 처리한다.

②

지방자치법 제14조 【지방자치단체의 종류별 사무배분기준】 ① 제9조에 따른 지방자치단체의 사무를 지방자치단체의 종류별로 배분하는 기준은 다음 각 호와 같다.
2. 시·군 및 자치구
제1호에서 시·도가 처리하는 것으로 되어 있는 사무를 제외한 사무. 다만, 인구 50만 이상의 시에 대하여는 도가 처리하는 사무의 일부를 직접 처리하게 할 수 있다.

③

지방자치법 제192조 【지방의회 의결의 재의와 제소】 ④ 지방자치단체의 장은 제3항에 따라 재의결된 사항이 법령에 위반된다고 판단되면 재의결된 날부터 20일 이내에 대법원에 소를 제기할 수 있다. 이 경우 필요하다고 인정되면 그 의결의 집행을 정지하게 하는 집행정지결정을 신청할 수 있다.

④

지방자치법 제100조 【징계의 종류와 의결】 ① 징계의 종류는 다음과 같다.
1. 공개회의에서의 경고
2. 공개회의에서의 사과
3. 30일 이내의 출석정지
4. 제명
② 제명에는 재적의원 3분의 2 이상의 찬성이 있어야 한다.

19 [기타 제도 및 법령, 中] ▶ ③

아래의 조항 참고

정부업무평가기본법 제17조 【자체평가결과에 대한 재평가】 국무총리는 중앙행정기관의 자체평가결과를 확인·점검 후 평가의 객관성·신뢰성에 문제가 있어 다시 평가할 필요가 있다고 판단되는 때에는 위원회(정부업무평가위원회)의 심의·의결을 거쳐 재평가를 실시할 수 있다.

①

정부업무평가기본법 제2조 【정의】 이 법에서 사용하는 용어의 정의는 다음과 같다.
2. "정부업무평가"라 함은 국정운영의 능률성·효과성 및 책임성을 확보하기 위하여 다음 평가대상기관이 행하는 정책등을 평가하는 것을 말한다.
가. 중앙행정기관(대통령령이 정하는 대통령 소속기관 및 국무총리 소속기관·보좌기관을 포함한다. 이하 같다)
나. 지방자치단체
다. 중앙행정기관 또는 지방자치단체의 소속기관
라. 공공기관

②

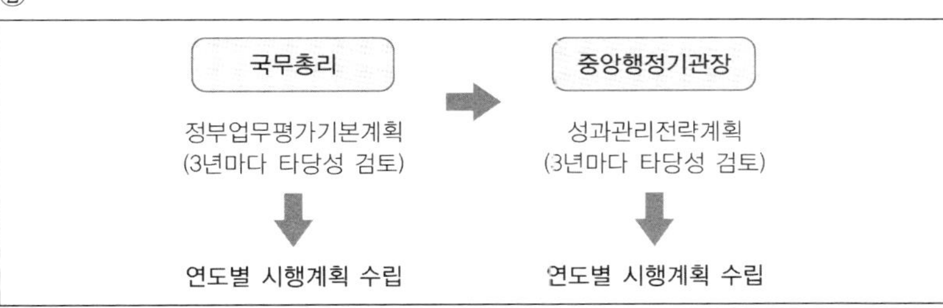

④

정부업무평가기본법 제3조 【통합적 정부업무평가제도의 구축】 ② 중앙행정기관 및 그 소속기관에 대한 평가는 이 법의 규정에 의하여 통합하여 실시되어야 한다.

20 [기타 제도 및 법령, 中] ▶ ①

주민자치위원회 위원은 읍·면·동장이 위촉하고, 주민자치회 위원은 시·군·구청장이 위촉함

지방분권법 제29조 【주민자치회의 구성 등】 ① 주민자치회의 위원은 조례로 정하는 바에 따라 지방자치단체의 장이 위촉한다.

②③④

구분	주민자치위원회	주민자치회
법적 근거	없음 (지방자치단체 개별 조례)	지방분권균형발전법
위촉권자	읍·면·동장	지방자치단체장
대표성	낮음	높음 → 지방자치단체와 대등한 협력관계
기능	자문기구	협의·실행기구 ㉠ 주민총회 개최 ㉡ 지방정부 위임·위탁 사무 수행

수고하셨습니다.
당신의 합격을 응원합니다.

2026 공무원 시험 대비 실전동형 모의고사 제11회
행정학 정답 및 해설

제11회 모의고사 정답

01 ③	02 ①	03 ③	04 ②	05 ④
06 ①	07 ②	08 ①	09 ④	10 ②
11 ②	12 ③	13 ②	14 ④	15 ④
16 ①	17 ②	18 ④	19 ④	20 ②

01 [총론, 中] ▶ ③

틀린 선지

ㄴ. 행위의 목적성과 의도성을 어떻게 찾아낼 것인가에 대한 방법과 기술에 대해서는 기술이 없다는 비판을 받음

ㄷ. 객관적 존재의 서술을 위해서는 현상을 분해하여 분석하는 것은 논리실증주의에 가깝다. 현상학적 접근방법은 사회현상에 대한 이해를 위해 외면에 대한 경험적 관찰보다는 일상생활의 상식적 생각 속에서 인간행위를 이해하고, 그 이면에 내재된 동기나 의도에 대한 해석을 중요시하는 접근법임

ㅁ. 현실을 이해하는 데 과학적 방법보다는 해석학적 방법을 선호함

올바른 선지

ㄱ. 행정학에 현상학적 접근방법을 처음 도입한 것은 하몬으로 인간행위에는 표출된 행태와 별도로 '의도된 행위'가 있기 때문에 표출된 행태를 대상으로 인간행동을 분석하고 판단하는 실증주의는 오류를 낳을 수 있다고 함

ㄹ. 인간을 수동적 자아가 아닌 능동적 자아로 상정함

02 [조직론, 中] ▶ ①

조직은 일반적으로 구성원들의 목표가 상이하다고 보고 구성원을 통합하는 관리전략을 추구함

② 관리주의(고전이론)와 인간관계론 중 전기 인간주의(인간 = 사회인)는 관리자에 의한 타율적인 조직관리를 전제로 함

③ 관료제에서 인간은 조직 내 부품에 불과함

④ 현대적 조직이론에서 인간은 복잡인으로 간주됨

03 [재무행정, 中] ▶ ③

기능별 분류는 시민들이 이해하기가 가장 용이하므로 시민을 위한 분류라고 함

① 일반회계 세입예산은 세수입과 세외수입으로 구분됨

② 품목별 분류는 투입 중심 예산분류에 해당함

④ 경제성질별 분류는 예산, 기금 등을 활용한 정부활동이 국민경제에 미치는 영향을 기준으로 하는 것임

04 [인사행정, 中] ▶ ②

올바른 선지

ㄴ.

> **제33조【결격사유】** 다음 각 호의 어느 하나에 해당하는 자는 공무원으로 임용될 수 없다.
> 3. 금고 이상의 실형을 선고받고 그 집행이 종료되거나 집행을 받지 아니하기로 확정된 후 5년이 지나지 아니한 자

ㄹ.

> **국가공무원법 제29조【시보 임용】** ③ 시보 임용 기간 중에 있는 공무원이 근무성적·교육훈련성적이 나쁘거나 이 법 또는 이 법에 따른 명령을 위반하여 공무원으로서의 자질이 부족하다고 판단되는 경우에는 제68조와 제70조에도 불구하고 면직시키거나 면직을 제청할 수 있다.

틀린 선지

ㄱ.

> **공무원직협법 제2조【설립】** ① 국가기관, 지방자치단체 및 그 하부기관에 근무하는 공무원은 직장협의회(이하 "협의회"라 한다)를 설립할 수 있다.
> ② 협의회는 기관 단위로 설립하되, 하나의 기관에는 하나의 협의회만을 설립할 수 있다.

ㄷ. 소청인은 기속할 수 없음

> **국가공무원법 제15조【결정의 효력】** 제14조에 따른 소청심사위원회의 결정은 처분 행정청을 기속(羈束)한다.

05 [정책학, 中] ▶ ④

점증모형은 (급격한) 환경 변화에 대한 적응력이 취약하며, 혁신이 저해될 가능성이 있음

① 점증모형은 다양한 이해관계의 정치적 조정 및 정치적 합리성을 중시함 → 그러나 타협의 과정에서 집단이기주의가 발생할 가능성이 있음

② 점증모형은 사회가 불안정한 사회, 즉 개도국과 같은 국가에서는 적용이 곤란함

③ 기존 정책이 근본적으로 잘못된 경우, 가감식 결정을 통해 문제를 해결할 수 없음

06 [지방자치론, 中] ▶ ①

개별적 수권주의는 자치단체별로 일일이 사무의 종류를 법령에 규정하는 방식임 → 신축성 및 탄력성 결여

②③

개별적 수권주의는 주로 주민자치에서 활용하는 방식이므로 지방자치단체는 위임사무를 수행하지 않음 → 따라서 포괄적 수권주의에 비하여 자치권의 범위가 넓음

④ 개별적 수권주의는 주민자치를 의미하는바 중앙통제는 주로 입법적·사법적 통제를 행함

07 [기타 제도 및 법령, 下] ▶ ②

아래의 그림 참고

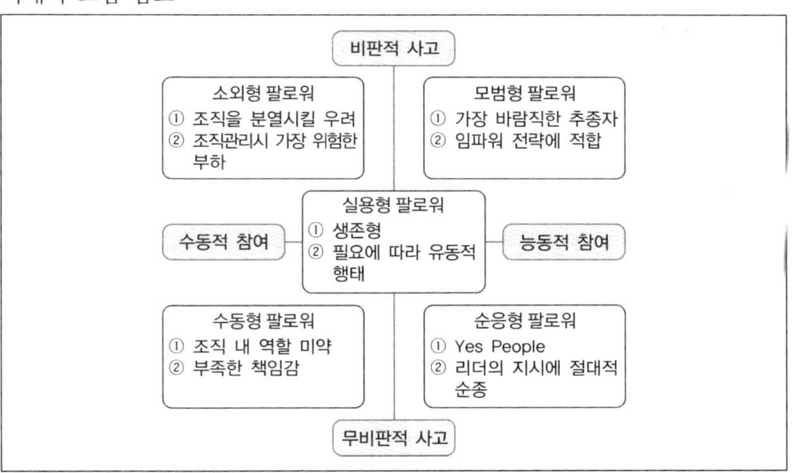

08 [행정환류, 下] ▶①

프리드리히(C. Friedrich)는 관료의 내면적 기준에 의한 내재적 책임(현대적인 책임)을 강조하고, 파이너(H. Finer)는 법률, 입법부, 사법부, 국민 등에 의한 통제 등 외부적 힘에 의한 통제로 확보되는 외재적 책임(전통적 책임)을 강조함

② 롬젝(Romzek)과 더브닉(Dubnick)에 따르면 강조되는 책임성의 유형은 조직의 특성(관료 조직 통제의 원천 및 통제의 강도) 등에 따라 달라짐

구분		관료 조직 통제의 원천	
		내부	외부
통제의 강도	강	관료적 책임성	법률적 책임성
	약	전문적 책임성	정치적 책임성

③ 신공공관리론은 공무원의 책임을 확보하기 위하여 객관적·체계적 성과 측정을 중시함

④ 책임성, 투명성, 민주성 등은 수단적 가치에 해당함

09 [지방자치론, 中] ▶④

해당 문제는 중앙정부의 재무관리 방식을 그대로 적용하면 됨 → 세출예산 중 경비의 성질상 그 회계연도에 그 지출을 마치지 못할 것으로 예상되어 명시이월비로서 세입·세출예산에 그 취지를 분명하게 밝혀 미리 지방의회의 의결을 얻은 금액은 다음 회계연도에 이월하여 사용할 수 있음

① 지방자치단체의 장은 지방자치단체의 기구·직제 또는 정원에 관한 법령이나 조례의 제정·개정 또는 폐지로 인하여 관계 기관 사이에 직무권한이나 그 밖의 사항이 변동되었을 때에는 그 예산을 상호 이체(移替)할 수 있음

② 지방자치단체의 장은 세출예산에서 정한 각 정책사업 간에 서로 이용할 수 없다. 다만, 예산 집행에 필요하여 미리 예산으로서 지방의회의 의결을 거쳤을 때에는 이용할 수 있음

③ 지방자치단체의 장은 대통령령으로 정하는 바에 따라 각 정책사업 내의 예산액 범위에서 각 단위사업 또는 목의 금액을 전용(轉用)할 수 있음

10 [인사행정, 下] ▶②

인턴십만 직장 내에서 이루어지는 직장훈련(On the job trainig)이고, 나머지는 교육원훈련(Off the job training)에 해당함

OJT와 Off-JT 비교

OJT (직장 내 훈련)	실무지도, 직무순환, 임시배정, 인턴십, 시보
Off-JT (교육원 훈련)	강의, 프로그램화 학습, 시청각교육, 회의·토론, 감수성훈련, 사례연구, 역할연기 등

11 [조직론, 中] ▶②

고정간격강화는 일정한 시간 간격을 두고 강화요인을 제공하는 방법임

①③④

구분	내용	유형	
연속적 강화	㉠ 바람직한 행동이 나올 때마다 강화요인을 제공하는 방법 ㉡ 학습 초기단계에서 바람직한 행동을 일으키는 데 효과적임 ㉢ 그러나 강화효과가 빠르게 사라짐 → 관리자에게 큰 도움을 주지 못함		
단속적 강화	부분적 규칙 혹은 불규칙적으로 강화요인 제공	간격강화 (시간간격)	고정간격 강화
			변동간격 강화
		비율강화 (행동비율)	고정비율 강화
			변동비율 강화

12 [총론, 中] ▶③

가, 라, 마가 틀린 선지임

틀린 선지

가. 신제도주의는 제도의 변화를 인정하는바 동태적인 연구를 지향함

라. 제도가 개인의 합리적 선택에 따라 변할 수 있다는 관점은 합리선택적 신제도주의임

마. 사회학적 신제도주의에서의 접근법은 방법론적 전체주의와 '귀납적' 접근법이 사용됨

올바른 선지

나. 신제도주의는 제도를 변할 수 있는 변수, 즉 내생변수로 간주함

다. 역사적 신제도주의에서 개인의 선호는 제도에 의해 형성됨 → 내생적 선호

13 [재무행정, 下] ▶②

아래의 내용 참고

세계잉여금 사용의 우선순위

① 지방교부세 및 지방교육재정교부금의 정산
② 공적자금상환기금에 출연
㉠ 공적자금상환기금: 금융기관이 부담한 채무의 원활한 상환을 위하여 만든 자금
③ 국가채무 상환
④ 추가경정예산의 편성: 결산의 결과 발생한 세계잉여금은 일부 추가경정예산에 편성할 수 있음
⑤ 전술한 용도로 사용한 후에 남은 잔액은 다음 연도의 세입에 이입

14 [총론, 中] ▶④

공공선택론은 비시장영역에서 발생하는 의사결정을 경제학적으로 연구한 이론으로서 분권적인 의사결정구조를 통해 시민의 선호를 반영할 수 있다고 주장함

① 뷰캐넌과 털럭이 창시하였으며, 현상의 분석에 경제학적 논리를 적용함

② 공공선택론은 오스트롬이 1973년에 행정학에 도입하였는데, 이 시기는 정부가 시장실패 및 정부실패를 겪은 상태이기 때문에 공공선택론은 정부실패를 고려했다고 보아야 함 → 이러한 이유로 공공선택론은 수익자 부담주의와 같은 시장기제를 활용하였음

③ 공공선택론은 의원, 공무원 등이 모두 이기적인 인간이라고 가정함

15 [기타 제도 및 법령] ▶④

국가재정법에서 규정하고 있는 금전채무는 아래와 같음

① 국가의 회계 또는 기금이 발행한 채권
② 국가의 회계 또는 기금의 차입금
③ <u>국가의 회계 또는 기금의 국고채무부담행위 등</u>

국가채무 불포함 채무

① 재정증권 또는 한국은행으로부터의 일시차입금
② 채권 중 국가의 회계 또는 기금이 인수 또는 매입하여 보유하고 있는 채권
③ 차입금 중 국가의 다른 회계 또는 기금으로부터의 차입금

16 [지방자치론, 中] ▶①

올바른 선지

ㄱ. 지방자치단체의 지방채 발행

구분	지방의회 의결	행정안전부장관 승인
대통령령으로 정한 한도액 범위 내 발행	○	×
외채발행	○	○ 행정안전부장관 승인이 먼저임
(어느 정도) 한도액 초과 발행	○	행정안전부장관과 협의
대통령령으로 정한 한도액 범위 초과발행	○	○ 행정안전부장관 승인이 먼저임

틀린 선지

ㄴ. 시·도의 지방공사 설립

지방공기업법 제49조【설립】 ① 지방자치단체는 제2조에 따른 사업을 효율적으로 수행하기 위하여 필요한 경우에는 지방공사를 설립할 수 있다. 이 경우 <u>공사를 설립하기 전에 특별시장, 광역시장, 특별자치시장, 도지사 및 특별자치도지사(이하 "시·도지사"라 한다)는 행정안전부장관과, 시장·군수·구청장(자치구의 구청장을 말한다)은 관할 특별시장·광역시장 및 도지사와 협의하여야 한다.</u>

ㄷ. 행정구의 명칭 변경과 읍면동의 구역변경: 조례로 정한 후 광역단체장에게 보고해야 함

17 [정책학, 中] ▶ ②

선지는 관료적 기업가형에 대한 내용임
①③④

나카무라와 스몰우드 정책집행가 유형

구분		• 관료적 기업가형으로 갈수록 행정인(공무원)의 권한↑ • 표에서 'O'표시는 행정인(공무원 · 집행가)의 권한을 의미함				
		고전적 기술자	지시적 위임가	협상자	재량적 실험가	관료적 기업가
정치인 권한 (목표설정)	추상적 목표			목표와 수단에 대해 상호 협상		○
	구체적 목표				○	○
행정인 권한 (수단설정)	행정적 권한		○		○	○
	기술적 권한	○	○		○	○

18 [인사행정, 中] ▶ ④

> **국가공무원법 제83조【감사원의 조사와의 관계 등】** ① 감사원에서 조사 중인 사건에 대하여는 제3항에 따른 조사개시 통보를 받은 날부터 징계 의결의 요구나 그 밖의 징계 절차를 진행하지 못한다.

① 1급 공무원과 가급 고공단은 예외임 → 모든 공무원 ×
② 선지는 직권면직 사유에 해당함
③ 선지는 직위해제 사유에 해당함

19 [정책학, 中] ▶ ④

진실험은 실험집단과 통제집단을 무작위로 배정하여 동질성을 확보하는 실험임
① 진실험적 방법을 사용할 경우 내적 타당도는 확보할 수 있지만 외적타당성의 문제가 발생할 수 있음
② 실험집단과 통제집단의 동질성을 강조하는 진실험에서는 인위적인 통제에 의하여 실험이 진행되므로 호손효과가 발생하여 외적타당도를 저하시킴
③ 비동질적 통제집단설계, 회귀불연속 설계는 준실험적 방법이지만, 정책실시전후 비교는 비실험적 방법임

20 [조직론, 中] ▶ ②

아래의 그림 참고

그레이너의 조직성장이론

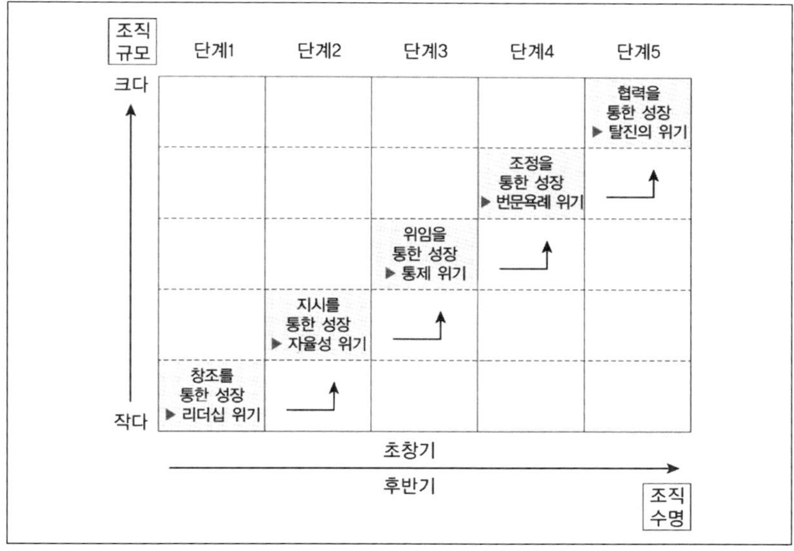

수고하셨습니다.
당신의 합격을 응원합니다.

2026 공무원 시험 대비 실전동형 모의고사 제12회
행정학 정답 및 해설

제12회 모의고사 정답

01 ③	02 ③	03 ③	04 ③	05 ②
06 ④	07 ②	08 ③	09 ③	10 ②
11 ③	12 ①	13 ③	14 ④	15 ②
16 ①	17 ③	18 ③	19 ④	20 ①

01 [기타 제도 및 법령, 中] ▶ ③

국정에 대한 홍보는 문화체육관광부 소관 사무임

02 [인사행정, 下] ▶ ③

시보공무원 제도는 공직 후보자의 공직 적격성을 가리고 실무 습득을 통한 훈련과정임 → 시보공무원은 신분 보장이 되지 않음

① 시험은 점수에 따라 다른 대우를 하는바 공직 희망자들의 상대적 능력을 가리는 제도임

② 타당도는 정확도, 신뢰도는 일관성을 뜻함

④ 경력경쟁채용은 특정 분야에 대한 경력이 있는 사람끼리 경쟁하는 제도임

03 [조직론, 中] ▶ ③

아래의 표 참고

던컨의 불확실성과 조직유형

환경의 불확실성과 조직설계		환경의 복잡성: 환경요소의 수	
		단순	복잡
환경의 역동성: 환경의 변화가능성	안정	• 낮은 불확실성 • 기계적 조직구조 • 집권적, 공식적	• 다소 낮은 불확실성 • 기계적 조직구조 • 다소 집권적, 공식적
	불안정	• 다소 높은 불확실성 • 유기적 조직구조 • 다소 참여적, 분권적	• 높은 불확실성 • 유기적 조직구조 • 참여적, 분권적

04 [정책학, 下] ▶ ③

정책종결은 정책목표를 달성하기 위한 전반적인 정책수단을 소멸(기존의 정책 소멸)시키고 이를 대체할 다른 정책을 마련하지 않음

①②④

정책혁신	① 기존에 없던 새로운 정책을 결정하는 것 → 기존에 없던 정책을 새롭게 형성하여 새로운 목표를 달성하는 것 ② 기존에 없던 정책을 형성하는 과정에서 기존의 조직과 예산을 활용하지 않음 ③ 사례: 사이버수사대 창설 등
정책유지	① 본래의 정책목표를 달성하기 위해 기본적인 골자는 유지하지만 실질적인 정책내용은 변하지 않음 → 즉, 정책의 기본적 성격이나 정책목표·수단 등이 큰 폭의 변화 없이 모두 그대로 유지되지만, 정책의 구체적 내용에 있어서 부분적 대체나 완만한 변동은 있을 수 있음 ② 사례: 저소득층 자녀에 대한 교육비 보조를 그 바로 상위계층의 자녀에게 확대하는 것
정책종결	정책목표를 달성하기 위한 전반적인 정책수단을 소멸(기존의 정책 소멸)시키고 이를 대체할 다른 정책을 마련하지 않는 것

05 [재무행정, 上] ▶ ②

올바른 선지

㉡ 루이스는 예산배분결정에 경제학적 접근법을 적용하여, '상대적 가치', '증분분석', '상대적 효과성'이라는 세 가지 분석명제를 제시하고 있음 → 루이스는 증분분석에 의한 상대적 효율성에 의해 예산을 배분하고자 했음

+ 참고: 증분은 증가한 분량을 의미하며, 증분분석은 증가하는 원인을 경제학적으로 분석하는 방법임

㉢ 단절균형모형: 예산의 균형이 지속되다가 특정 사건으로 인해 단절적인 변화가 발생하고, 다시 균형상태가 지속되는 현상을 설명한 모형 → 단, 단절균형 모형은 예산의 단절균형 발생시점을 예측할 수 없음

틀린 선지

㉠ Wildavsky가 아니라 V. O. Key임

㉣ 윌로비와 서메이어(Wiloughby & Thurmaier)의 다중합리성모형은 복수의 합리성 기준이 중앙예산실의 예산분석가들에게 미치는 영향을 주로 미시적으로 분석함

06 [지방자치론, 中] ▶ ④

지방재정자립도는 자주재원(지방세 수입 + 세외수입) / 일반회계세입 총액 × 100으로 계산함 → 지방자치법 시행령상으로는 자립도 산정시 지방채를 분자에서 뺌

③ 재정자립도가 같아도 재정력은 다를 수 있음 → 예를 들어, 세입총액 1000억 중 자주재원이 700억인 경우와 세입총액 1조 원 중 자주재원이 7000억인 자치단체의 재정자립도는 동일하지만 재정력은 다름(상대적 재정규모 평가)

07 [인사행정, 中] ▶ ②

계급제는 인사행정의 형평성이 낮고 관리자의 리더십이 높은 반면, 직위분류제는 형평성이 높고 관리자의 리더십이 낮음

08 [정책학, 上] ▶ ③

정책평가의 내적 타당도 저해요인은 7개(가, 나, 다, 마, 사, 아, 차), 외적 타당도 저해요인은 3개(라, 바, 자)임

09 [총론, 下] ▶ ③

규모의 경제에 대한 대응은 공적 공급과 정부규제임

시장실패와 정부의 대응방식

구분	공적 공급(조직)	공적 유도(보조금)	공적 규제(정부개입↑)
공공재의 존재	○		
외부효과의 발생		○	○
자연독점	○		○
불완전경쟁			○
정보의 비대칭성		○	○

정부실패와 정부의 대응방식

구분	민영화	정부보조삭감	규제완화
사적 목표의 설정(내부성)	○		
X-비효율·비용체증	○	○	○
파생적 외부효과		○	○
권력의 편재	○		○
비용과 편익의 절연	○		

10 [기타 제도 및 법령, 中] ▶ ②

아래의 조항 참고

지방자치법 제47조의2 【인사청문회】 ① 지방자치단체의 장은 다음 각 호의 어느 하나에 해당하는 직위 중 조례로 정하는 직위의 후보자에 대하여 지방의회에 인사청문을 요청할 수 있다.

1. 제123조 제2항에 따라 정무직 국가공무원으로 보하는 부시장·부지사 → 서울특별시 행정부단체장
2. 「제주특별자치도 설치 및 국제자유도시 조성을 위한 특별법」 제11조에 따른 행정시장
3. 「지방공기업법」 제49조에 따른 지방공사의 사장과 같은 법 제76조에 따른 지방공단의 이사장
4. 「지방자치단체 출자·출연 기관의 운영에 관한 법률」 제2조 제1항 전단에 따른 출자·출연 기관의 기관장

③ 지방의회의 의장은 제1항에 따른 인사청문 요청이 있는 경우 인사청문회를 실시한 후 그 경과를 지방자치단체의 장에게 송부하여야 한다.
④ 그 밖에 인사청문회의 절차 및 운영 등에 필요한 사항은 조례로 정한다.

11 [조직론, 中] ▶ ③

순수한 가치갈등의 문제가 제기되는 (III)에서는 결과는 점증적이겠지만 그 과정에서 복잡한 갈등상황이 전개됨

①②④

하이예스의 정책결정 상황에 따른 의사결정

구분	목표 갈등	목표 합의
수단적 지식 갈등	점증주의 영역	수단적인 지식의 문제 → 사이버네틱스 모형 활용
수단적 지식 합의	목표에 대한 갈등의 문제 → 점증모형 활용	합리주의 영역

12 [지방자치론, 中] ▶ ①

아래의 조항 참고

지방세기본법 제8조【지방자치단체의 세목】 ① 특별시세와 광역시세는 다음 각 호와 같다. 다만, 광역시의 군(郡) 지역에서는 도세를 광역시세로 한다.

② 목적세인 지방교육세와 지역자원시설세는 기초자치단체가 부과할 수 없음
③ 취득세와 담배소비세는 특별시·광역시세이나, 등록면허세와 재산세는 자치구세임
④

지방세기본법 제9조【특별시의 관할구역 재산세의 공동과세】 ① 특별시 관할구역에 있는 구의 경우에 재산세는 제8조에도 불구하고 특별시세 및 구세인 재산세로 한다.

13 [총론, 中] ▶ ③

올바른 선지

ㄷ. 보수주의 정부관은 자유방임적 자본주의를 선호하는 작은 정부를 지지함
ㄹ. 신공공서비스론에서 정부의 역할은 봉사임
ㅁ. 행정국가는 큰 정부의 시대임 → 따라서 존슨 행정부는 '최대의 봉사를 최선의 정부'로 인식함

틀린 선지

ㄱ. 선지는 보수주의 정부관에 대한 내용임 → 진보주의 정부관은 큰 정부를 옹호하는바 정부에 대해 신뢰함
ㄴ. 공공선택론은 분권적 의사결정구조를 선호하므로 대규모 관료제를 비판하는 입장임

14 [재무행정, 中] ▶ ④

품목별 예산제도에서 관리 및 기획책임은 분산되어 있음
① 품목별 예산제도는 국회가 행정부를 통제하는 데 중점을 둔 예산제도임
② 품목별 예산제도는 투입중심 예산편성제도임 → 사업별 예산편성 ×
③ 품목별 예산제도에서 예산안은 점증모형에 기초하여 편성됨

15 [행정환류, 下] ▶ ②

듀브닉과 롬젝(Dubnic and Romzek)의 행정책임성 유형 중 외부지향적이고 통제의 강도가 높은 책임성은 법적 책임성임

①③④

듀브닉과 롬젝(Dubnic and Romzek)의 행정책임성 유형

구분		관료 조직 통제의 원천	
		내부	외부
통제의 강도	강	관료적 책임성	법률적 책임성
	약	전문적 책임성	정치적 책임성

16 [총론, 中] ▶ ①

틀린 선지

ㄷ. 거버넌스 체제가 적절히 작동하기 위해서는 동등한 권한을 가진 참여자들의 협상에 의한 룰이 정립되어야 함
ㄹ. 거버넌스는 사회의 신뢰가 높고, 시장 혹은 시민사회가 발전한 사회에서 보다 성공적으로 작동함; 즉 거버넌스의 성공은 사회의 안정과 불확실성의 정도에 따라 결정되는 것이 아니라 신뢰와 시민사회 및 시장의 발전수준에 따라 결정됨

올바른 선지

ㄱ. 거버넌스는 정부, 시장, 시민사회 간의 파트너십, 즉 유기적 결합관계를 중시함
ㄴ. 성공적 거버넌스 구축을 위해서는 주체 간의 신뢰, 즉 사회적 자본(social capital)이 축적되어야 함
ㅁ. 거버넌스는 국민을 고객으로만 보는 것을 넘어 국정의 파트너로 간주함

17 [정책학, 下] ▶ ③

선지는 쓰레기통 모형에 대한 내용임
① 회사모형은 사이어트(R. Cyert)와 마치(J. March)가 주장한 것으로 조직을 느슨하게 연결된 하위부서의 연합체로 간주함 → 연합모형
② 갈등의 준해결에 대한 내용임
④ 문제중심의 탐색에 해당함

18 [재무행정, 下] ▶ ③

조세지출예산서는 재정경제부장관이 작성함

조세특례제한법 제142조의2【조세지출예산서의 작성】 ① 재정경제부장관은 조세감면·비과세·소득공제·세액공제·우대세율적용 또는 과세이연 등 조세특례에 따른 재정지원(이하 "조세지출"이라 한다)의 직전 연도 실적과 해당 연도 및 다음 연도의 추정금액을 기능별·세목별로 분석한 보고서(이하 "조세지출예산서"라 한다)를 작성하여야 한다.

①②
조세지출은 합법적인 세금감면(정부의 간접적 지출)을 의미함 → 비가시적·경직적 지출
④

국가재정법 제34조【예산안의 첨부서류】 제33조의 규정에 따라 국회에 제출하는 예산안에는 다음 각 호의 서류를 첨부하여야 한다.
10. 「조세특례제한법」 제142조의2에 따른 조세지출예산서

19 [인사행정, 下] ▶ ④

계급제는 폐쇄형과 일반행정가주의를 기반으로 함 → 행정의 전문성을 제고하는 것은 직위분류제임
① 직위분류제는 산업사회, 계급제는 농업사회에서 많이 나타남
② 계급제는 사람의 일반적인 능력을 기초로 공직을 분류함
③ 계급제는 계급 간 차별 등을 인정함

20 [지방자치론, 中] ▶ ①

20%를 40%로 고쳐야 함
②③

특별교부세 (특정재원)	① 기준재정수요액으로는 산정할 수 없는 특별한 재정수요 발생	40% (3% 中])	내국세 총액의 19.24% + 정산액의 3%
	② 보통교부세 산정 후 발생한 재난복구 및 안전관리를 위한 특별한 재정수요 발생 혹은 재정수입 감소	50% (3% 中])	
	③ 국가적 장려, 국가와 지방 간 시급한 협력, 역점시책, 재정운용실적 우수 등 특별한 재정수요 발생	10% (3% 中])	

④

지방교부세법 제9조【특별교부세의 교부】 ② 행정안전부장관은 지방자치단체의 장이 제1항 각 호에 따른 특별교부세의 교부를 신청하는 경우에는 이를 심사하여 특별교부세를 교부한다. 다만, 행정안전부장관이 필요하다고 인정하는 경우에는 신청이 없는 경우에도 일정한 기준을 정하여 특별교부세를 교부할 수 있다. → 이 때문에 특별교부세는 중앙정부가 지방정부를 통제하기 위한 수단으로 사용된다는 비판도 있음

2026 공무원 시험 대비 실전동형 모의고사 제1회~제12회

행정학 빠른 정답 찾기

회차										
제1회	01 ②	02 ①	03 ③	04 ④	05 ④	06 ②	07 ④	08 ④	09 ②	10 ④
	11 ③	12 ②	13 ②	14 ②	15 ①	16 ③	17 ①	18 ②	19 ①	20 ①
제2회	01 ③	02 ②	03 ②	04 ②	05 ②	06 ④	07 ③	08 ④	09 ①	10 ④
	11 ④	12 ①	13 ③	14 ②	15 ①	16 ①	17 ④	18 ③	19 ④	20 ①
제3회	01 ③	02 ③	03 ④	04 ②	05 ①	06 ②	07 ②	08 ①	09 ④	10 ②
	11 ③	12 ④	13 ①	14 ③	15 ④	16 ④	17 ②	18 ③	19 ④	20 ①
제4회	01 ②	02 ④	03 ③	04 ③	05 ③	06 ②	07 ④	08 ①	09 ②	10 ①
	11 ③	12 ④	13 ③	14 ②	15 ④	16 ①	17 ①	18 ①	19 ①	20 ②
제5회	01 ①	02 ①	03 ④	04 ①	05 ③	06 ①	07 ③	08 ②	09 ①	10 ④
	11 ③	12 ①	13 ②	14 ①	15 ④	16 ①	17 ②	18 ③	19 ④	20 ②
제6회	01 ①	02 ③	03 ③	04 ③	05 ③	06 ①	07 ③	08 ④	09 ②	10 ①
	11 ①	12 ②	13 ④	14 ④	15 ②	16 ④	17 ④	18 ②	19 ②	20 ①
제7회	01 ①	02 ②	03 ④	04 ①	05 ③	06 ①	07 ②	08 ③	09 ②	10 ①
	11 ③	12 ③	13 ②	14 ④	15 ②	16 ④	17 ③	18 ①	19 ④	20 ②
제8회	01 ①	02 ④	03 ①	04 ③	05 ③	06 ④	07 ③	08 ④	09 ③	10 ④
	11 ④	12 ④	13 ②	14 ②	15 ①	16 ③	17 ①	18 ③	19 ②	20 ①
제9회	01 ④	02 ④	03 ③	04 ③	05 ④	06 ③	07 ①	08 ④	09 ④	10 ①
	11 ③	12 ②	13 ②	14 ②	15 ③	16 ②	17 ①	18 ①	19 ②	20 ③
제10회	01 ①	02 ②	03 ②	04 ②	05 ②	06 ④	07 ④	08 ②	09 ①	10 ①
	11 ④	12 ③	13 ②	14 ③	15 ③	16 ③	17 ③	18 ①	19 ③	20 ①
제11회	01 ③	02 ①	03 ③	04 ②	05 ④	06 ①	07 ②	08 ①	09 ④	10 ②
	11 ②	12 ③	13 ②	14 ④	15 ④	16 ①	17 ②	18 ④	19 ④	20 ②
제12회	01 ③	02 ③	03 ③	04 ③	05 ②	06 ④	07 ②	08 ③	09 ③	10 ②
	11 ③	12 ①	13 ③	14 ④	15 ②	16 ①	17 ③	18 ③	19 ④	20 ①

수고하셨습니다.
당신의 합격을 응원합니다.

2026 국가직·지방직 공무원 시험 대비

실전동형 봉투모의고사

행정학

▌기출문제▐

정답 및 해설

2025. 4. 5. 국가직 9급 기출문제
행정학 정답 및 해설

국가직 9급 기출문제 정답

01 ④	02 ②	03 ④	04 ①	05 ②
06 ①	07 ②	08 ③	09 ③	10 ②
11 ②④	12 ③	13 ①	14 ④	15 ④
16 ②	17 ③	18 ①	19 ①	20 ①

01 [총론, 下] ▶④

관료 자신이 공익보다 사적인 이익을 우선시하는 현상은 내부의 이익을 강조하는 내부성임
① 파생적 외부효과: 정부의 개입으로부터 야기되는 비의도적 부작용
② X−비효율성: 정부의 독점구조로 인해 경쟁이 결여되어 관료가 서비스를 생산하는 과정에서 절약하지 않는 현상
③ 권력의 편재: 로비로 인해 인허가를 특정한 주체에게 허용하는 것 → 분배적 불평등

02 [총론, 下] ▶②

신행정학은 과학성에 치중한 나머지 격동기를 해결하지 못한 행태주의를 비판하는 입장임
① 신행정학은 60년대 후반 격동기에 기술성을 강조하면서 등장함
③ 신행정학은 사회문제를 해결하기 위해 적합한 연구, 즉 가치에 관한 연구(형평성 등)를 중시함
④ 신행정학은 사회문제해결을 위해 행정부의 정책결정권을 인정하는 입장임 → 정치행정일원론 관점

03 [정책학, 下] ▶④

공고화모형에서는 대중의 지지가 높은 정책문제에 대하여 정부가 주도적으로 해결을 시도함
①②③

콥과 로스의 의제설정모형

구분	의제설정과정	주도 집단
외부주도형	사이공정	국민
동원형	사정공	최고 혹은 고위 관료
내부주도형(음모형)	사정	동원형에 비해 낮은 직위의 관료
		외부 이해관계자

+참고: 외부주도형의 경우 의제설정과정에서 사회적 이슈 과정이 생략되는 경우도 있음

04 [정책학, 下] ▶①

경쟁적 규제정책은 특정 기업에게 영업권을 주고 그들을 관리・감독하는 정책임 → TV・라디오 방송권 부여 등
②③④
보호적 규제정책에 대한 내용임
+참고: 공공요금 책정 − 지하철 요금, 상수도 요금, 철도 요금 등 공공요금 인상을 정부가 통제하여 국민을 보호하려는 정책

05 [정책학, 下] ▶②

선지는 평가성 사정에 대한 내용임
① 총괄평가: 정책으로 인한 사회적인 변화가 평가의 대상 → 효과성이나 능률성 공평성 등 다각적 관점에서 결과를 살펴보는 것
③④
광의의 과정평가: 계획의 준수여부 평가 → 정책이 계획한 대로 집행되고 있는지 확인하는 것(모니터링)

06 [정책학, 下] ▶①

정책승계는 정책목표는 유지하면서 정책수단을 새로운 수단으로 대체하는 현상임
② 정책쇄신(policy innovation): 기존에 없던 새로운 정책을 결정하는 것
③ 정책유지(policy maintenance): 본래의 정책목표를 달성하기 위해 기본적인 골자는 유지하지만 실질적인 정책내용은 변하지 않는 것
④ 정책종결(policy termination): 정책목표를 달성하기 위한 전반적인 정책수단을 소멸(기존의 정책 소멸)시키고 이를 대체할 다른 정책을 마련하지 않는 것

07 [인사행정, 上] ▶②

공무원연금은 비금융성 기금 중 사회보장성 기금에 해당함 → 기술보증기금, 무역보험기금은 금융성 기금임
①

국가재정법 제69조 【증액 동의】 국회는 정부가 제출한 기금운용계획안의 주요항목 지출금액을 증액하거나 새로운 과목을 설치하고자 하는 때에는 미리 정부의 동의를 얻어야 한다.

③

동법 제82조 【기금운용의 평가】 ① 기획예산처장관은 회계연도마다 전체 기금 중 3분의 1 이상의 기금에 대하여 대통령령으로 정하는 바에 따라 그 운용실태를 조사・평가하여야 하며, 3년마다 전체 재정체계를 고려하여 기금의 존치 여부를 평가하여야 한다.

④ 기금운용의 일반적인 방향성을 나타내는 선지임

08 [재무행정, 下] ▶③

올바른 선지
ㄴ. PBS의 예산편성 방식: 업무량(사업량) × 단위원가
ㄷ. PBS는 제2차 세계대전 이후 미국의 제1차 후버위원회에서 권고한 제도(1949년) 중의 하나임 → 아울러 1933년 뉴딜정책의 일환으로 루즈벨트 대통령이 설립한 정부조직인 테네시계곡개발청(TVA)이 PBS를 활용한바 있음

틀린 선지
ㄱ. 품목별 예산제도에 대한 내용임
ㄹ. 영기준 예산제도에 대한 내용임

09 [지방자치론, 中] ▶③

로즈의 권력의존모형은 지방이 중앙정부에 전적으로 의존하는 것이 아니라 자원의 비교우위를 고려하여 중앙정부(법적 자원과 재정적 자원 우위)와 지방정부(정보자원과 조직자원 우위)가 상호의존적으로 협력하는 현상을 설명한 모형임 → 상호의존적 관계를 부정 ×
① 피터슨의 도시한계론: 피터슨에 따르면 도시정부는 투자자 등을 지역내로 흡입함으로써 지역경제에 긍정적인 영향을 미치는 개발정책의 추구에 정열을 쏟는 반면, 저소득 계층에 편익을 제공함으로써 빈민을 유입하고 투자자의 탈출을 유도하는 재분배정책의 추구는 가급적 기피하려는 경향이 강함 → 시장경제의 구조적 요인 강조
② 티부가설: 다수의 소규모 지방정부 간 경쟁체제 확립 강조 → 중앙정부가 적극적으로 개입하지 않아도 주민의 이동성이 보장된다면 주민의 선호를 반영한 서비스를 지방정부가 적절하게 공급할 수 있다는 것
④ 엘코크의 정부 간 관계 모형 중 대리인 모형: 라이트의 포괄형과 유사

10 [지방자치론, 下] ▶ ②

올바른 선지

ㄱ.

지방자치법 제21조 【주민의 감사 청구】 ③ 제1항에 따른 청구는 사무처리가 있었던 날이나 끝난 날부터 3년이 지나면 제기할 수 없다.

ㄹ.

지방재정법 제39조 【지방예산 편성 등 예산과정의 주민참여】 ⑤ 주민참여예산기구의 구성·운영과 그 밖에 필요한 사항은 해당 지방자치단체의 조례로 정한다.

틀린 선지

ㄴ. 비례대표 의원은 제외임

ㄷ.

주민투표법 제7조 【주민투표의 대상】 ② 제1항에도 불구하고 다음 각 호의 어느 하나에 해당하는 사항은 주민투표에 부칠 수 없다.

3. 지방자치단체가 수행하는 다음 각 목의 어느 하나에 해당하는 사무의 처리에 관한 사항
   가. 예산 편성·의결 및 집행

11 [기타 제도 및 법령, 下] ▶ ②④

식약처는 국무총리 소속임 → 아울러 특허청은 국무총리 소속의 지식재산처로 승격되었으며, 지식재산처는 중앙책임운영기관이 아님

①

정부조직법 제2조 【중앙행정기관의 설치와 조직 등】 ① 중앙행정기관의 설치와 직무범위는 법률로 정한다.

③ 우리나라는 부총리제를 운영하고 있으며, 재정경제부 장관, 과학기술정보통신부 장관이 겸임하고 있음

12 [총론, 下] ▶ ③

보기는 피터의 원리에 대한 내용임

① 번문욕례: 불필요한 규칙이 많은 상태

② 파킨슨 법칙: 관료제는 자기보존 및 세력확장을 위해 본질적인 업무량과 상관없이 기구와 인력을 증대

④ 훈련된 무능: 분업화로 인해 어느 정도의 전문성은 생기지만 그 외의 일은 문외한이 되는 현상

13 [조직론, 中] ▶ ①

호혜적 조직은 모든 구성원이 주요 수혜자가 되는 조직임 → 고객 ×

②③④

블로우 & 스콧의 조직유형론

조직유형	예시	수혜자	중점
호혜조직	종교단체, 정당, 근로조합 등	구성원	구성원의 참여와 통제를 위한 민주적 절차 수립 → 이를 위해 과두제 현상이 나타나지 않게 해야 함
기업조직(사업조직)	기업체, 제조회사, 은행, 보험회사 등	소유주	능률의 극대화
봉사조직(서비스조직)	병원, 학교, 법률상담소, 사회사업기관 등	고객	고객에 대한 봉사와 절차 사이의 갈등해결
공익조직	정부기관, 군대·소방·경찰조직 등	일반국민	국민의 외부통제를 위한 민주적 장치

14 [인사행정, 下] ▶ ④

선지는 전보에 대한 내용임 → 전직은 직렬의 변경을 뜻함

① 승진: 계급상의 직위 상승 → 종전보다 상위의 계층에서 직책을 담당하는 것

② 겸임: 한 사람에게 둘 이상의 직위를 부여하는 것 → 직위와 직무 내용이 유사하고 담당 직무 수행에 지장이 없어야 함

③

국가공무원법 제5조 【정의】 이 법에서 사용하는 용어의 뜻은 다음과 같다.

4. 강임(降任)이란 같은 직렬 내에서 하위 직급에 임명하거나 하위 직급이 없어 다른 직렬의 하위 직급으로 임명하거나 고위공무원단에 속하는 일반직공무원을 고위공무원단 직위가 아닌 하위 직위에 임명하는 것을 말한다.

15 [인사행정, 下] ▶ ④

계급제에서 보수는 연공급임

① 직능급: 직무수행능력(연공 + 직무난이도)을 기준으로 급여를 결정

② 연공급: 근속연수를 기준으로 급여를 결정함 → 사람의 근무기간을 본다는 점에서 속인적 기본급

③ 실적급: 산출물·성과에 기초한 급여

16 [인사행정, 下] ▶ ②

선지는 최초효과에 대한 설명임 → 근접효과는 피평정자의 평가에 있어서 최근의 실적이나 능력을 중심으로 평가하는 것임

① 후광효과(연쇄효과): 한 평정요소에 대한 평정자의 판단이 연쇄적으로 다른 요소 평정에도 영향을 주는 것 → 도표식 평정법에서 주로 발생

③ 관대화 경향: 평정 결과가 우수한 점수에 쏠리는 현상

④ 집중화 경향: 평정 결과가 보통 점수에 쏠리는 현상

17 [기타 제도 및 법령, 中] ▶ ③

「공공기관의 운영에 관한 법률」에 근거하여 공공기관운영위원회를 설치하며, 재정경제부장관이 위원장이 됨

①

지방공기업법 제78조 【경영평가 및 지도】 ① 행정안전부장관은 지방공기업의 경영기본원칙을 고려하여 대통령령으로 정하는 바에 따라 지방공기업에 대한 경영평가를 하고, 그 결과에 따라 필요한 조치를 하여야 한다. 다만, 행정안전부장관이 필요하다고 인정하는 경우에는 지방자치단체의 장으로 하여금 경영평가를 하게 할 수 있다.

②

지방공기업법 제2조 【적용 범위】 ① 이 법은 다음 각 호의 어느 하나에 해당하는 사업 중 지방자치단체가 직접 설치·경영하는 사업으로서 대통령령으로 정하는 기준 이상의 사업(이하 "지방직영기업"이라 한다)과 지방공사와 지방공단이 경영하는 사업에 대하여 각각 적용한다. → 직영기업은 상하수도, 공영개발(주택·토지개발), 궤도, 도로 등을 수행

④ 준정부기관에는 기금관리형(기금이나 자산을 관리하거나 위탁받은 준정부기관)과 위탁집행형(기금형이 아닌 준정부기관)이 있음

18 [기타 제도 및 법령, 上] ▶ ①

더러운 손의 딜레마란 공직을 통해 대표성을 지닌 개인이 국가나 공동체의 대의를 위해, 개인의 가치관이나 윤리관에서는 수용할 수 없는 결정을 내려야 하는 문제상황임 → 왈처(Walzer)가 제시한 개념이며, 선의 목적을 위해 악의 수단을 선택해야 하는 상황을 뜻함

② 선택의 역설: 사람들에게 지나치게 많은 옵션이 주어질 경우, 적은 옵션을 가졌을 때보다 좋지 않은 선택을 하거나 선택 자체를 포기하는 현상

③ 집단행동의 딜레마: '나 대신 누가 하겠지'라고 생각하여 아무도 나서지 않는 현상

④ 편견의 동원: 정치체제 내의 지배적 규범이나 절차를 강조하여 변화를 주장하는 요구가 제시되지 못하도록 하는 것 → 무의사결정 수단 중 하나임

19 [지방자치론, 上] ▶ ①

아래의 조항 참고

지방재정법 제55조【재정분석 및 재정진단 등】 ③ 행정안전부장관은 다음 각 호의 어느 하나에 해당하는 지방자치단체에 대하여 제56조 제1항에 따른 지방재정위기관리위원회(이하 "지방재정위기관리위원회"라 한다)의 심의를 거쳐 대통령령으로 정하는 바에 따라 재정진단을 실시할 수 있다.
2. 제2항에 따른 점검 결과 재정위험 수준이 대통령령으로 정하는 기준을 초과하는 지방자치단체 → 예 세입예산 중 채무비율이 행정안전부장관이 정하는 비율을 초과한 경우

②

지방재정법 제37조【투자심사】 ② 지방자치단체의 장은 총 사업비 500억 원 이상인 신규사업에 대해서는 행정안전부장관이 정하여 고시하는 전문기관으로부터 타당성 조사를 받고 그 결과를 토대로 투자심사를 하여야 한다. 다만, 「국가재정법」 제38조에 따른 예비타당성조사를 실시한 경우 타당성 조사를 받은 것으로 본다. → 재정투자심사제도(과거 명칭 : 지방재정투융자심사)

③

지방재정법 제33조【중기지방재정계획의 수립 등】 ① 지방자치단체의 장은 지방재정을 계획성 있게 운용하기 위하여 매년 다음 회계연도부터 5회계연도 이상의 기간에 대한 중기지방재정계획을 수립하여 예산안과 함께 지방의회에 제출하고, 회계연도 개시 30일 전까지 행정안전부장관에게 제출하여야 한다.

④

지방재정법 제60조의3【긴급재정관리단체의 지정 및 해제】 ① 행정안전부장관은 지방자치단체가 다음 각 호의 어느 하나에 해당하여 자력으로 그 재정위기상황을 극복하기 어렵다고 판단되는 경우에는 해당 지방자치단체를 긴급재정관리단체로 지정할 수 있다. 이 경우 행정안전부장관은 긴급재정관리단체로 지정하려는 지방자치단체의 장과 지방의회의 의견을 미리 들어야 한다.
2. 소속 공무원의 인건비를 30일 이상 지급하지 못한 경우

20 [인사행정, 下] ▶ ①

제도화된 부패는 부패가 일상생활처럼 고착화된 상태의 부패를 뜻함
② 백색부패에 대한 내용임 → 회색 부패는 부패로 간주하기에 논란이 있거나 가치판단을 요구하는 유형
③ 비거래형 부패에 대한 내용임 → 거래형 부패는 타인에게 뇌물을 받고 그것의 대가로 특혜를 제공하는 행위임
④ 개인 부패에 대한 내용임 → 조직 부패는 하나의 부패에 여러 사람이 조직적 혹은 집단적으로 관련된 경우임

수고하셨습니다.
당신의 합격을 응원합니다.

2025. 6. 21. 지방직 9급 기출문제

행정학 정답 및 해설

지방직 9급 기출문제 정답

01 ③	02 ①	03 ②	04 ②	05 ①
06 ②	07 ④	08 ①	09 ①	10 ④
11 ③	12 ④	13 ③	14 ④	15 ②
16 ②	17 ④	18 ④	19 ①	20 ③

01 [인사행정, 下] ▶ ③

올바른 선지

ㄴ. 직위분류제는 직무의 특성, 즉 일의 종류 및 난이도를 기준으로 공직을 분류함

ㄷ. 직위분류제는 난이도가 동일직무에 동일보수를 지급하는 보수체계, 즉 직무급 확립이 장점임

틀린 선지

ㄱ, ㄹ.

선지는 계급제에 대한 내용임

02 [재무행정, 下] ▶ ①

설문은 명료성 원칙에 대한 내용임

② 완전성의 원칙: 모든 세입과 세출을 예산에 빠짐없이 계상해야 함

③ 공개성의 원칙: 예산편성·심의·집행·결산과정의 공개

④ 한정성의 원칙: 의회가 정한 목적·금액·시기 내에서 예산집행

03 [기타 제도 및 법령, 中] ▶ ②

양성평등채용목표제(2003) → 전국 지역인재추천채용제(2005) → 지방인재채용목표제(2007) → 저소득층 채용제(2009)

①

국가공무원법 제26조【임용의 원칙】 공무원의 임용은 시험성적·근무성적, 그 밖의 능력의 실증에 따라 행한다. 다만, 국가기관의 장은 대통령령등으로 정하는 바에 따라 장애인·이공계전공자·저소득층·다자녀양육자 등에 대한 채용·승진·전보 등 인사관리상의 우대와 실질적인 양성 평등을 구현하기 위한 적극적인 정책을 실시할 수 있다.

참고

(전국)지역인재 추천채용제 (2005)	① 2005년에 6급으로 선발해오다 2010년부터는 7급으로 선발하고 있으며, 2012년에는 9급으로까지 확대하여 선발하고 있음 → 별도의 추천 전형으로 선발 ② 전국 지역인재 7급: 학사학위 취득(예정)자를 학교추천을 통해 선발하여 1년간 수습근무 후 일반직 7급 국가공무원으로 임용여부 결정 ③ 전국 지역인재 9급: 특성화고·마이스터고 등 졸업(예정)자를 학교추천을 통해 선발하여 6개월간 수습근무 후 일반직 9급 국가공무원으로 임용여부 결정
지방인재 채용목표제 (2007)	① 5·7급 공채 및 외교관후보자 선발시험 중 선발예정인원이 10명 이상인 시험단위에서, 지방인재가 일정비율(5급·외교관 20%, 7급 30%)에 미달할 경우 선발예정인원 외에 추가로 선발하는 제도 ② 지방인재: 서울시를 제외한 지방소재 학교 출신 합격자

③ 장애인 구분모집제: 7·9급 공채 선발예정인원의 일정 규모(6% 수준)를 장애인만 응시할 수 있도록 구분하여 실시하는 제도

④ 대표관료제는 '할당제' 인사정책이며, 이는 우리나라의 균형인사정책과 동일한 개념임

04 [조직론, 下] ▶ ②

설문은 지원적(후원적) 리더십에 대한 내용임

구분	특징	상황
지시적 리더십	① 리더가 원하는 바를 부하에게 알려준 뒤, 부하가 수행할 작업의 일정을 계획하고 과업 수행 방법을 지도함 ② 과업을 구조화하고 과업요건을 명확히 하는 리더십	부하들의 역할모호성이 높은 경우
지원적 리더십 (후원적 리더십)	① 부하들의 욕구에 관심을 보이면서 목표달성에 필요한 부분을 지원하는 리더십 ② 부하의 욕구배려, 복지에 대한 관심, 구성원들의 인간관계 강조	① 부하가 단조롭고 지루한 업무를 수행하는 경우 ② 부하들이 자신감이 결여되거나 실패에 대한 공포가 높은 경우
참여적 리더십	부하들과 상담하고 의사결정 전에 부하들의 의견을 반영하는 리더십	부하들이 구조화되지 않은 과업을 수행하는 경우
성취지향적 리더십	도전적 목표를 설정하고 부하들의 최고의 성과를 기대하는 리더십	

05 [총론, 下] ▶ ①

선지는 관료제에 대한 내용임 → 이음매 없는 조직은 개별적이고 단편적인 직무로 구성된 분절을 수정하고 지나친 분업화에 대한 비판을 제기함

② 네트워크 조직: 조직의 자체기능은 핵심역량 위주(기획 및 조정)로 편성하고 여타 기능은 외부 기관들과 계약관계를 통해 수행하는 조직구조 → 유기적 구조의 한 유형

③ 매트릭스 조직: 기능구조와 사업구조를 혼합한 조직구조(기능구조와 사업구조의 화학적 결합)로서 기능부서의 전문성과 사업부서의 대응성을 결합한 조직 → 유기적 구조

④ 팀제: 핵심 업무과정을 중심으로 조직구성원을 조직화한 구조 → 유기적 구조

06 [총론, 下] ▶ ②

설문은 사회적 형평에 대한 내용임

① 평등성: 사회적 형평은 약자의 상황을 고려한 분배, 평등은 모든 사람에게 동일한 대우를 의미함

③ 민주성: 국민이나 공무원의 견해를 수용하는 정도

④ 능률성: 투입 대비 산출의 비

07 [정책학, 下] ▶ ④

상향식은 정치행정일원론 관점임 → 선지는 하향식에 대한 내용임

①③

하향식은 결정자가 집행과정에서 정책실패를 초래할 수 있는 요인을 파악한 후 명확한 목표 및 대안을 집행자에게 명령하는 현상을 설명함

② 상향적 접근은 불확실성이 높은 집행과정을 이해하기 위해 일선집행관료에게 재량을 부여하고 그들의 행태에 주목함

08 [기타 제도 및 법령, 下] ▶ ①

선지는 무어(Moore)의 공공가치창출론(creating public value)에 대한 내용임 → 보즈만은 시장 행위자 혹은 공공부문의 행위자가 공공가치에 부합하는 재화나 서비스를 제공하지 못하는 공공가치실패론을 주장함

② 신공공서비스론은 신공공관리론의 정부역할(방향잡기)를 비판하면서 시민에 대한 봉사를 강조함

③ 뉴거버넌스론은 정부, 시장, 시민사회 간 파트너십을 강조함

④ 공공선택론은 공공부문의 시장경제화, 즉 분권과 경쟁메커니즘을 통해 시민의 편익을 극대화할 수 있는 서비스의 공급과 생산이 가능하다고 봄

09 [정책학, 下] ▶ ①

선지는 쓰레기통 모형의 의사결정 조건 4가지를 나타내고 있음 → 킹던의 정책창 모형은 의제설정에 필요한 조건으로 문제, 정책, 정치의 흐름을 제시함
② 혼합탐사모형: 근본적 결정과 세부적 결정(현실적·점증적 결정)의 상호보완적인 관계를 통해 합리적이면서도 현실적인 결정을 내릴 수 있음을 설명한 모형
③ 최적모형: 정책결정에 합리모형과 더불어 의사결정자의 오랜 경험에 의해 형성된 초합리성도 고려해야 함을 주장
④ 앨리슨모형 중 조직과정모형(Model II)은 회사모형을 나타내므로 올바른 선지임

10 [총론, 下] ▶ ④

재정경제부장관을 행정안전부장관으로 고쳐야 함
①②④

지방자치법 제199조【설치】 ① 2개 이상의 지방자치단체가 공동으로 특정한 목적을 위하여 광역적으로 사무를 처리할 필요가 있을 때에는 특별지방자치단체를 설치할 수 있다. 이 경우 특별지방자치단체를 구성하는 지방자치단체(이하 "구성 지방자치단체"라 한다)는 상호 협의에 따른 규약을 정하여 구성 지방자치단체의 지방의회 의결을 거쳐 행정안전부장관의 승인을 받아야 한다.
③ 특별지방자치단체는 법인으로 한다.

③

지방자치법 제204조【의회의 조직 등】 ① 특별지방자치단체의 의회는 규약으로 정하는 바에 따라 구성 지방자치단체의 의회 의원으로 구성한다.
② 제1항의 지방의회의원은 제43조 제1항에도 불구하고 특별지방자치단체의 의회 의원을 겸할 수 있다.

11 [지방자치론, 下] ▶ ③

아래의 조항 참고

주민조례발안법 제1조【목적】 이 법은 「지방자치법」 제19조에 따른 주민의 조례 제정과 개정·폐지 청구에 필요한 사항을 규정함으로써 주민의 직접참여를 보장하고 지방자치행정의 민주성과 책임성을 제고함을 목적으로 한다.

① 주민소환제도: 선출직 지방공직자(단체장, 지방의회의원, 교육감 등)의 해직을 임기 만료 전에 청구하여 주민투표로 결정하는 제도
② 주민감사청구제도: 주민이 단체장 또는 자치단체의 권한에 속하는 사무의 처리가 법령에 위반되거나 공익을 현저히 해친다고 인정될 경우 상급자치단체장이나 주무부장관에게 감사를 청구할 수 있도록 하는 제도
④ 주민소송제도: 자치단체의 재무행위와 관련하여 감사를 청구한 주민이 감사의 결과에 불복이 있는 경우에 감사청구한 사항과 관련이 있는 위법한 행위나 업무를 게을리한 사실에 대해 해당 단체장을 상대방으로 법원에 재판을 청구하는 제도 → 납세자 소송제도

12 [기타 제도 및 법령, 下] ▶ ④

규제샌드박스 제도

아이들이 자유롭게 뛰어노는 모래놀이터처럼 신기술, 신산업 분야에서 새로운 제품, 서비스를 내놓을 때 일정 기간 또는 일정 지역 내에서 기존의 규제를 면제 또는 유예시켜주는 제도 → 우리나라는 2009년에 규제샌드박스를 도입하였음

① 정부의 규제정책을 심의·조정하고 규제의 심사·정비 등에 관한 사항을 종합적으로 추진하기 위하여 대통령 소속으로 규제개혁위원회를 둠
② 규제일몰제는 규제의 존속기한 또는 재검토기한을 정하고 규제의 타당성을 주기적으로 관리하는 제도임
③ 네거티브 규제는 '원칙적 허용, 예외적 금지'의 형식을 갖는 규제체계를 의미한다.

13 [총론, 下] ▶ ③

행정위원회인 공정거래위원회는 의사결정권 및 집행력을 모두 지님
①

정부조직법 제5조【합의제행정기관의 설치】 행정기관에는 그 소관사무의 일부를 독립하여 수행할 필요가 있는 때에는 법률로 정하는 바에 따라 행정위원회 등 합의제행정기관을 둘 수 있다.

② 자문위원회: 자문을 지원하는 참모기관으로 사안에 따라 조사·분석 등의 기능을 수행함 → 그 결정은 정책적 영향력을 가질 수는 있으나 법적 구속력을 갖지는 못함
④ 위원회 조직은 위원 간 수평적 관계를 바탕으로 다양한 이해관계자들의 참여 및 의견 반영을 통해 다양성을 증진할 수 있음

14 [정책학, 下] ▶ ④

내적타당성은 정확한 인과관계의 정도를 나타내며, 이는 연구에서 우선적으로 확보해야 하는 타당도임
① 외적 타당성: 특정 상황, 시기 및 집단에서 얻은 연구결과의 일반화 가능성
② 구성적 타당성: 추상적인 개념을 잘 측정했는가(조작화)를 나타내는 개념
③ 통계적 결론의 타당성: 정책수단과 이로 인한 변화 사이에 관련이 있는지에 대한 통계적인 의사결정의 타당성 → 통계학에서 말하는 제1종 오류와 제2종 오류를 범할 경우 통계적 결론의 타당성은 떨어짐

15 [재무행정, 下] ▶ ②

아래의 조항 참고

헌법 제54조 ② 정부는 회계연도마다 예산안을 편성하여 회계연도 개시 90일 전까지 국회에 제출하고, 국회는 회계연도 개시 30일 전까지 이를 의결하여야 한다.
국가재정법 제33조【예산안의 국회제출】 정부는 대통령의 승인을 얻은 예산안을 회계연도 개시 120일 전까지 국회에 제출하여야 한다.

① 우리나라 회계연도는 매년 1월 1일에 시작하여 12월 31일에 종료됨
③ 각 중앙관서의 장은 다음 연도 2월 말까지 해당 회계연도의 중앙관서결산보고서를 재정경제부장관에게 제출하여야 함
④ 회계연도 개시 전까지 예산안이 국회에서 의결되지 못한 경우 예산안이 의결될 때까지 전년도 예산에 준하여 집행할 수 있음

16 [정책학, 中] ▶ ②

아래의 표 참고

비덩의 정책수단 (전통적 삼분법)	설득	규범적·정보적 수단 → 예 담배유해성에 대한 정보제공
	인센티브	공리적 수단(경제적 수단): 보상제공(당근) → 예 전기자동차 구매에 대한 보조금 지급
	규제	강압적 수단(채찍) → 예 속도제한
	기타	① 정책에 대한 순응확보를 위한 고전적 3단계 전략은 설득 → 인센티브 → 규제의 순서임 ② + 참고: 규제로 갈수록 강제성의 정도가 커짐

17 [재무행정, 下] ▶ ④

국가의 고유 기능 수행을 위해 양곡관리, 조달, 우편사업, 우체국예금, 책임운영기관 등에 대해 특별회계가 설치되어 있음
①②③

국가재정법 제4조【회계구분】 ② 일반회계는 조세수입 등을 주요 세입으로 하여 국가의 일반적인 세출에 충당하기 위하여 설치한다.

18 [정책학, 下] ▶ ④

선지는 나카무라와 스몰우드의 소망성 기준 중 형평성에 대한 내용임 → 능률성은 투입 대비 산출의 비율을 나타냄
① 효과성(effectiveness): 목표의 달성가능성 → 효과성을 판단하기 위해 비용효과분석 활용
② 대응성(responsiveness): 정책대상집단의 선호에 대한 만족여부
③ 실현가능성(feasibility): 정책을 실제 구현할 수 있는 가능성 → 정책대안의 내용이 충실히 집행될 수 있는지 여부(소망성 기준 ×)

19 [인사행정, 下] ▶ ①

임용주체와 경비부담을 기준으로 국가공무원(대통령 혹은 중앙행정기관장, 국비)과 지방공무원(지자체장 혹은 지방의회 의장, 지방비)으로 구분할 수 있음
② 일반직공무원은 기술·연구 또는 행정 일반에 대한 업무를 담당하는 경력직공무원임
③ 특정직공무원은 헌법재판소 헌법연구관, 경찰공무원, 군무원 등 특수 분야의 업무를 담당하는 경력직공무원임
④ 정무직공무원은 대통령, 국무총리 등 선거로 취임하거나 임명할 때 국회의 동의가 필요한 특수경력직공무원임

20 [기타 제도 및 법령, 上] ▶ ③

아래의 조항 참고
②③

> **제2조 【정의】** 이 법에서 사용하는 용어의 뜻은 다음과 같다.
> 2. "데이터기반행정"이란 공공기관이 생성하거나 다른 공공기관 및 법인·단체 등으로부터 취득하여 관리하고 있는 데이터를 수집·저장·가공·분석·표현하는 등 (이하 "분석등"이라 한다)의 방법으로 정책 수립 및 의사결정에 활용함으로써 객관적이고 과학적으로 수행하는 행정을 말한다. → 정책결정자의 경험에 근거한 의사결정×

① 우리나라는 2020년 「데이터기반행정 활성화에 관한 법률」을 제정·시행하였음
④

> **데이터기반행정법 제6조 【데이터기반행정 활성화 기본계획】** ① 행정안전부장관은 데이터기반행정을 체계적으로 추진하기 위하여 데이터기반행정 활성화를 위한 기본계획(이하 "기본계획"이라 한다)을 3년마다 수립하여야 한다.

기출문제

행정학 빠른 정답 찾기

기출-국가직

01 ④	02 ②	03 ④	04 ①	05 ②	06 ①	07 ②	08 ③	09 ③	10 ②
11 ②④	12 ③	13 ①	14 ④	15 ④	16 ②	17 ③	18 ①	19 ①	20 ①

기출-지방직

01 ③	02 ①	03 ②	04 ②	05 ①	06 ②	07 ④	08 ①	09 ①	10 ④
11 ③	12 ④	13 ③	14 ④	15 ②	16 ②	17 ④	18 ④	19 ①	20 ③

합격까지

수고하셨습니다.
당신의 합격을 응원합니다.